D1322602

COLLECTION LE FRANÇAIS RETROUVÉ

Les mots de la cuisine et de la table

Colette Guillemard
Préface de Christian Millau

Illustrations de Roland Sabatier

BELIN 8, rue Férou, 75006 Paris

Du même auteur

Ethnocuisine de l'Auvergne
   Éditions de Civry, 1980.

Du côté de l'enfance
   Christine Bonneton, 1981.

Carnets des cuisinières de Bourgogne,
de Franche-Comté et de Bresse
   Berger-Levrault, 1983.

Menus et coutumes des provinces françaises
   Christine Bonneton, 1985.

Les mots d'origine gourmande
   Belin, 1986.

La vie des enfants dans la France d'autrefois
   Christian de Bartillat, 1986.

Les mots pittoresques de la table
   Belin, 1987.

Les dîners en ville
   Carrère, 1988.

La fourchette et la plume
   Carrère, 1988.

© Éditions Belin, 1990.

ISBN 2-7011-1271-0   ISSN 0291-7521

Les mots de la faim

par Christian Millau

Il est entendu, une fois pour toutes, que les Français sont les premiers gourmets de l'univers. C'est en tout cas la bonne opinion qu'ils ont d'eux-mêmes et s'il vous est arrivé, comme à moi, de déjeuner à Tirana ou de dîner à Milwaukee, vous ne risquez pas de trouver excessive pareille affirmation.

Mais, si nous nous révélons plutôt adroits dans l'art de déguster, sommes-nous assurés de toujours savoir ce que nous mangeons? Après trente années consacrées, pour une bonne part, à cet agréable exercice, je serai loin, pour ce qui me concerne, de l'affirmer.

Le plaisir gustatif ne passe pas seulement par les sens mais aussi par la connaissance. La gourmandise a son vocabulaire et celui-ci est si vaste, si mystérieux parfois, que m'étant jeté gloutonnement sur *Les mots de la cuisine et de la table*, j'ai pris conscience avec effroi de l'étendue de mon ignorance. Certes, je n'ai point attendu l'achèvement de cette œuvre aussi ambitieuse que passionnante pour savoir que l'onctueux aligot, dont me régale d'une main de fée maman Bras à Laguiole, est un mélange de purée de pommes de terre, de tomme et d'ail, que la béarnaise n'a pas vu le jour au Béarn mais à Saint-Germain-en-Laye, au Pavillon Henri IV, ou que la religieuse ne doit rien au sulfureux Diderot mais plutôt à sa couleur et à sa forme, rappelant les robes de bure des nonnes.

En revanche, je me demande, après cette lecture, comment j'ai pu vivre et établir une certaine réputation de gastronome en ignorant tant de choses essen-

3

tielles. Comme de savoir, par exemple que *piafer* est manger sans appétit, qu'un millefeuille contient 4 374 feuillets. Ou que toutes les fois où je me tape un saucisson à l'ail, je croque des *cornichenouilles*, croyant avaler des cornichons. Ou bien encore que le *boun diou* n'est pas le Dieu des Gascons mais le plus gros des boudins.

Grâce à ce précieux ouvrage, je vais remplir mon panier du marché de mots rares, croquants, craquants, pétillants ou même à la limite de l'inédit et vous conseille d'en faire autant, ne serait-ce que pour vous venger des humiliations que la fréquentation des restaurants n'a pas manqué de vous infliger.

Rappelez-vous l'air condescendant du personnel et celui faussement indulgent du patron lorsque vous avez confondu *sauce Périgueux* et *sauce périgourdine* et cette autre fois où l'on vous a expliqué patiemment comme à un enfant la différence entre un *alicot* et un *halicot*. Que de belles et sournoises revanches en perspective !

Ainsi, en Provence : « Garçon, apportez-moi des *museaux de chat*... Quoi ? Vous ignorez le nom des artichauts nouveaux ? ». En Normandie : « Du camembert ? Non, sincèrement, je préfère de *l'angelot*... Vous n'en avez pas ? Et ceci, alors ? Mon pauvre ami, vous ne connaissez donc pas l'autre nom du Pont l'Evêque ? » Dans le Berry, vous triompherez en demandant un *jau* — autrement dit un coq — en barbouille. Dans les restaurants chics de Nice, vous sèmerez la panique en exigeant des *chichi fregi* (beignets à la farine de pois chiche) dont ils n'ont jamais entendu parler. Dans l'Ain, vous collerez Georges Blanc avec un « Bonjour, mon oncle » (celui qui, le premier, formulait ce salut au moment des Rogations, recevait un chausson aux amandes, surnommé *Bonjour mon oncle*. Chez Meneau, la demande d'une *picoulée* (bouillie du Morvan, à la farine de sarrasin) ne manquera pas de faire son petit effet. A Bordeaux, vous en ferez sécher plus d'un en commandant une douzaine *d'anges à cheval* (huîtres chaudes posées sur des tranches de lard). Chez Bocuse, les *clapotons* (pieds de mouton à la vinaigrette) feront des vagues. Dans les Landes, *la gola* (morceau de gorge de porc) rendra perplexe Michel Guérard. A Reims, Gérard Boyer invoquera le ciel pour savoir où sont passés les *curtons* (vieux nom régional des lardons) et à Paris, chez Maxim's, on s'offrira du bon temps en exigeant une *mouillante* et quelques *pétasses*, dont il est peu probable qu'on sache, rue Royale, que la première est une soupe et les autres des groseilles à maquereau.

Maintenant, permettez que je me retire. Ces mots de la faim me font un drôle d'effet. Je commence vraiment à *la piler*. J'ai *les gésiers dans les nougats* et je ne vais pas me laisser *rouiller les dents*. Il est temps de *faire polker les gencives*, de *se taper le fusil*, de *régaler les amygdales*, de *jouer des dominos*, de *colmater la brèche*, d'*humidifier le lampas*. Bref, de *s'en donner une bosse*.

C.M.

Avant-propos

Les lecteurs fidèles de Colette Guillemard retrouveront dans ce livre des articles traités dans un de ses précédents ouvrages, *Les mots pittoresques de la table*, publié dans cette même collection. En effet, l'objectif du présent volume est d'informer sur « le parler du manger » là où il recèle quelque mystère ou quelque singularité. C'est le cas pour le jargon des cuisiniers et des gourmets, mais aussi pour les vocables anciens, régionaux, argotiques, et même parfois pour des termes très quotidiens.

Est-il besoin de dire que cet ouvrage n'est pas une encyclopédie gastronomique ? On y trouvera bien entendu des descriptions fort capables d'aiguiser la gourmandise, mais la priorité est donnée aux mots, comme dans les autres volumes de la collection. Les livres de cuisine ne sont pas ici des rivaux, mais des sources d'exemples et de citations.

Une dernière précision est peut-être nécessaire. Les noms des ustensiles de cuisines ne feront l'objet que d'un tout petit nombre de notices. Développer ce domaine aurait gonflé l'ouvrage jusqu'à peut-être le rendre indigeste ! Pour éviter cet accident paradoxal, Colette Guillemard a pris le parti de sacrifier ce qui, dans ce lexique culinaire et gourmand, était sans doute le moins directement savoureux.

J.B.

Abaisser

Etendre une pâte au rouleau à pâtisserie pour lui donner l'épaisseur et la forme désirées.

> Délayez bien votre pâte [...], laissez-la ensuite reposer une demi-heure, abaissez-la avec un rouleau, formez votre gâteau comme à l'ordinaire.
>
> Alexandre Dumas, *Grand Dictionnaire de cuisine.*

Abaisse : Morceau de pâte ainsi étendu.

> Garnir une tourtière à fond amovible d'une abaisse de pâte sucrée.
>
> Alain Chapel,
> *La cuisine, c'est beaucoup plus que des recettes.*

L'origine du mot est claire, puisqu'il s'agit d'une opération visant à rendre la pâte moins épaisse.

On appelle aussi **abaisse** l'une des deux moitiés (ou l'un des trois tiers) d'un gâteau (biscuit ou génoise) que l'on a coupé horizontalement pour le garnir d'une crème ou d'un autre apprêt. On en a ainsi, par un autre procédé que celui consistant à étendre au rouleau, diminué l'épaisseur.

Abricoter

Cette opération, très courante en pâtisserie, consiste à enduire au pinceau la surface d'un gâteau avec une très mince couche de gelée d'abricots fondue avant de le couvrir de crème, de mousse ou de glaçage.

> C'est une génoise fine fourrée d'une crème pâtissière [...]. Elle est ensuite abricotée et glacée.
>
> Henri-Paul Pellaprat, *La Pâtisserie pratique.*

La couche d'**abricotage** ou **nappage** (voir ce mot) empêche les petites miettes de pâte de se détacher et de se mêler à la garniture. De nos jours, par souci d'originalité, on fait du **nappage** non seulement à l'abricot mais à divers autres parfums, parfois exotiques (mangue, fruit de la Passion, etc.). Cependant, sauf accord spécifique d'un autre parfum avec celui du gâteau, l'abricotage est à conseiller, car sa saveur se marie à peu près avec tous les autres goûts.

Aciduler

Additionner de quelques gouttes d'un liquide acide, vinaigre ou jus de citron, le liquide dans lequel on va faire bouillir un aliment auquel on désire conserver toute sa blancheur.

On **acidule** aussi la crème fraîche, ce qui permet de l'utiliser comme la **crème aigre** de la cuisine russe.

Acra

Beignet (voir ce mot) salé en faveur aux Antilles.

On prépare les acras en écrasant du poisson, le plus souvent de la morue, ou des légumes, dans la pâte des beignets avant friture. Les acras sont très pimentés et donnent soif... On les sert avec le punch ou comme hors-d'œuvre. On les appelle parfois **bonbons à l'huile.**

Adoucir

Ce verbe désigne les divers procédés utilisés pour diminuer l'acidité d'un élément ou d'un mets : on **adoucit** la tomate en y mettant une pincée de sucre ; on adoucit une sauce trop relevée en ajoutant un peu de crème, etc.

Afart

Dans l'Ariège, nom donné à un repas assez copieux que l'on servait avant l'heure de la messe de minuit. Il s'agissait en principe d'un repas maigre consistant en salade de betteraves, morue et riz au lait, mais il comportait aussi, très exceptionnellement, des pieds de porc.

Affriander

Ce mot n'est plus guère employé : on ne le trouve que dans les recettes anciennes. Il recouvre toutes les opérations effectuées en vue de rendre un plat plus appétissant à l'œil.

Aigre-doux

Mode de préparation d'un plat combinant des saveurs acides et sucrées. La « nouvelle cuisine » a réinventé le sucré-salé, mais la cuisine romaine et celle du Moyen Age avaient déjà abondamment utilisé ce type d'apprêt. A. Escoffier, dans son *Guide Culinaire,* donne la recette d'un *lièvre à l'aigre-doux.*

On emploie aussi l'expression *à l'aigre-doux* pour désigner un mode de conservation des fruits au vinaigre et au sucre (ou au miel). Les cerises ou les prunes à l'aigre-doux peuvent accompagner un pot-au-feu, une terrine, une préparation sucrée-salée comme le canard à l'orange, et bien d'autres mets dont on veut relever la saveur.

Les *cornichons aigres-doux* se distinguent des cornichons ordinaires non seulement parce qu'ils sont macérés avec des épices et conservés dans un vinaigre sucré, mais aussi par leur dimension nettement supérieure. On les appelle également cornichons *à la russe* ou *malossols.*

Aiguillette

Tranche de chair étroite et longue, d'où son nom, l'idée d'*aiguille* s'associant à ce type de forme. On découpe les aiguillettes perpendiculairement à la carcasse sur les volailles et le gibier.

> Masquer les aiguillettes de canard rouennais de farce à gratin au foie gras.
>
> Th. Gringoire et L. Saulnier,
> *Le Répertoire de la cuisine.*

On donne aussi ce nom à de minces tranches de viande, et particulièrement au morceau de bœuf dans lequel on les taille.

Aïoli

On écrit aussi ***ailloli***. Ce mets, si typiquement provençal que Mistral avait donné son nom à un journal, est une émulsion d'huile et d'ail, *aïoli* signifiant littéralement « ail et huile » *(aïl* et *oli)*. Les ménagères pressées ou moins expertes d'aujourd'hui se contentent souvent d'ajouter de l'ail pilé à une mayonnaise, mais ce n'est pas vraiment l'aïoli. On appelle aussi ***grand aïoli*** (« On n'en connaît point de petit », fait spirituellement remarquer Maguelonne Toussaint-Samat dans son *Ethnocuisine de Provence*) le plat constitué par l'ensemble des légumes, poissons, crustacés et escargots que l'on sert avec cette sauce. Comme tous ses éléments sont maigres, ce plat somptueux était de tradition pour le Vendredi Saint et le Mercredi des Cendres.

> Lili « attendrissait » un stockfish pour l'aïoli de sa mère.
>
> Marcel Pagnol, *Le Temps des secrets.*

A la...

Quand on lit sur le menu d'un restaurant « Raie à la grenobloise » ou « Ris de veau à la florentine », il ne s'agit pas d'une préparation exclusivement réservée à la raie ou aux ris de veau : ailleurs, on vous propo-

sera, au lieu des ris de veau, une « barbue à la florentine ». Il existe un très grand nombre de préparations
portant ainsi une appellation régionale, comme
d'autres le nom d'un cuisinier célèbre (par exemple la
lotte ou le bar « à la Dugléré »). Ces mots désignent
un ensemble de garnitures qui peuvent accompagner
des aliments très divers. Une sauce déterminée fait parfois partie des impératifs de la préparation.

Nous nous bornerons à rappeler ici en quelques mots
les composantes les plus courantes des garnitures qui
évoquent, parfois avec une certaine liberté d'interprétation, la façon de faire de telle ou telle région de
France. Cette liste n'est absolument pas limitative.

A l'alsacienne : Choucroute braisée et jambon (pour
grosses pièces de viande).

A l'arlésienne : Aubergines, tomates et courgettes frites (pour tournedos).

A la berrichonne : Choux, marrons, oignons et lard
(pour grosses pièces de viande).

A la bourguignonne : Oignons, champignons et lard
(pour grosses pièces de viande). Ce terme est parfois
aussi employé pour désigner une manière de préparer
divers aliments (œufs pochés, poissons, cervelle, etc.)
dans une sauce au vin rouge, proche de la *meurette*
(voir ce mot).

A la bretonne : Haricots blancs, persil haché (pour
grosses pièces de viande).

A la cancalaise : Huîtres, crevettes et sauce normande,
c'est-à-dire sauce au fumet de sole, liée aux jaunes
d'œufs et à la crème (pour poissons).

A la cévenole : Marrons en purée ou en ragoût (pour
viandes rôties ou braisées). On emploie aussi ce terme
pour désigner diverses préparations sucrées comportant purée de marrons ou marrons glacés.

A la charolaise : Choux-fleurs et croustades garnies
de purée de navets (pour grosses pièces de bœuf).

A la créole : Se dit d'entremets dans la préparation
desquels interviennent des bananes, des ananas, du
rhum et de la vanille, ou simplement les uns ou les
autres de ces éléments.

A la dieppoise : Crevettes, moules et champignons (pour poissons).

A la flamande : Choux braisés, carottes, navets, lard, saucisson, pommes à l'anglaise, c'est-à-dire cuites entières à l'eau bouillante ou à la vapeur (pour grosses pièces de viande).

A la grenobloise : Cuisson *meunière* (voir ce mot) ou au beurre noir avec câpres et lamelles de citron (pour poissons).

A la languedocienne : Aubergines, tomates et cèpes cuits à l'huile (pour œufs ou pièces de boucherie).

A la lorraine : Choux rouges braisés et pommes de terre (pour grosses pièces de viande).

A la marseillaise : Tomates, olives farcies et filets d'anchois (pour tournedos).

A la mentonnaise : Courgettes, artichauts et pommes rissolées (pour grosses pièces de viande).

A la morvandelle : Cette appellation implique la présence de jambon cru dans des omelettes, des potées, etc.

A la Nantua : Queues d'écrevisses et truffes (pour poissons).

A la nivernaise : Carottes et navets, laitues braisées, oignons et pommes de terre bouillies (pour grosses pièces de viande).

A la normande : Huîtres, moules, champignons, queues d'écrevisses, *goujonnettes* (voir ce mot), truffes, *fleurons* (voir ce mot) ou *croûtons* (voir ce mot) frits (pour poissons).

A l'orléanaise : Chicorée braisée et pommes de terre à la crème (pour grosses pièces de viande).

A la paloise : Légumes de primeur (y compris chou-fleur) et croquettes de pommes de terre (pour grosses pièces de viande).

A la parisienne : Il existe plusieurs versions de cet apprêt qui comprend le plus généralement laitues braisées et pommes de terre (pour grosses pièces de viande).

A la périgourdine : Foie gras, truffes et sauce périgourdine (à ne pas confondre avec la sauce Périgueux : l'une et l'autre sont des sauces madère additionnées

de truffes, mais la sauce périgourdine comporte également de la purée de foie gras et les truffes sont coupées en dés plus gros).

A la provençale : Tomates cuites à l'huile d'olive, ail, parfois champignons (pour œufs, volailles, poissons, etc.).

A la sarladaise : Pommes de terre et truffes cuites au four en même temps que la pièce à rôtir qui fait l'objet de cette préparation.

A la soissonnaise : Haricots blancs (pour grosses pièces de viande).

Alicot

Ragoût d'abats de canard, dinde ou oie aux carottes, très appréciés dans le Périgord. Le mot *alicot* signifie littéralement « ailes et cou » *(al y cot)* mais on ajoute souvent à ce ragoût le gésier et même les pattes ; ces dernières ont cependant tendance à donner un goût prononcé qui peut déplaire à certains.

On servait généralement l'alicot comme entrée dans un repas où la volaille apparaissait ensuite sous forme de rôti, selon une coutume paysanne très répandue de bonne économie domestique, qui faisait par exemple mettre au même menu la tête et le rôti de veau, ces deux morceaux se trouvant généralement réunis chez le boucher qui ne tuait pas tous les jours un veau.

Attention : il ne faut pas confondre l'alicot avec l'**aligot** auvergnat, ni avec le **halicot** de mouton, genre de ragoût également connu sous le nom de **haricot** de mouton (voir ce mot).

Aligot

Dans le Cantal, on appelle **aligot** un mélange de purée de pommes de terre, de tomme fraîche et d'ail. Il faut sans doute voir dans ce dernier mot l'origine du terme. Un « tour de main » est nécessaire pour effectuer parfaitement l'incorporation du fromage.

Ne pas confondre avec l'**alicot** (voir ci-dessus) qui est tout autre chose.

Alleluia

Petite **fougace** (voir **brioche**) que l'on offrait, le soir du Samedi Saint, aux enfants quêteurs du Lauraguais, dans le Bas Languedoc. Le nom du gâteau vient de la chanson qu'ils répétaient de maison en maison :

> *Alleluia, alleluia*
> *Un fouacet a cado man,*
> *Le que n'aura ne manjara,*
> *Le que n'aura pas s'en passera.*

(Alleluia, alleluia,
Une petite fougace à chaque main,
Celui qui en aura en mangera,
Celui qui n'en aura pas s'en passera.)

Allonger

Une sauce est dite **courte** lorsqu'elle est bien concentrée et parfumée, **longue** lorsqu'elle est très liquide et, partant, de saveur moins accusée. Une sauce courte est évidemment meilleure, mais il est parfois nécessaire d'**allonger la sauce**. Il s'agit exactement, comme dans l'expression populaire dérivée de cette locution culinaire, de faire du volume, et, notamment d'agir en sorte que chaque convive ait sa part de la sauce. On utilise pour cette opération, et selon les cas, de l'eau, du vin, du bouillon, etc.

Allumette

Se dit de toutes pâtisseries, salées ou sucrées, présentant une analogie de forme, généralement assez vague, avec une allumette. Il s'agit soit de bâtonnets de pâte feuilletée, fourrés d'une préparation au fromage, aux fruits de mer, ou autre, soit d'un gâteau de même forme, mais plus grand, qui est glacé au sucre glace.

> Si j'avais une allumette, je serais heureuse comme une reine (...). Je parle d'une allumette de pâtissier.
>
> Jean Anglade, *Une pomme oubliée.*

Ce gâteau aurait été inventé par un pâtissier suisse qui ne savait comment utiliser un reste de sucre glace. On appelle **pommes allumettes** des pommes de terre coupées en bâtonnets avant d'être frites. Gautron du Coudray, dans son *Quarteron de rimes culinaires,* explique comment préparer des **haricots verts en allumettes** en les faisant frire dans une pâte à beignets légère.

15

Alouette sans tête

Fine escalope de veau fourrée de chair à saucisse et roulée, à laquelle les cuisiniers donnent le nom de **paupiette** (voir ce mot) et dont la forme arrondie rappelle celle d'une alouette.

En Flandre et en Provence, on appelle **oiseau sans tête** une paupiette faite d'un bifteck très mince garni de chair de porc. La différence est qu'en Flandre, de la bière intervient dans la préparation des *vogels zonder kop* (« oiseaux sans tête » en flamand) alors qu'en Provence on y met de la tomate et parfois des olives.

> Je serais assez partant pour des oiseaux sans tête, avec des petits pois frais aux lardons.
>
> San Antonio, *La Fête des paires.*

Américaine (homard à l')

Il n'est pas besoin d'être un gastronome très averti pour savoir qu'il ne s'agit pas là d'une recette nationale des Etats-Unis. On a cru longtemps, à tort, que, comme l'avait suggéré Prosper Montagné, il fallait dire *homard à l'armoricaine.* Mais la recette n'a vraiment rien de breton : il s'agit d'un homard coupé encore vivant dont on fait revenir les tronçons à l'huile d'olive puis que l'on mouille de vin blanc ; interviennent aussi dans la préparation cognac, oignons, échalotes, ail, herbes, poivre de Cayenne...

Il est plus vraisemblable que cette préparation, qui existait déjà sous le nom de **homard à la Bonnefoy**, du nom de son créateur, était servie à des clients américains au Café... Américain, sur les boulevards, ainsi nommé parce que son propriétaire, Pierre Fraisse dit Peter, avait fait ses classes aux Etats-Unis.

On prépare également **à l'américaine** d'autres crustacés, de la lotte, etc.

Amourettes

Moelle épinière du bœuf ou du veau. Les amourettes sont moins présentables mais aussi savoureuses que la cervelle.

D'après Alexandre Dumas *(Grand Dictionnaire de cuisine)*, ce nom aurait été donné par le Commandeur de Froullay, la moelle épinière étant considérée classiquement comme la racine de l'activité sexuelle.

Au Québec, on appelle **amourettes** ce que nous désignons sous le nom d'**animelles** (voir **frivolités de la Villette**).

Amuse-gueule

On désigne sous ce nom pittoresque et éloquent toutes les petites choses salées — et souvent fortement épicées — que l'on sert à l'apéritif.

> Ailleurs, tout un assortiment de petits raviers triangulaires contenant encore divers amuse-gueule : olives vertes, noisettes grillées, petits biscuits salés, chips aux crevettes.
>
> Georges Perec, *La Vie mode d'emploi.*

Les mérites des amuse-gueule sont multiples. Ils distraient la... bouche en attendant l'heure du repas, ils poussent à boire en raison de leur saveur relevée, mais ils permettent également aux diverses boissons plus ou moins fortes servies comme apéritifs de produire un effet moins grisant que lorsque l'estomac est vide.

L'amuse-gueule existe dans le commerce sous des formes que les fabricants s'ingénient à varier et à renouveler, comme les biscuits salés de toutes sortes, les bâtonnets au fromage, les mini-pizzas, les feuilletés aux oignons ou aux anchois, les mélanges d'« amandes » et de « noix », de divers fruits, exotiques ou non, auxquels certaines firmes donnent le nom curieux de « mélange télé » ou de « mélange vidéo », ce qui éclaire leur utilisation d'un jour nouveau. Les ménagères peuvent préparer elles-mêmes leurs amuse-gueule : **gougères**, (voir ce mot), canapés originaux, pruneaux au bacon, etc., sans oublier la corbeille de noix fraîches, à la saison. Certains amuse-gueule sont parfois servis à table, en guise de hors-d'œuvre ou avant ceux-ci, comme les **cerneaux** (noix cueillies avant maturité) accommodés au verjus ou à l'échalote.

Le mot *amuse-gueule* est considéré par le *Robert* comme un néologisme. On disait plutôt, autrefois, **éperons bachiques** pour désigner tout ce qui stimule la soif, comme les salaisons, les andouilles et saucisses servies avec d'abondantes boissons. L'expression *éperons bachiques* a été créée par Rabelais, mais cet usage remonte aux Romains.

Ancienne (à l')

Se dit de certains plats, tels que fricassée ou blanquette, qui appartiennent à la tradition.

> Un jour que j'avais mangé, chez elle, un « bœuf à l'ancienne » qui comblait au moins trois sens sur cinq [...], je m'écriai :
> — Madame Yvon, c'est un chef-d'œuvre !
> Colette, *Prisons et paradis*.

L'expression à *l'ancienne* est là pour rappeler qu'il s'agit de plats de la cuisine bourgeoise d'autrefois, mais pas forcément tombés en désuétude. Une **blanquette à *l'ancienne*** n'a rien de spécial qui la distingue, si ce n'est qu'elle est cuisinée selon la tradition, c'est-à-dire comme toute blanquette qui se respecte...

Andouille

Préparation charcutière présentée dans un boyau de porc et consistant généralement en morceaux d'intestin plus ou moins finement coupés (voir **cochon**).

> Ensuite arrivaient les grands plats : les langues fourrées ; [...] les andouilles, empilées deux à deux, crevant de santé.
>
> Emile Zola, *Le Ventre de Paris.*

On admet généralement qu'*andouille* vient du latin *inductilia* = les choses destinées à être introduites, en l'occurrence dans le boyau. Mais on a pu supposer également que ce nom venait d'un terme gallo-romain signifiant « rebondi, en forme de tonneau (*dolium*) ».

Angelot

Appellation ancienne du **Pont-l'Evêque**, fromage normand réputé. On trouve déjà ce nom dans le *Roman de la Rose*, au XIIIe siècle.

Comme le Pont-l'Evêque a ce que Pierre Androuet, dans son *Guide du fromage,* appelle pudiquement une « saveur prononcée du terroir », le terme **angelot** ne semble pas faire référence à des qualités de douceur...

Certains ont pensé que ce mot venait de la pièce d'or du même nom, représentant un ange en train de terrasser le dragon. Le Pont-l'Evêque n'a cependant aucune ressemblance de forme avec cette pièce et il est difficile d'imaginer qu'une pièce d'or puisse représenter le prix d'un fromage ! Il faut donc plutôt voir dans **angelot** une déformation d'*augelot*, car ce fromage est originaire du Pays d'Auge.

Angoulême (aller en)

Au XVIIe siècle, on disait plaisamment **aller en Angoulême** pour « avaler ». Il s'agit d'un calembour à partir du verbe *engouler* = avaler, où l'on retrouve la racine latine *gula* = gorge, qui a également donné « gueule » et ses dérivées.

19

En Saintonge, on appelait le gosier *vallée* ou *canal d'Angoulême*. Ce canal, évidemment, ne demandait qu'à recevoir des liquides... bien gouleyants !

Anhydre

Ce mot de l'argot des polytechniciens date du XIXe siècle ; il désignait le bœuf bouilli. Sans doute celui que l'on servait aux élèves de l'école était-il particulièrement sec : le mot *anhydre*, emprunté à la chimie, est en effet formé du préfixe privatif *an-* et du radical grec *hudr-*, signifiant « eau ».

Anthropomorphiques (gâteaux)

La tradition populaire d'autrefois faisait une large place, en de nombreuses régions, à des gâteaux anthropomorphiques. C'étaient le plus généralement des gâteaux que l'on accrochait aux rameaux, le dimanche avant Pâques.

Ainsi à Nice, à Toulon (où il s'agissait de bonshommes en pain d'épices), à Sisteron, dans l'Isère, en Savoie, dans le Berry, l'Auvergne, et le Velay, ils étaient toujours présents sur les rameaux, sans pourtant recevoir de noms plus spécifiques que *bonshommes* ou *pantins*.

Dans de nombreuses localités de Provence, on les appelait *marmousets* ; à Valence, dans la Drôme, c'étaient les *suisses*, à l'image des suisses d'église, avec bicorne et boutons faits de raisins secs, alors qu'ailleurs, dans le Dauphiné, on trouvait la *rameaudière*, gâteau safrané en forme de poupée. Dans le Velay, on donnait aux gâteaux anthropomorphiques le nom de *bourgeois*, dans le Roussillon ceux de *mongos* (moines) et *mangas* (nonnes) ; les *colombes* du Périgord, à rapprocher des *couloms* de l'Ardèche, avaient le visage dessiné au moyen de grains d'anis ; les *nèves* de l'Aveyron figuraient des poupons au maillot.

Pour Noël et le Nouvel An, ou trouvait également des gâteaux du même type dans des régions diverses et éloignées géographiquement : *filliats* des deux sexes en Normandie, *catins de Nau* (poupées de Noël) dans le Poitou, *cochelins* ou *coquelins* à Chartres, où ces gâteaux pouvaient aussi être zoomorphiques, ce qui explique probablement leur nom. Les *naulets* du Berry devaient leur appellation à la fête de Noël pour laquelle on les préparait, de même que les *estèves* de Montpellier étaient les gâteaux de la Saint-Etienne, le 26 décembre. Les *petits Jésus* de Lille servaient à fêter non pas Noël mais la Saint-Nicolas, fête dont l'importance dépasse celle de Noël dans cette région.

En Alsace, les amoureux échangeaient des *männle* (petits hommes) à l'occasion de la Saint-André.

Dans le Mâconnais, on donnait le nom de *mirlouzets* à des petits bonshommes en pâte à pain que l'on mangeait pour la Saint-Vincent, le 22 janvier.

De toutes les coutumes liées aux gâteaux anthropomorphiques, la plus curieuse est peut-être celle de Montbard, dans la Côte d'Or où, le jour de la Chandeleur, on allait en bande offrir aux lavandières des gâteaux représentant des hommes et des femmes, les *mariottes*. Quand on sait l'importance accordée jadis aux sources et fontaines qui étaient considérées comme des repaires de fées, on peut penser que ce don, d'origine plus vraisemblablement païenne que chrétienne, était une manière de se concilier les puissances occultes.

Aplatir

Battre une petite pièce de viande au moyen de la partie plate d'un couperet ou d'un appareil spécial appelé **batte**. Cette opération est destinée, non seulement à rendre la viande plus plate (comme une escalope à paner, qui doit être très mince), mais également à l'attendrir.

Appareil

Mélange d'éléments destinés à une préparation culinaire ou pâtissière.

> On prépare des cassolettes avec l'appareil à pomme duchesse.
>
> Prosper Montagné et Prosper Salles,
> *Le Grand Livre de cuisine.*

Dans la langue d'autrefois, le mot **appareil**, dérivé du latin *apparare* = préparer, voulait dire « préparatifs ». Molière parle de l'« appareil » d'une fête.

Appétits

C'est par ce joli nom évocateur que, dans toute la Bourgogne, mais sans doute aussi dans d'autres régions, on désigne la ciboulette, herbe si propre à mettre « en appétit ». A défaut de ciboulette, on peut employer, pour le même usage, de la ciboule ou même de la queue d'oignon coupée, comme l'explique Gautron du Coudray à propos, précisément, de la « soupe aux appétits » :

> Lorsqu'au potager vous éclaicissez vos semis d'oignons, vous prenez une bonne poignée de cette verdure alliacée dont vous coupez seulement le commencement de chevelu blanc de la racine et la pointe du sommet de la petite tige tubulaire.

Apprêt

On désigne sous ce nom l'ensemble des opérations concourant à la préparation d'un plat.

Araignée

Morceau de bœuf situé au niveau de la hanche et recouvert d'une membrane évoquant une toile d'araignée. L'araignée sert à préparer une grillade savoureuse et juteuse. Comme le **merlan** et la **poire** (voir ces mots), l'araignée fait partie des morceaux, dits « morceaux de bouchers », que ces derniers se réservent souvent pour leur consommation personnelle.

Araignée de mer : sorte de crabe aux longues pattes fines et à la chair appréciée dont l'allure rappelle tout à fait celle de l'araignée.

> — Pourquoi tant de différence entre le homard et l'araignée ?
> — Monsieur, l'araignée (il la nommait une iraigne) est bien plus délicate !
>
> Honoré de Balzac, *Un drame au bord de la mer.*

Arlequins

Dans le langage des clochards, les arlequins sont des petits restes de nourriture, comparables aux morceaux disparates du manteau d'Arlequin. On dit aussi, quoique moins couramment, **arlequin**, au singulier.

> La vieille était partie faire les restaurants du déjeuner, en quête de « l'arlequin », les restes...
>
> A.D.G., *Cradoque's band.*

Au XIXe siècle, ces restes, aussi appelés **rogatons** (voir ce mot), étaient récupérés par des marchandes, les **regrettières**, qui les revendaient aux clients les plus pauvres après leur avoir donné une présentation un peu appétissante, d'où les noms de **rhabilleuses** ou **bijoutières** parfois donnés à ces commerçantes qui vivaient de la misère humaine. On peut se demander si ce trafic, qui a certainement subsisté pendant une bonne partie de notre siècle, n'existe pas encore de nos jours, de façon plus cachée. Il est en tout cas courant que des miséreux aillent quêter les restes dans les restaurants, et même, comme le révèle Fanny Deschamps *(Croque-en-Bouche)*, dans des « trois-étoiles » !

A Chablis, dans l'Yonne, on donnait le nom d'*arlequins* aux harengs, peut-être parce qu'ils étaient presque aussi bon marché que les déchets désignés sous ce nom.

Aromates

Plantes utilisées en cuisine pour parfumer *(aromatiser)* un mets. Le grec et le latin emploient le mot *arôma* indifféremment dans le sens de « parfum », d'« aromate » ou d'« épice ».

> Aussi peut-on dire qu'aujourd'hui, la plupart des épices, des aromates et des condiments sont devenus cosmopolites.
>
> Louis Lagriffe,
> *Le Livre des épices,*
> *des condiments et des aromates.*

Les aromates sont en principe d'une saveur moins fortes que les *épices* (voir ce mot), ces dernières étant plus généralement d'origine exotique. Pour certains auteurs, les **condiments** (voir ce mot) comprennent l'ensemble des aromates et des épices. En fait, la délimitation entre le contenu de ces trois mots est loin d'être précise, et tout essai pour faire entrer tel ou tel produit dans une catégorie déterminée risque d'être arbitraire.

On admet généralement parmi les aromates l'anis, le basilic, le carvi, la coriandre, l'hysope, les herbes aromatiques (céleri, cerfeuil, estragon, fenouil, laurier, marjolaine, menthe, persil, romarin, sarriette, thym) et aussi la vanille, l'angélique et bien d'autres.

Arrêter

Le sens de ce verbe est clair : il s'agit de mettre fin à la cuisson d'un aliment. Il ne suffit cependant pas toujours pour autant de le retirer du feu. Ainsi, une crème anglaise continue à cuire par la seule chaleur de la casserole et risquerait de tourner si on ne la transvasait pas aussitôt. Les légumes prendraient vite un

goût d'herbes si on les laissait dans l'eau de cuisson :
il faut donc les égoutter. Enfin, il arrive que l'on ajoute
un peu de liquide froid — eau ou bouillon — dans une
sauce pour en **arrêter** la cuisson.

Arroser

Verser un peu de liquide — eau, graisse ou jus — sur
un aliment en train de cuire au four ou à la broche
pour éviter le dessèchement.

> Lorsque la couenne croustillera [...], vous ajouterez au
> pleur gras tombé dans la lèchefrite quelques cuillerées
> du vin blanc de la marinade pour l'arroser.
>
> Gautron du Coudray,
> *Un quarteron de rimes culinaires.*

Arton

Pain, en argot du XVe siècle. Le mot a survécu dans
les parlers savoyard et lyonnais. Il vient du grec *artos*
= pain. Comme *artos* n'a laissé aucune trace dans le
français courant, il est probable que ce mot s'est introduit dans l'argot, à l'origine, par l'intermédiaire du
parler des clercs ou des écoliers.

> Solon [...] prescrivit de ne manger qu'aux jours de fête
> le pain de froment, *artos*.
>
> Maguelonne Toussaint-Samat,
> *Histoire naturelle et morale de la nourriture.*

On dit aussi **larton**, par inclusion de l'article.
Parmi les mots de même origine, on peut citer **artie,**
qui signifiait également « pain », la *guerre de l'artie
et de la crie* (viande, du grec *kreas*) étant l'exercice de
la mendicité. Ces expressions conservent le souvenir
du nom latin *artocreas*, mot emprunté au grec et désignant de petits pâtés, utilisés dans les premiers temps
du christianisme en guise de redevances ou de dons inspirés par la piété. Ils sont cités par Pline, au Ier siècle
après Jésus-Christ. Il s'agit d'une spécialité grecque,

aussi logiquement désignée par un terme grec que les *hamburgers* ou *hot-dogs* empruntent leur nom à la langue américaine.

Aspic

Mets froid en gelée, qui peut être composé de légumes, crustacés, poissons, morceaux de volaille et même fruits. L'aspic est le plus souvent préparé dans un moule cannelé ; on le démoule pour le servir et on l'entoure parfois de menus dés de gelée.

> Elle fit préparer un repas rose — aspic de jambon [...], koulibiak de saumon sauce aurore.
>
> Georges Perec, *La Vie mode d'emploi.*

Le nom de l'aspic provient très vraisemblablement de celui d'une vipère assez courante en France. Il peut venir de la forme de serpent lové que donne à l'aspic sa préparation dans un moule « spiralé », ou encore de sa froideur évocatrice de celle du serpent. On a aussi pensé que ce nom lui avait été donné parce que la mosaïque de teintes que l'on aperçoit à travers la gelée rappelle les écailles du serpent.

Attendrir

On peut **attendrir** une viande un peu ferme — pièce de boucherie trop fraîchement abattue ou gibier plus très jeune — en l'**aplatissant**, en la faisant **mariner** ou en la **lardant** (voir ces mots). Le moyen le plus naturel consiste, s'il s'agit d'une viande trop fraîche, à la laisser **rassir** (voir ce mot) ; le plus déconseillé, d'ailleurs interdit par la loi, est l'usage par le boucher d'appareils dits **attendrisseurs.**

Augoûts

Terme employé en Saône-et-Loire pour désigner le bouquet garni qui donne son goût à une préparation culinaire.

> Et cette agitation si appliquée gagnait en joie au fur et à mesure que se réalisaient les points du programme [...], le poulet en morceaux tout prêt sur un torchon propre, les augoûts bien attachés en bouquet avec du fil blanc, les lardons sur une assiette.
>
> Lucette Desvignes, *Le Grain du chanvre.*

Ce mot évocateur est à rapprocher des **appétits** et de la **saveur** (voir ces mots).

Aumônière

Façon imagée de désigner une présentation originale de fruits enveloppés dans des morceaux de pâte fine dont on réunit les pointes avant de les faire cuire au four. Ces petits réceptacles évoquent la forme des aumônières, ces petites bourses froncées que l'on portait jadis à la ceinture.

Aurore (sauce)

Cette sauce doit son nom à la teinte d'un rose légèrement doré que lui donne la présence de purée de tomates. Elle sert d'accompagnement à des œufs durs, pochés ou mollets, à des volailles, des poissons, etc.

Aveline

Grosse noisette, plus particulièrement récoltée dans les pays méridionaux. Elle doit son nom au latin *avellana*, du nom de la ville d'Avella ou Abella, en Campanie, d'où elle est originaire. Ce mot était parfois utilisé localement pour désigner n'importe quelle noisette.

> Elle (…) me cingla les fesses avec une branche de notre gros noisetier, celui qui donnait des avelines bien allongées.
>
> Jean Renoir, *Auguste Renoir, mon père.*

Avergot

Œuf (au XVIIe siècle). G. Esnault, dans son *Dictionnaire des argots,* fait dériver ce mot du germanique *albaire*, de même signification, par un processus assez peu clair. Une **ripaille d'avergots** était une omelette.

Ayez...

On trouve ce mot au début d'un très grand nombre de recettes anciennes, soit dans les livres des temps passés, soit dans les carnets de cuisinières qui apportent un témoignage si précieux et émouvant sur la vie ménagère des femmes d'autrefois.

> Ayez une belle alose d'au moins trois ou quatre livres.
>
> Toulouse-Lautrec et Maurice Joyant,
> *L'Art de la cuisine.*

Aujourd'hui, on dit plutôt « prenez ». Mais, dans l'énorme majorité des cas, on place en tête de la recette la liste des **ingrédients** (voir ce mot) ou éléments, ce qui dispense de dire ensuite ce qu'il faut prendre, ou avoir.

Baba

Gâteau en pâte levée, imbibé d'un sirop au rhum. C'est pourquoi on l'appelle souvent **baba au rhum**. Il existe des babas individuels, de forme ronde, ressemblant à de petites brioches, et de grosses pièces en couronne.

> Elle suivait la rue Turbigo [...] pour passer devant les gâteaux aux amandes, les saint-honoré, les savarins, les flans, les tartes aux fruits, les assiettes de babas...
>
> Emile Zola, *Le Ventre de Paris.*

Ce gâteau fut introduit en France par Stanislas Leczinsky, roi de Pologne (1677-1766). On raconte même qu'il l'inventa : il aurait trouvé le **kugelhopf** (voir **brioche**) trop sec et eut l'idée de l'imbiber de rhum, ou d'un sirop de vin blanc au safran ; il lui aurait donné le nom de son héros imaginaire favori : Ali Baba. Il semble plutôt, cependant, que Stanislas ait apporté de Pologne et le gâteau et son nom : une pâtisserie très populaire y était désignée sous le nom de *babka*, diminutif de *baba*, bonne femme, soit par analogie de silhouette avec les paysannes slaves, soit parce qu'il était la spécialité des grands-mères, familièrement appelées *babkas* par les enfants polonais et russes. De Nancy, le baba se répandit dans la France entière grâce, notamment, à un pâtissier de la cour de Stanislas qui s'installa rue Montorgueil à Paris et en fit sa spécialité.

Bâfrer

Ce verbe qui signifie « manger goulûment » s'emploie transitivement ou intransitivement.

> Je traîne le long des victuailles... mais j'ai bâfré, j'en peux plus.
>
> Louis-Ferdinand Céline, *Mort à crédit.*

Bâfrer vient sans doute de l'onomatopée *baf* qui traduit le bruit des lèvres ou le gonflement des joues. La même mimique sert à signifier le mépris, d'où *bafouer*, dérivé lui aussi de l'onomatopée *baf* par le provençal *bafrer* = se moquer.
On peut aussi supposer que le radical germanique *baf* = lèvre est à l'origine des deux verbes **bâfrer** et

bafouer, mais ne vient-il pas lui-même de l'onomatopée en question ?

Bain-marie

Procédé culinaire qui consiste à chauffer très doucement un produit, en plaçant le récipient où il se trouve dans un autre récipient plus grand contenant de l'eau à ébullition douce.

> Chauffez le chocolat au bain-marie en tournant avec la spatule.
>
> Gaston Lenôtre, *Faites votre pâtisserie comme Lenôtre.*

On a pensé parfois que le nom donné à ce procédé faisait allusion à sa douceur, comparable à celle de la Vierge-Marie. Mais le mot peut aussi tirer son origine d'une autre cuisine... la cuisine alchimique ! Il s'agirait alors du « bain de Marie », Marie l'alchimiste étant la sœur de Moïse et d'Aaron.

Balthazar

Orgie, débauche, et plus particulièrement festin.

> — Il y aura un festin de Balthazar.
> — Qu'est-ce que c'est que ça, un Balthazar ?
> — Balthazar était un gredin, un fieffé gourmand, mais un fin connaisseur en vins et en toutes espèces de comestibles et, quand on voulait bien dîner, on allait chez Balthazar.
>
> Comtesse de Ségur, *L'Auberge de l'Ange-Gardien.*

Balthazar, à ne pas confondre avec le Roi mage du même nom était le régent de Babylone ; il fut tué en 539 av. J.-C. par Cyrus, roi des Perses, alors qu'il se livrait à une dernière orgie. Quand les Perses pénétrèrent à Babylone, une main invisible avait écrit sur les murs de la salle du festin : *Mane, thecel, pharès,* ce qui veut dire en hébreu « compté, pesé, partagé », autrement dit : « Dieu a compté tes jours, tu as été pesé et trouvé trop léger, ton royaume sera partagé. »

Comme le turc, l'hébreu dit beaucoup de choses en peu de mots !

Le terme de **balthazar** n'est plus guère employé dans le sens de « banquet ». Mais, depuis 1800 environ, on l'utilise — et ce sens a subsisté — pour désigner une bouteille de champagne valant 16 bouteilles ordinaires, toujours par allusion à l'abondance et aux excès.

Bamboche

Noce, débauche.

> Il a fait tant de bamboches quand il était jeune ! Il s'est calciné avec l'eau-de-vie.
>
> Gustave Flaubert, *Madame Bovary*.

Le mot **bamboche** vient du surnom de *Bamboccio* (le pantin), traduit en français par Bamboche, donné au peintre italien du XVIIe siècle Pierre de Laer. Il reçut ce sobriquet soit parce qu'il était hideux et contrefait — une sorte de Scarron —, soit parce qu'il représenta des scènes burlesques dites *bambocciate* (en français *bambochades*). Ses sujets favoris étaient les beuveries et les pugilats qui s'ensuivaient. D'où le passage facile au sens de débauche.

Bambocher, **bambocheur** sont les dérivés tout naturels de **bamboche** pour désigner l'action de faire des bamboches et celui qui s'y adonne.

Bamboula

De même que les termes de signification voisine **bamboche**, **bombe**, **bombance**, **bringue** (voir ces mots), le mot **bamboula** désigne une partie de plaisir où l'on boit beaucoup, généralement en compagnie de femmes, et où les satisfactions de la table ont une bonne place. Ce mot serait un terme bantou, importé en France par les tirailleurs sénégalais et servant à désigner un tam-tam, puis la danse exécutée au son de cet instrument. Le nom de la **bamboula**, comme celui d'une autre danse, la **java** (voir ce mot), a pris la signification de

« débauche ». Peut-être la parenté de son avec la **bamboche** (voir ce mot) y a-t-elle aidé.

On a aussi pensé que *faire la bamboula* pouvait signifier « se saoûler », « se noircir comme un nègre », en raison du sobriquet de « Bamboula » souvent donné aux Noirs dans la première moitié de notre siècle.

Baptême

A la sortie de l'église, après le baptême, le parrain et la marraine jetaient à la volée dragées et autres friandises ; on les appelait *nailles* (du latin *natalia* = fêtes de naissance) en Franche-Comté, *bartalées* en Picardie, *broutot* dans le Morvan. La famille du bébé distribuait aux parents et voisins des gâteaux pour fêter la circonstance : *pognons aux peurniaux* (brioches aux pruneaux) dans le Rhône, *kugelhopfs* (voir *brioche*) en Alsace par centaines quand la famille était prospère. Dans le Roussillon, le jour du baptême, la mère mangeait le *caldo*, un bouillon fait avec deux poules ou *garrots* offerts par le parrain et la marraine. Ce bouillon avait des vertus reconstituantes ; il faut dire qu'autrefois, le baptême était généralement très proche de la naissance tant on avait peur de voir l'enfant, s'il mourait avant d'être baptisé, devenir *culard*, comme on disait en Bourgogne et avoir son âme condamnée à errer dans les limbes pour l'éternité.

En Bretagne, le repas, offert par le parrain et la marraine, portait le nom pittoresque de *repas de fricassée de nombrils*. L'enfant y mangeait une bouillie de blé noir, tandis que les cloches sonnaient *le glas de la bouillie*.

Barbe de capucin

Nom donné à une variété de chicorée sauvage (voir *salade*).

C'est aussi un champignon de la famille des clavariacées, dont les filaments jaunâtres peuvent, à la rigueur, être comparés à une barbe. La *barbe de capucin*, sans être réellement dangereuse, n'est pas considérée comme un champignon comestible. On lui préfère l'espèce voisine désignée sous le nom de **chou-fleur**. Le champignon type des clavariacées est la **clavaire** (du latin *clava*, massue) qui peut avoir des formes diverses. L'une d'elles, très « rameuse », est parfois appelée **menotte**.

Barbaque

Mauvaise viande, et familièrement, viande, tout simplement.

> Remarque, elle est peut-être pas mauvaise. — Quoi, la barbaque ?
>
> Albertine Sarrazin, *La Cavale*.

Ce mot date sans doute de la guerre de Crimée et viendrait du roumain *berbec* = bélier, lui-même dérivé du latin *berbex* = brebis. Le terme voisin *barbacoa*, d'origine espagnole et utilisé par les Haïtiens et les Mexicains pour désigner un gril, pourrait avoir donné le mot américain **barbecue**, qui a été adopté de façon très générale en France en même temps que le mode de grillade pratiqué avec cet instrument.

Barbe à papa

Terme populaire pour désigner le sucre centrifugé, qui est une friandise bien connue de fête foraine, extrêmement appréciée des enfants. Cette énorme masse de sucre fondu et étiré, entortillée autour d'un bâtonnet, évoque assez bien une barbe à papa... Noël, quoiqu'elle puisse être de diverses teintes pâles et pas seulement blanche.

> Il a l'âge où les gosses ont le droit de tout faire [...] décider d'arrêter l'alcool et le tabac, les gâteaux, le café et la barbe à papa.
>
> Pierre Vassiliu, *C'est si bon*.

La barbe à papa qui, curieusement, ne semble pas avoir d'appellation plus technique, est mousseuse, légère, mais elle poisse les doigts aussi bien que le visage et procure vite un sentiment de satiété écœurante.

Barbouille (en)

Façon d'accommoder le coq ou le lapin au vin rouge, très répandue dans le Berry et le Nivernais. L'appelle-t-on ainsi parce que la sauce très noire « barbouille » les lèvres ? ou parce que la crème que l'on ajoute à cette sauce au dernier moment en « barbouille » la couleur ?

Autrefois, dans le Berry, le coq était désigné sous le nom de *jau* (du latin *gallus*, coq). La coutume voulait que les parents d'une jeune fille servent un jau au prétendant de leur fille, que sa demande soit acceptée ou refusée. Quant un jeune homme allait faire sa demande en mariage, on disait donc : « S'il n'a pas la fille, il aura au moins le jau. »

Barde, barder

La **barde** est une tranche fine de lard dont on entoure une pièce de viande ou une volaille pour la protéger de la chaleur trop vive du four ou de la braisière. Le verbe **barder** désigne évidemment l'opération qui consiste à placer la barde autour de la viande.

> Le gibier rôti est toujours bardé.
>
> Henri-Paul Pellaprat, *Traité de la cuisine familiale.*

La barde était au Moyen Age l'armure métallique dont on protégeait les flancs du cheval. Ce mot est dérivé de l'arabe *barda'a* qui désignait un bât volumineux et qui a aussi donné l'argot *barda* = chargement. Le sens culinaire du terme reprend la notion de protection.

Barigoule (à la)

Préparation provençale des artichauts, qui consiste à les faire cuire dans un poêlon sur un lit de carottes, d'oignons et de lardons, avec huile d'olive et aromates.

> On lui a déjà dit d'ajouter à sa carte, l'été, des artichauts à la barigoule.
>
> Jean-Paul Aron, *Le Mangeur du XIXᵉ siècle.*

Barigoulo est le nom provençal de l'**agaric**, champignon très répandu. L'artichaut, une fois apprêté, lui ressemble par sa forme. En outre, la préparation à la barigoule ou en barigoule était à l'origine proche de celle des champignons grillés. Enfin, une manière moderne et peu orthodoxe de faire les artichauts à la barigoule consiste à les farcir de lard et de barigoule, « sorte de champignon comestible, d'où le nom de la recette, ce que bien des gens ignorent » (Gautron du Coudray, *Un quarteron de rimes culinaires).*

Quand on ajoute à ce plat des petites fèves tendres, il s'appelle alors **barbouille** et n'en est que plus délicieux.

Baron

Importante pièce d'agneau comprenant les deux gigots et la selle. Son nom pourrait être une déformation de **bas-rond**, terme faisant allusion à sa position et à sa forme. Cependant, le *Larousse Gastronomique* suggère une origine anecdotique du mot *baron* : Henry VIII d'Angleterre aurait « anobli » un double aloyau de bœuf en le nommant « *baron* » et « *sir loin* » *(sire aloyau)*, et l'appellation se serait ensuite étendue au mouton. Mais le *Webster's New International Dictionary* dément cette interprétation en voyant dans *sirloin* une sorte de *suraloyau*.

> Il y faisait porter dans sa taule les présents les plus pépères [...] : des barons d'agneau, des médaillons de veau.
>
> Pierre Devaux, *Le Livre des darons sacrés.*

Barquette

Petite tartelette ovale, donc en forme de barque, qui peut recevoir des garnitures variées, salées ou sucrées.

Barreaux (tarte à)

Nom donné dans le Berry à une tarte dont le dessus est recouvert d'un quadrillage en pâte, ressemblant, en effet, à des barreaux.
En termes techniques, recouvrir une tarte de ces « barreaux » s'appelle **rioler**.

> Rioler ensuite la surface, c'est-à-dire former un quadrillage en losanges avec la pâte du fond coupée à la roulette, de la largeur de 2 centimètres et appliquée sur les bords mouillés.
>
> E. Darenne et E. Duval, *Pâtisserie moderne.*

Bastion

Présentation passée de mode des aliments, qui étaient **dressés** (voir ce mot) en forme de forteresse. Carême, qui fut un dessinateur et un architecte tout autant qu'un cuisinier, présentait notamment les anguilles *en bastion*. Pour rester dans le domaine des monuments imposants, citons aussi ses asperges *en pyramide*.

Bateau (poissons petit)

Ce sont les poissons rapportés par un petit bateau qui part le matin du port pour y revenir l'après-midi ; ces poissons sont donc d'une fraîcheur parfaite et particulièrement recherchés par les restaurateurs.

En outre, ils ne sont pas entassés, au risque d'être écrasés, comme dans le chalut.

On emploie la même expression pour parler des langoustines et autres crustacés. Ce goût du consommateur pour l'extrême fraîcheur ne date pas de notre époque « écologiste » ; au début de notre siècle, on vantait déjà les produits rapportés par les petits artisans de la pêche en mer, puisqu'on criait dans les rues de Paris : « A la barque, les huîtres, à la barque ! », comme le note Marcel Proust dans *A la recherche du temps perdu*.

Battre

La pratique qui consiste à battre des œufs, de la crème pour les faire monter, ou un *appareil* (voir ce mot) quelconque pour en assembler les éléments, est bien connue et n'appelle pas de commentaire.

> — Je bats, je bats, je bats, n'est-ce pas ? continua le garçon en faisant aller sa main dans le vide comme s'il fouettait une crème [...] Alors, on peut dire sans se tromper : « Le boudin sera bon ».
>
> Emile Zola, *Le Ventre de Paris*.

Bavarois

Entremets fait d'une crème anglaise, parfumée ou non, et *collée* (voir ce mot). On dit aussi parfois, à tort, semble-t-il, *bavaroise*.

La porte où s'effectue leur service s'ouvre et une bavaroise au chocolat fait son apparition.

Philippe Hériat, *Famille Boussardel.*

Carême appelait ce dessert **fromage bavarois**, à une
époque où on désignait sous le nom de **fromage** toute
préparation moulée (mise en *forme*) : le **fromage glacé**
était tout simplement moulé.

Le nom de *bavarois* est peut-être une allusion à la cour
de Bavière où officiaient de nombreux chefs français.
C'est à cette cour qu'on inventa la **bavaroise**, thé sucré
mêlé de lait et d'eau de vie (pour la **bavaroise aux
choux**, voir *Les Mots du vin et de l'ivresse,* Belin 1986).

Bavette

Ce mot désigne certains morceaux de viande de bœuf
pris sur les muscles de l'abdomen que le mot **bavette**
assimile à une sorte de tablier.

Ces morceaux, selon leur localisation, conviennent
pour les grillades ou pour les daubes et pot-au-feu.

On sacrifia un bœuf en y cloquant un coup de rapière
dans les baloches, que Judith, pour se donner du cœur,
croqua [...] ainsi que le foie, la rate [...] et la bavette.

Pierre Devaux, *Le Livre des darons sacrés.*

Béarnaise (sauce)

En dépit de son nom, cette sauce n'appartient pas à la cuisine régionale. C'est par l'intermédiaire purement verbal du plus célèbre des Béarnais, Henri IV, que cette émulsion de beurre et d'œufs au vinaigre évoque le Béarn. Elle fut en effet créée vers 1830 au Pavillon Henri IV, célèbre restaurant de Saint-Germain-en-Laye.

Béatilles

Dans le Lyonnais, le ragoût de béatilles est un ragoût d'abats de volaille.

A la Renaissance, on appelait béatilles de petits morceaux d'abats que l'on utilisait généralement avec une sauce suprême pour garnir des bouchées. Le mot vient du latin *beatus*, bienheureux, et désignait à l'origine de petits articles de piété.

Béchamel (sauce)

La *sauce béchamel*, ou tout simplement la *béchamel*, dont le nom est parfois orthographié *béchamelle*, aurait été inventée par le marquis Louis de Béchamel, contemporain de Louis XIV — ou du moins dans les cuisines de ce financier prospère, qui était aussi un gastronome réputé.

Cette sauce est restée longtemps une des sauces de base de la cuisine populaire bourgeoise. Elle est un peu en défaveur aujourd'hui (sauf dans certaines cuisines étrangères, comme la cuisine québecoise où les meilleurs chefs continuent à l'utiliser), à cause de la farine qui entre dans sa préparation : on la trouve généralement épaisse et indigeste.

La béchamel est préparée à partir d'un *roux* (voir ce mot) blanc que l'on mouille de lait, à la différence de la *sauce blanche* qui lui ressemble mais dans laquelle le roux est mouillé d'eau. On poursuit la cuisson jusqu'à ce que la sauce soit onctueuse.

Becter, becqueter, béqueter

Manger.

> Ça faisait un peu plus de vingt-quatre heures qu'on avait rien becté nous autres.
>
> Louis-Ferdinand Céline, *Mort à crédit.*

Ce mot dérive directement de *bec* et fait allusion à la manière de manger des oiseaux. En dépit de la formule consacrée « manger comme un oiseau », les oiseaux ont beaucoup d'appétit, si l'on considère le rapport entre leur taille et la quantité de nourriture absorbée.

Les différentes façons d'orthographier ce mot s'expliquent par le fait que la langue populaire est essentiellement parlée.

Bectance : nourriture.

Bégot

Bonbon.

> Les bégots, c'est les bonbons. Pas n'importe quels bonbons, attention. Seulement les bonbons dégueulasses et fascinants.
>
> Cavanna, *Les Ritals.*

L'origine de ce terme d'argot enfantin relativement récent n'est pas très claire. Peut-être dérive-t-il de *bégaler* = donner des bonbons aux copains, qui serait lui-même une déformation enfantine de *régaler* ; *se bégaler* est d'ailleurs parfois utilisé dans le sens de « *se régaler* ». Il existait avant guerre un bonbon de marque *Becco*. Coïncidence ? Utilisation d'un nom proche du terme enfantin et propre à prêter confusion ? Il est difficile de se prononcer. On peut même envisager la possibilité que le vocable ***bégot*** soit simplement une déformation de *Becco*.

On dit également ***béglin, béglon***.

Beignet

Pâte garnie ou non d'éléments très divers, frite à la poêle par petites quantités. **Beignet** vient du mot *buignet*, employé au XIVe siècle pour désigner les friandises connues aujourd'hui sous le nom général de beignets. *Buignet* était lui-même dérivé d'un terme plus ancien *buigne*, qui signifiait « bosse » ou « tumeur ». Le mot **beignet** employé de nos jours souligne donc l'aspect gonflé du beignet. La préparation des beignets, toujours frits, prend des formes diverses.

On peut utiliser une pâte à frire apparentée à la pâte à crêpes mais un peu plus épaisse ; on l'additionne ou non de petits dés de garnitures diverses (pommes, légumes), on la met par cuillerées dans un bain de friture bien chaud : ce sont les **beignets** à proprement parler.

On peut encore faire des beignets selon la même technique mais en utilisant de la pâte à choux, comme pour les **beignets soufflés**, dont les plus connus sont les **pets de nonnes** (voir ce mot) ou de la pâte à brioche comme pour les **boules de Berlin** ou **beignets viennois** qui, comme leur nom l'indique, ne sont pas des spécialités françaises.

On peut également mélanger les éléments de garniture à la pâte lors de la préparation de celle-ci en les broyant avec les autres éléments : c'est le cas des **acras** (voir ce mot) antillais.

Enfin, on peut préparer une sorte de pâte brisée additionnée de plus ou moins d'œufs, l'abaisser au rouleau à pâtisserie puis la découper pour lui donner des formes diverses, conformes à la tradition ou laissées au goût de la cuisinière, le processus de la friture étant le même : ce sont les **pâtes frites**.

Les beignets étaient de toutes les provinces et on en servait dans des circonstances très diverses. Cependant, ils apparaissent particulièrement au cours du cycle de Carême-Carnaval, où ils partageaient la vedette avec les **crêpes** (voir ce mot). On en mangeait parfois aussi le jour des Rois (dans le Périgord), à la Chandeleur

de façon assez courante et lors de certaines fêtes fami-
liales ou locales : les fiançailles dans le Béarn, le repas
de tirage au sort dans le Languedoc, les repas de fin
de moisson dans le Comté de Nice et en
Franche-Comté.

A la famille, non point seulement culinaire mais aussi
linguistique, du beignet appartiennent les **bouniets** du
Languedoc, les **bougnettes** des Cévennes, les **beignets
cordés** de la Drôme, les **beugnons** du Berry et de
l'Orléanais, les **bugnes** et **bignettes** de Savoie, les
bugnes du Lyonnais, qui ont fourni plusieurs expressions savoureuses au langage populaire (voir *Les Mots
d'origine gourmande*, Belin 1986), et parmi lesquelles
les **bugnes à l'éperon** doivent leur nom à la roulette
de bois, en forme approximative de molette d'éperon,
qui servait à découper la pâte.

Au Québec, les **beignes** sont des beignets en anneaux ;
on fait aussi frire le morceau de pâte retiré au centre
avant cuisson à l'aide d'un emporte-pièce et on désigne ces petits beignets sous le nom amusant de **trous
de beignes.** On y appelle aussi les beignes **croquignoles** (voir **croquet**).

Les noms pittoresques dont on appelait localement les
beignets et les pâtes frites étaient parfois inspirés par
leur forme : **crottes d'âne** dans le Vexin, **cambos
d'ouille** (jambes de brebis) dans le Périgord, **cu
r'veulhe** (culs renversés) dans les Vosges, **rondiaux** en
Sologne, **guenilles de Carmentrant**, c'est-à-dire de
Mardi Gras ou *Carême-Entrant*, en Auvergne, **oreillettes** de Carnaval et de Noël à Toulouse, à Montpellier et dans le Var, **fantaisies** découpées au gré de
chaque ménagère en Bourgogne où on les appelle aussi
nœuds d'amour parce qu'elles ont la forme de rubans.
Les **crottes de masques** de la Touraine évoquaient à
la fois la forme de ces beignets et la période de Carnaval où ils étaient à l'honneur.

Le nom des beignets pouvait aussi venir de la farine
qui entrait dans leur composition, comme les **chichi
fregi** (littéralement pois chiches frits, en réalité beignets

à la farine de pois chiches) de la région de Nice. De même que les **roussottes** aux pommes de la Beauce, les **rousseroles** de Carnaval du Berry doivent leur nom à la couleur bien dorée des beignets cuits à point.

En Anjou, on appelait **bottereaux** ou **tourtisseaux** les beignets mangés au cours du Carnaval ; en Vendée, c'étaient les **foutimassous**, dans la Drôme les **bachiquelles**, en Franche-Comté les **miquelins** ; les jeunes filles alsaciennes préparaient à la même occasion des **Jungfrauekiechles** *(baisers de jeune fille)* d'après la réussite desquels étaient jugées leurs qualités de cuisinières.

Dans d'autres régions, on préférait les pâtes frites : **merveilles** d'Angoumois et du Périgord, **agulhets** également du Périgord, **faverolles** ou **frivoles** de Champagne : le mot évoque la légèreté ; on ne sait pas si c'est celle des beignets, les pâtes frites étant plutôt bourratives, ou de la circonstance...

Les beignets de la Chandeleur étaient appelés **croquignoles, gargaisses, golottes** ou **pognons** en Côte d'Or, **gogues** à Roannes et **roubignaux** en Puisaye ; dans cette dernière région, la gourmandise semblait l'emporter sur la piété, puisqu'on donnait le nom de *Notre-Dame-des-Roubignaux* à la Sainte Vierge dont on célébrait la Purification le jour de la Chandeleur.

Il existait aussi des beignets dont la consommation n'était liée à aucune fête spécifique, comme les **briffauts** du Poitou et les *jacques* du Périgord, faits les uns et les autres avec du pain trempé et dont la préparation relevait de la bonne utilisation des restes, et aussi les *panisses* marseillaises, pâtes frites à la farine de pois chiches.

Belle Hélène (poire)

Poire pochée, nappée de sauce chaude au chocolat. Elle doit son nom à la très célèbre opérette d'Offenbach. Le succès de celle-ci, à sa création en 1864, incita les chefs cuisiniers à donner son nom à des créations diverses : on connut alors les tournedos Belle Hélène, les suprêmes de volaille Belle Hélène, les pièces de viande sautée Belle Hélène. Seuls les fruits Belle Hélène, et particulièrement les poires, semblent avoir eu un succès aussi durable que l'opérette elle-même.

Bellevue (en)

Façon d'apprêter le homard, la langouste, les volailles froides. Il s'agit d'une présentation particulièrement recherchée, avec décor en gelée et garnitures diverses. Le nom viendrait du château de Bellevue, à Meudon, où Madame de Pompadour faisait apprêter ce genre de plats pour Louis XV, mais l'appellation prend certainement aussi en compte l'aspect très spectaculaire de la présentation.

Bénédictine (à la)

Préparation de morue aux pommes de terre ayant une vague ressemblance avec la **brandade** (voir ce mot). Ce plat a dû être créé dans un monastère dont les règles n'étaient pas trop sévères, car, à l'origine, il comportait souvent des truffes. Il est vrai que, si l'on s'en tient à la lettre des prescriptions religieuses, rien n'interdit de manger des truffes pendant le Carême, la morue faisant toujours partie des plats maigres de rigueur en cette période ou le vendredi.

Berlingot

Bonbon de la région de Carpentras, de forme tétraédrique, qui est un sucre d'orge étiré et coupé sur une table, d'où son nom, le terme d'argot italien *berlinga* signifiant « table ».

> Les Peaux-Rouges déjeunèrent de sandwiches, de poussière fine, de bière chaude et de berlingots.
>
> Alexandre Vialatte, *Les Fruits du Congo.*

En Bretagne, nom pittoresque donné aux bigorneaux. Une certaine analogie de forme a pu amener une confusion de nom.

Bêtise

Bonbon au sucre parfumé à la menthe dont une confiserie de Cambrai s'est fait vers 1850 une spécialité qui a largement débordé, par sa notoriété, les limites de la Flandre.

On a pu penser que la création de cette friandise avait pour origine la « bêtise » d'un jeune apprenti qui se serait trompé dans ses dosages, mais on trouve l'expression « bêtises assorties » pour désigner des petits desserts variés, dans des menus de noces anciens. Les *bêtises* sont donc peut-être simplement des « petites choses ».

Beurre

Tout le monde sait que la bonne cuisine française se fait au beurre, si l'on excepte la cuisine du Midi qui est à base d'huile d'olive. Il faut dire que les tenants de la cuisine à l'huile manifestent parfois une grande intransigeance pour prôner leur mode de cuisson favori. Ainsi, le philosophe espagnol Unamuno disait :

> Le monde se divise en deux. La ligne frontière passe quelque part du côté de la Loire. Au sud de cette ligne, sont des petits hommes bruns qui mangent de la cuisine à l'huile et ce sont des dieux ! Au nord de cette ligne, sont des hommes blonds qui mangent de la cuisine au beurre.

Et comme on lui demandait : « Et qui sont-ils ? », il répondit : « Ce sont des Esquimaux ».

En dehors de ses emplois bien connus dans la préparation, la cuisson et la garniture des aliments, le beurre est l'objet de certaines utilisations spéciales qui portent des appellations que l'on rencontre souvent dans le parler des cuisiniers. Voici quelques exemples de ces emplois particuliers du beurre :

Beurre blanc : sauce au beurre, au vinaigre et à l'échalote qui accompagne très bien le brochet. Le beurre blanc appartient à la tradition culinaire de la basse vallée de la Loire et particulièrement à celle de Nantes.

> À table, le beurre blanc n'est jamais assez riche et le confit jamais assez sarladais.
>
> Maurice Rheims, *Le Saint Office.*

Petit-beurre (voir ce mot).

Beurre clarifié : beurre que l'on fait chauffer au *bain-marie* (voir ce mot) ou dans une casserole à fond épais et dont on retire l'écume à la cuillère, ce qui lui enlève toutes ses impuretés et le rend propre à des emplois divers, à **beurrer** un moule par exemple (voir ci-dessous).

Beurre maître d'hôtel : beurre travaillé à froid avec persil haché, jus de citron, sel et poivre. On le sert souvent avec les viandes grillées ou les poissons pochés.

Beurre manié : noix de beurre travaillée avec un peu de farine et que l'on met au dernier moment (à chaud mais hors du feu) dans une sauce pour la **lier** (voir ce mot). Le mélange est plus léger que le **roux** (voir ce mot) et plus agréable au palais ; en outre, il n'a pas les inconvénients diététiques du beurre cuit.

46

Beurre noir : beurre chauffé fortement à la poêle jusqu'à ce qu'il noircisse. Additionné de câpres, le beurre noir est un excellent accompagnement pour la raie.

> La sole au gratin, le turbot à l'huile, la raie au beurre noir, sont uniformément cotés 15 sous.

> Jean-Paul Aron, *Le Mangeur du XIXe siècle.*

Sur le plan diététique, le beurre noir est sévèrement condamné de nos jours car la surchauffe du beurre amène la formation d'acroléine, qui est extrêmement nocive. La raie au beurre noir est pourtant très appréciée des gourmets. Peut-être suffit-il de ne pas en manger trop souvent pour ne pas s'empoisonner ?...

Beurre noisette : beurre chauffé à la poêle, comme le précédent, mais seulement jusqu'à ce qu'il prenne la couleur de la noisette. On l'additionne de persil haché et de citron et on le verse sur la cervelle, les œufs pochés, etc.

Beurre en pommade : beurre travaillé à froid au moyen d'une cuillère en bois jusqu'à ce qu'il ait la consistance d'une pommade. Il sert à préparer la crème au beurre et différentes sauces à base de beurre.

Beurrer : ajouter du beurre dans une préparation culinaire (légumes cuits, sauce, etc).

On emploie également ce mot pour désigner l'opération qui consiste à enduire de beurre un moule, un papier sulfurisé, etc.

Beursaude

Petit morceau de porc rissolé qui reste, sous forme de résidu, dans la panne quand on la fait fondre.

On appelait aussi ***beursaudes***, en Bourgogne, des tranches de lard dorées à la poêle. On les donnait à manger aux travailleurs, tandis que le reste de la maisonnée se contentait de la ***soupe aux beursaudes*** : on versait le jus de cuisson des beursaudes dans une marmite d'eau bouillante et ce bouillon servait à tremper les tranches de pain coupées dans l'assiette ou l'écuelle de chacun.

Bibichiolo

Dans le Languedoc, ce mot, où l'on retrouve la racine latine *bibere* = boire, désigne tous les mets destinés à donner soif : lapin en sauce, charcuteries très relevées, etc.

Bidoche

Viande.

> Elles attaquèrent la bidoche, bien rôtie à l'extérieur et qui, en dedans, saignait.
>
> Raymond Queneau, *Pierrot mon ami.*

Le mot **bidoche** vient de *bide*, mauvais cheval, aujourd'hui plutôt supplanté dans le même emploi par *bidet,* et désignait primitivement de la mauvaise viande. On voit par l'exemple ci-dessus que ce terme, très employé dans le langage populaire, n'a pas forcément une valeur péjorative.

Les bouchers et les tueurs des abattoirs désignent sous le nom de **bidoche** un morceau de viande très petit mais très savoureux qui entoure les veines par lesquelles on saigne le bœuf (voir *Les Mots d'origine gourmande*, Belin, 1986).

Bif

Bifteck.

> On trouve parfois là-dessous un bout de bif ou une minuscule omelette.
>
> Albertine Sarrazin, *La cavale.*

Des deux façons de découper, si l'on peut dire, le mot **bifteck** (également orthographié parfois, comme en anglais, **beefsteak** = tranche de bœuf), l'une, l'aphérèse **steak**, est devenue un terme technique, réservé à certains apprêts comme le **steak au poivre** ou **le steak tartare**. Ce dernier est un bifteck de bœuf ou de cheval haché, servi cru et travaillé avec des condiments

divers et de l'œuf également cru, l'appellation **tartare** semblant impliquer l'idée de crudité, en accord avec les coutumes du peuple du même nom. Les Tatars ou Tartares ne faisaient pas cuire leur viande, mais l'attendrissaient, dit-on, sous leur selle durant leur longues chevauchées. La force des épices qui entrent généralement dans la composition du steak tartare, comme dans celle de la **sauce tartare**, a peut-être aussi quelque chose à voir avec les populations tartares connues pour être assez brutales. Le mot **steak** est également utilisé dans la langue courante, par exemple lorsqu'une ménagère demande à son boucher « un steak bien tendre ».

Quant à l'apocope **bif**, elle appartient à la langue populaire. Cependant, au XVIIe siècle, on trouvait déjà le mot **bif** dans l'expression **rôt de bif** qui était une transcription de **roastbeef** (en anglais « bœuf rôti ») et qu'on employait pour désigner n'importe quel rôti. Ainsi Grimod de la Reynière écrivait, dans *L'Almanach gourmand* : « Ayez un rôt de bif d'agneau [...] bien tendre. »

Blanc

Court-bouillon (voir **bouillon**) au vinaigre ou au citron, additionné d'un peu de farine, dans lequel on fait cuire certains légumes (comme les salsifis) ou certaines viandes (entre autres la tête de veau et les volailles) pour en préserver la blancheur.

> Afin de conserver la tête de veau bien blanche, préparer un blanc en quantité suffisante pour la couvrir.
>
> Ali Bab, *Gastronomie pratique*.

La cuisson du veau ou du poulet dans un blanc est à la base de la **blanquette** (voir ce mot).

Roux blanc : voir **roux**.

A blanc : cuire une tarte *à blanc*, c'est la faire cuire sans garniture ; dans ce cas, on met après cuisson des éléments crus (fruits) ou cuits à part (crèmes) sur la **croûte** (voir ce mot) ainsi obtenue.

Faire cuire à four chaud « à blanc », c'est-à-dire sans les fruits.

Louisette Bertholle, *Les recettes secrètes des meilleurs restaurants de France.*

Ce procédé permet à la pâte de ne pas se détremper sous l'influence des éléments de garniture de la tarte. Il a cependant un inconvénient : la pâte a tendance à se boursoufler au four si rien ne pèse sur elle. On y remédie partiellement en piquant le fond de tarte cru avec les dents d'une fourchette, mais il est mieux de le garnir d'une couche d'éléments divers et relativement lourds que l'on jette après cuisson : riz, légumes secs et même petits cailloux bien lavés. Il est nécessaire de les isoler de la pâte au moyen d'un papier sulfurisé ou siliconé ou d'une feuille d'aluminium.

Blanchir

Passer des aliments à l'eau bouillante, puis les égoutter, avant de les soumettre à leur cuisson définitive (braisage, rôtissage, etc.). Cette opération a pour but soit d'éliminer le sel de conservation (c'est le cas lorsqu'on blanchit des lardons demi-sel), soit de raffermir des légumes (carottes), soit d'enlever l'âcreté propre à certains produits alimentaires (chou).

Faites blanchir une dizaine de carottes....

Alexandre Dumas, *Grand Dictionnaire de cuisine.*

Cette utilisation du mot **blanchir** vient sans doute de ce qu'il signifie aussi « lessiver » (action de redonner au linge sale sa blancheur d'origine). Le lessivage se faisait autrefois par ébullition. C'est l'idée d'ébullition (et peut-être, dans certains cas, de purification) qui est reprise par le terme culinaire.

Blanchir a d'autres significations en cuisine, comme :
— Mélanger au fouet jaunes d'œufs et sucre en poudre jusqu'à ce que le mélange soit blanc et mousseux ; cette technique s'utilise pour la préparation d'un biscuit, d'une crème anglaise, etc.

— Faire cuire certains aliments dans un bain de friture sans les laisser dorer ; un deuxième passage dans un bain à température plus élevée leur donnera au dernier moment la coloration voulue. On procède parfois ainsi pour les pommes de terre frites.

— En Auvergne, on disait qu'on blanchissait la soupe lorsqu'on y ajoutait de la crème.

La définition même de ces trois dernières opérations justifie l'emploi du verbe **blanchir**.

Blanc-manger

Dessert ancien très fin, fait d'un lait d'amandes additionné de gelée et d'un parfum.

> Si vous avez choisi de parfumer votre blanc-manger au citron et à l'orange, séparez votre préparation en deux parties égales...
>
> Jeanne Bourin, *Les Recettes de Mathilde Brunel.*

Le blanc-manger doit son nom à la parfaite blancheur de l'entremets sous sa forme primitive. Cependant, nos ancêtres, qui adoraient les couleurs, préparaient un **blanc-manger party**, c'est-à-dire divisé en plusieurs couleurs. Le blanc-manger est un peu tombé en désuétude ; de nos jours, quand on en fait encore, on le parfume volontiers aux pistaches, au chocolat ou aux fraises. Il ne lui reste de blanc que le nom. Pour les malades, Taillevent, dans son *Viandier* (c'est-à-dire « livre de cuisine», les viandes étant autrefois les aliments, ce qui est « nécessaire à la vie »), recommandait de remplacer la gelée par des blancs de chapons pilés, le reste de la préparation étant identique : lait d'amandes, sucre et parfum.

Blanquette

Mode de préparation des viandes blanches (veau, poulet), pochées dans un bouillon ou dans de l'eau, la sauce étant liée à la crème et au jaune d'œuf.

> ... Un épisode nouveau dans une journée bien remplie :
> croissant, chocolat au lait [...], réussites, blanquettes de
> veau.
>
> Maurice Rheims, *Le Saint Office.*

La viande doit être d'une blancheur parfaite, ce qui justifie le nom de ce plat. On faisait parfois dégorger les morceaux destinés à la blanquette dans de l'eau citronnée pour leur conserver leur blancheur.

On appelait aussi la poule en blanquette **poule à l'ivoire**, et ce plat trouvait sa place dans de nombreux repas de fête. La blanquette fait partie de ce qu'on appelle aujourd'hui la cuisine **à l'ancienne** (voir ce mot), ce qui ne veut pas dire qu'elle soit oubliée.

Bleu (au)

Façon extrêmement simple de préparer les poissons, et en particulier les truites, en les faisant cuire aussitôt pêchés dans de l'eau bouillante salée additionnée de vinaigre.

> Il est vrai qu'un hareng ne vaut pas un brochet au bleu.
>
> Claude Tillier, *Mon oncle Benjamin.*

Ce mode de cuisson, qui donne effectivement à la peau du poisson un reflet bleuté et qui conserve toute sa saveur à la chair, aurait été imaginé par Sidoine Apollinaire, évêque de Clermont, au Ve siècle ; il accommodait ainsi les truites dans sa maison de campagne du lac d'Aydat.

Bleuet

Nom québecois de la myrtille, par allusion à la couleur de cette baie.

> Côte à côte, ils ramassèrent des bleuets quelque temps avec diligence, puis s'enfoncèrent dans le bois [...] cherchant du regard autour d'eux les taches violettes des baies mûres.
>
> Louis Hémon, *Maria Chapdelaine.*

On fait avec les bleuets une tarte justement renommée. Dans la région du lac Saint-Jean, où l'on a une tendance à l'exagération qui n'a rien à envier à celle de nos méridionaux, on prétend que les bleuets y sont si gros qu'il suffit d'un pour faire une tarte...

On prépare aussi avec les bleuets une liqueur appelée **vin de bleuet**. On la boit telle quelle ou à l'eau, et elle entre dans certaines préparations culinaires. Une connaissance élémentaire du sujet aurait évité à la présentatrice d'un jeu diffusé à la télévision française de demander à partir de quelle fleur était préparé un vin québécois renommé...

Blond

C'est une des couleurs du **roux** (voir ce mot)...

Foies blonds : délicieux foies de poulardes de Bresse. Ils sont d'une couleur très claire, d'où le qualificatif de *blonds* qu'on leur applique. On fait dans le Lyonnais et dans l'Ain un **gâteau de foies blonds** qui est une mousse très légère, généralement dégustée tiède avec accompagnement de sauce tomate ou de coulis d'écrevisses.

Substantivement : en cuisine ancienne, le **blond de veau** était l'équivalent de ce que les cuisiniers appellent le **fond de veau** (voir **fond**), c'est-à-dire un bouillon longuement cuit et dégraissé avec soin qui sert de base à la préparation de nombreuses sauces.

> Venez à Cirey où Mme Duchatelet ne vous laissera pas empoisonner : il n'y a plus une cuillerée de jus dans la cuisine, tout s'y fait au blond de veau, nous vivrons cent ans, et nous ne mourrons jamais.
>
> Voltaire, *Lettre à Saint-Lambert*.

Alexandre Dumas, qui cite cette lettre dans son *Grand Dictionnaire de cuisine*, raconte que la recette de ce blond miraculeux avait été donnée à Mme Duchatelet par le « célèbre Trochin », cuisinier et hygiéniste. Le blond doit son nom à sa couleur pâle.

Blondir

Faire colorer un aliment dans un corps gras de manière qu'il prenne la jolie teinte dorée évoquée par le verbe *blondir*.

> Dans une sauteuse, sur feu moyen, avec 20 g de beurre, faites blondir les morceaux de poulet sur toutes leurs faces.
>
> Céline Vence, *Encyclopédie de la cuisine régionale.*

On dit aussi, à peu près dans le même sens, *colorer* ou *revenir* (voir ces mots).

Bôle

Nom périgourdin de la rave. Les petits bergers faisaient cuire des *bôles* sous la cendre et les mangeaient sucrées.

Bombance, bombe

Ripaille, bonne chère.

> Je trouve curieux que mon conseil de famille (...) soit composé de parents qui ont le plus fait la bombe.
>
> Marcel Proust, *A la recherche du temps perdu.*

Faire bombance signifie « très bien manger et boire, en quantité et en qualité ». Le terme de *bobance*, employé du XIIIe au XVIe siècle dans le sens d'« orgueil, arrogance, luxe », pourrait être formé sur la racine onomatopéique *bob*, signifiant l'enflure. Au XVIe siècle, *faire bobance* se serait transformé en *faire bombance*, sous l'influence de *bombarde, bombarder,* etc., termes militaires dérivés du latin *bombus* = bruit, vacarme. *Faire la bombe*, expression apparue à la fin du XIXe siècle comme apocope de *faire bombance*, combine les deux notions contenues dans les mots *bobance* et *bombarde.* *Faire bombance* n'a pas la connotation péjorative de *bamboula, bamboche,* etc.

(voir ces mots), connotation que l'on retrouve curieusement dans *faire la bombe* qui est cependant directement dérivé de *faire bombance*.

Le mot *bombe* sert aussi à désigner un entremets glacé qui se préparait autrefois dans un moule sphérique, d'où son nom.

Pour faire une bombe, le procédé le plus courant consiste à *chemiser* (voir ce mot) avec une mince couche d'une certaine variété de glace, un *sorbet* (voir ce mot) par exemple, puis à remplir le moule avec une autre sorte de glace, *parfait* (voir ce mot) ou crème glacée d'un parfum différent.

Bonbec

Bonbon, dans l'argot des écoliers, par déformation enfantine du mot *bonbon*.

> On devait faire un traité [...]. Vous deviez payer en bonbecs.
>
> Robert Sabatier, *David et Olivier.*

Ce terme juxtapose de façon amusante la première syllabe de *bonbon* et le mot *bec*, employé pour « bouche » dans le langage populaire.

Bonde, bondon

Fromage, en argot des prisonniers de la fin du siècle dernier.

> Pour du tabac, je vends ma bonde et du pain même.
>
> Chanson de détenus, fin du XIXe siècle.

Ce nom était celui d'un fromage en forme de bonde ou bouchon rond, vendu vingt centimes à la Roquette. On trouve encore en Normandie des fromages ronds appelés *bondons* ou *bondards*.

Bonjour mon oncle

Sorte de chausson aux amandes en honneur à Thoissey, dans l'Ain, au moment des Rogations, qui sont les trois jours précédant l'Ascension. La coutume voulait que, ces trois jours-là, on s'aborde en se disant : « Bonjour mon oncle. » Celui qui formulait ce salut le premier recevait de son interlocuteur l'un de ces petits gâteaux.

Lorsque l'on préparait ou achetait ces gâteaux en dehors de la période des Rogations, on leur donnait le nom de *chapeaux de curé*, par une certaine analogie de forme.

Bonne femme

Cuisson mijotée en cocotte d'aliments rustiques, souvent avec lard et petites pommes de terre, le tout évoquant la cuisine des « bonnes femmes » d'autrefois. On prépare ainsi le poulet, le lapin, etc.

Bonnet d'électeur

C'est un des noms populaires du **pâtisson**, variété de courge propre aux pays chauds et cultivée dans le Midi de la France.

On dit aussi **bonnet de prêtre** ou **artichaut de Jérusalem**. La forme arrondie du pâtisson, avec son bord dentelé, évoque en effet celle d'un bonnet... ou d'un artichaut ! *Jérusalem* fait référence à son origine exotique.

Le pâtisson est excellent sauté ou farci. Quand il est très petit, on peut le confire au vinaigre à la manière des cornichons.

Bonnet d'évêque

Nom donné en raison de sa forme (celle d'une mitre, coiffure liturgique de l'évêque) au croupion de volailles, morceau particulièrement apprécié des connaisseurs...

> Carcasses, bonnets d'évêque, os des côtes de bœuf [...], têtes de poissons, sont souvent parts de roi celant des coins ignorés.

Toulouse-Lautrec et Maurice Joyant, *L'Art de la cuisine.*

Bosse

Se faire des bosses (ou **se flanquer une bosse**), voulait dire « manger abondamment » de quelque chose ou **faire ripaille** (voir ce mot), dans le langage populaire de la fin du XIXe siècle.

> Homais s'en donnera une bosse [de petits gâteaux] chez un ami de la rue Saint-Gervais.

Gustave Flaubert, *Lettre à Louis Bouilhet, 25 mai 1855.*

La bosse des joues bien remplies est probablement à l'origine de cette expression, dont le sens s'est étendu par la suite pour signifier « prendre du bon temps » de façon générale.

Bouchée

Petite entrée salée individuelle.

Petit four garni, généralement composé de deux pièces soudées ensemble par la garniture.

Confiserie au chocolat.

Dans ces divers cas, la bouchée est ainsi nommée en raison de sa petite taille qui lui permet d'être mangée d'une seule bouchée. Cet avantage est particulièrement appréciable dans les repas « debout », où il est aussi peu pratique de manger des mets plus volumineux que de prendre le thé tout en dansant, comme le narrateur de *A la recherche du temps perdu* pensait qu'on le faisait dans les « thés dansants ».

La **bouchée à la reine**, due probablement à l'imagination de Marie Leczinska (la gastronomie française doit beaucoup, décidément, à cette dynastie polonaise !) est trop grosse pour être mangée en une seule fois. Mais elle est la réplique du **vol-au-vent** (voir ce mot) en taille réduite, et le nom de *bouchée* souligne qu'il s'agit d'une pièce individuelle.

Bouffer

Manger.

> Mon père, bien sûr, n'avait plus rien à bouffer.
>
> Jacques Lanzman, *Rue des Mamours*.

Le mot **bouffer** est une onomatopée qui évoque, par sa sonorité même, l'idée de mastication (cf. **bâfrer**, etc.). Il peut également faire naître l'image de celui qui gonfle *(bouffe)* les joues en mangeant.

Bouffe : nourriture, repas.

> Au mitard, la bouffe, c'est tous les quatre jours qu'elle venait.
>
> René Biard, *Bagnards en culottes courtes*.

L'expression **grande bouffe** désigne la grande cuisine :

> Il [Alain Chapel] avait inventé de faire une semaine de la grande bouffe pour je ne sais quel reportage.
>
> Fanny Deschamps, *Croque-en-Bouche*.

Dans le même livre, Fanny Deschamps évoque les **petites bouffes**, repas agréables entre amis :

> Ces fêtes carillonnées n'empêchent pas la petite bouffe amicale impromptue.

Bouftance : synonyme de **bouffe**, avec emploi du même suffixe populaire que dans **bectance** (voir **becter**).

Boustifaille est évidemment une autre forme de **bouftance** et a la même signification.

Bouillabaisse

Soupe marseillaise à base de poissons de roche, auxquels on peut ajouter quelques crustacés, la bouillabaisse doit son nom (*bouïa-baisso* en provençal) au fait qu'on l'amène à ébullition puis qu'on baisse le feu. L'orthographe parfois adoptée autrefois de *bouille-abaisse* prend en compte l'origine du mot.

Le patron jura qu'un vieux sien matelot était cuisinier estimable et n'avait pas son pareil pour la bouille-abaisse.

Prosper Mérimée, *Colomba*.

Bouillante

Ce terme d'argot de soldats remontant au milieu du XIXe siècle est encore employé dans le langage des cuisiniers pour désigner la soupe : une bonne soupe doit être très chaude. Et lorsque la soupe est médiocre, ce qui peut arriver dans les casernes malgré l'affirmation du colonel que « la soupe est bonne », elle est tout de même plus agréable à consommer bouillante que tiédasse.

Bouillie

La bouillie, que l'on préparait en faisant cuire (« bouillir ») plus ou moins longtemps de la farine, parfois grillée, dans de l'eau ou du lait, et que l'on servait comme seul plat ou en guise de soupe, ou encore comme accompagnement de la viande dans les grandes occasions, est une des plus anciennes nourritures paysannes. A part l'appellation locale et la variété de farine entrant dans leur composition selon les cultures dominantes de la région — farine souvent grossièrement pilée plutôt que véritablement moulue — les bouillies connaissaient très peu de variantes régionales. Quand nous aurons dit que, dans le territoire de Belfort, on avait coutume d'ajouter à la bouillie appelée **roncin** des œufs battus et des fruits, que parfois les **cruchades**, bouillies de l'Armagnac, s'accompagnaient de **grachets** (petits morceaux de porc), de prunes ou de chou, que le **millas** ou **milhas** du Languedoc à la farine de maïs était parfois servi avec une « sauce pauvre homme » bien nommée puisqu'elle était faite de lard, de pain, d'oignons et d'eau, il nous restera à énumérer les principales bouillies des différentes régions, en un tour de France de la misère. Voici donc

61

quelques-unes de ces bouillies qui constituèrent pendant des siècles l'ordinaire des paysans français :

Ristpap flamande ou bouillie de riz. On trouve là le radical latin *papa* = bouillie, qui est peut-être une onomatopée soulignant le caractère bourratif des bouillies et qui a aussi donné leur nom aux ***papos*** auvergnates à la farine de sarrasin, parfois mangées avec des ***cailles*** ou petit-lait, aux ***papoues*** des pays du Centre qui sont des bouillies, des panades ou des soupes, et aux ***papos*** ou bouillies auvergnates.

La ristpap devait être une bouillie de luxe, puisqu'on racontait aux enfants qu'on en mangeait au ciel au moyen d'une cuillère en or...

Bouillie de ***fleur de boquette*** ou farine de sarrasin, en Flandre également.

Nos à la farine d'avoine dans les pays de Loire.

Millas gascon à la farine de maïs.

Mail ou ***mailloche*** au millet (parfois localement appelé ***mil***) dans le Poitou.

Avenat à la farine d'avoine et ***miasso*** à la farine de maïs dans le Rouergue.

Pous ou ***rimotes*** du Périgord, à la farine de maïs.

Broyes ou bouillies de farine de maïs grillée du Béarn.

Castagnou à la farine de châtaignes du Languedoc.

Polenta à la farine de maïs (dont le nom est celui donné en latin à la farine d'orge) et bouillie de farine de châtaigne en Corse.

Polenta à la farine de maïs également dans le Dauphiné, proche de l'Italie d'où cette bouillie est originaire.

Socca niçoise à la farine de pois chiches.

Brigadeù provençal à la farine de maïs.

Z'assoles ou bouillie au beurre du Forez.

Soupe jaune du Lyonnais à la farine de maïs.

Pilés de Franche-Comté au maïs écrasé et, évidemment, ***gaudes*** à la farine de maïs de cette même région.

Soupe de gruau ou ***gru*** (grains de céréales grossièrement moulus) bourguignonne.

Picoulée du Morvan à la farine de sarrasin.

Pilée d'avoine du Berry.

Fromentée du Berry, préparée avec du blé pas encore arrivé à maturité. Très appréciée de George Sand.

Cette litanie des bouillies d'autrefois citées pêle-mêle semble n'évoquer que pauvreté. Mais il faut se garder de faire du misérabilisme quand on regarde la vie de nos ancêtres. Les bouillies ont souvent laissé un bon souvenir dans l'esprit de ceux qui les ont mangées dans leur jeunesse. Il suffit pour s'en convaincre de lire la façon de savourer la bouillie bretonne d'avoine telle que la décrit P.-J. Hélias dans *Le Cheval d'orgueil*. Les **gaudes** ont été le régal de générations entières en Franche-Comté, dans l'Ain, le Mâconnais et même en Bourgogne. On disait en Franche-Comté qu'on était bien *gaudé* quand on avait bien mangé, et les gaudes ont subsisté longtemps après la généralisation d'une alimentation plus variée. Les boullies avaient d'ailleurs leur place lors de certaines festivités : dans l'Aude, la population se réunissait le jour du Mardi Gras pour un **milhas** (bouillie de farine de maïs) mangé en commun. La bouillie frite, refroidie, coupée en tranche et dorée au beurre faisait partie des plats de fête en Bretagne, de même qu'en Gascogne les **armottes**, préparées de façon identique mais avec une bouillie de maïs.

Bouillon

Liquide dans lequel ont cuit de la viande, des poissons ou des légumes. On peut utiliser le bouillon pour **tremper une soupe** (voir ce mot), on peut le **clarifier** (voir ce mot) et le servir comme **consommé** (voir ce mot), on peut l'utiliser en guise de base de sauce.

Plus le bouillon cuit, plus il s'enrichit des *sucs* de la viande.

> Il faut pour le moins six heures de cuisson pour que le bouillon [...] soit à point.

> Gautron du Coudray, *Un quarteron de rimes culinaires.*

Un **bouillon à bouilli perdu** est celui qui est préparé comme base de sauce ou de potage et dont on n'utilise pas par ailleurs les viandes ou autres éléments.

Court-bouillon : préparation à base d'eau, d'aromates et d'épices, parfois additionnée de vin ou de vinaigre, principalement utilisée pour la cuisson des poissons et de certaines viandes. On commence par faire cuire longuement le court-bouillon, on le laisse refroidir, on y dépose l'aliment à cuire et on fait repartir la cuisson à très petite ébullition. Les cuisiniers disent volontiers que le court-bouillon ne doit que sourire, ou qu'il faut mettre des lunettes pour voir s'il bout... Le mot *court* a ici le même sens que lorsqu'on parle d'une sauce *courte* (voir ce mot), c'est-à-dire de peu de volume et, par voie de conséquence, bien concentrée. On recommande de ne jamais ajouter d'eau dans un court-bouillon, même si l'on constate qu'il ne recouvre pas tout à fait l'aliment à cuire. Un truc de cuisinière consiste à introduire dans le récipient quelques cailloux bien lavés qui font monter le niveau du liquide sans nuire à sa concentration.

Donner un bouillon : amener à ébullition et arrêter presque aussitôt la cuisson ; en Suisse, on dit joliment **donner une onde**. Le mot **bouillon** désigne ici les bulles produites par l'ébullition, comme dans les expressions **à gros bouillons** ou **au premier bouillon**, également très employées en cuisine.

> Les graisses bouillaient lourdement, en laissant échapper, de chacun de leurs bouillons crevés, une légère explosion d'âcre vapeur.

> Emile Zola, *Le Ventre de Paris.*

La **bouilleture** est une sorte de **matelote** (voir ce mot) des Pays de Loire, généralement à base d'anguilles. Le terme de **bouilleture** met l'accent sur la technique de cuisson.

> Tous les gourmets tombaient d'accord pour affirmer que personne ne savait préparer une chartreuse de faisan ou ou une bouilleture d'anguilles comme la Philo Sapillon.
>
> Charles Exbrayat, *C'est pas Dieu possible.*

Bouillon de Cairmentrant

Le jour du Mardi Gras, appelé Cairmentrant (Carême-Entrant), on jetait en Bourgogne le bouillon bien gras du pot-au-feu sur le fumier pour éloigner les serpents, tout en chantant :

> Serpent vipère, va-t'en, va-t'en,
> Voéqui le bouillon de Cairmentrant.

Boule-de-neige

Nom donné, par une très évidente analogie de forme et de couleur, à un champignon des prés, une psalliote de la famille des agarics, proche du champignon cultivé sous le nom de champignon de couche. On l'appelle aussi *rosé* (en raison de la couleur de ses lamelles) ou ***champignon de rosée***, car il pousse au petit matin dans les prairies.

> Il y avait des [...] boules de neige dans le coin tout autour, à ne pas croire les quantités que les gens rapportaient.
>
> Lucette Desvignes, *Les Nœuds d'argile.*

Boulette

Les appellations des fromages réservent bien des surprises... Si la ***boulette de Cambrai*** est effectivement en forme de boule, de même que celle de la Pierre-qui-Vire, tous les fromages qui leur ressemblent n'ont pas droit au même nom : c'est le cas, par exemple, pour les ***caffuts*** de la région de Cambrai, fromages sphériques à saveur prononcée. Et, ce qui est encore plus curieux, tous les fromages du nom de boulette n'en ont pas la forme : la célèbre et très odorante ***boulette d'Avesnes*** est un cône.

Boulotter

Manger. Ce mot très employé dans le langage populaire viendrait de *boulot* = travail. **Boulotter**, c'est avoir du travail, donc gagner son pain quotidien... Cette explication n'est pas très convaincante. On peut aussi penser à une allusion aux boules de nourriture que l'on mâche, ou encore voir en ce mot un dérivé de *boulot* qui désigne un pain en forme de boule : c'est ce pain qui a donné son nom au *boulanger*. **Boulotter** se rapprocherait alors d'expressions telles que **casser la croûte**, etc. (voir **croûte**), faisant allusion à la primauté du pain comme aliment dans la nourriture d'autrefois.

> L'homme [...] s'était fait servir les restes du dîner et boulottait voracement.
>
> Raymond Queneau, *Pierrot mon ami.*

Boulot : repas, par dérivation de **boulotter**, dans le langage des militaires et des lycéens à la fin du XIXe siècle.

Bouquet

Grosse crevette ainsi appelée parce qu'elle a des « barbes », qui peuvent rappeler la barbichette du bouc.

Bouquet garni

Brins de plantes aromatiques, le plus souvent persil, thym et laurier, que l'on attache ensemble au moyen d'un fil et que l'on fait cuire dans une sauce ou un bouillon auxquels ils communiquent leur saveur (dans le Béarn, on appelle le bouquet garni *saburès* = saveur) sans que de petites brindilles s'éparpillent et rendent la consommation désagréable.

> On ajoute deux échalotes émincées, un bouquet garni, sel et poivre.
>
> Josette Gontier, *Ethnocuisine du Lyonnais.*

Il faut retirer le bouquet garni avant de servir le plat en sauce auquel il communique son arôme. Pour ne pas perdre de temps à le chercher, on peut, au moment où on introduit le bouquet garni, attacher à la queue de la casserole ou à la poignée de la cocotte le fil qui retient les différents brins d'herbes.

Bouquetière

La **garniture bouquetière** est faite de légumes disposés séparément « en bouquets » autour de pièces de viande.

Bourdaloue (poires)

Les **poires Bourdaloue** constituent un dessert raffiné et particulièrement riche. Il s'agit de poires pochées, puis déposées au sein d'une bonne couche de crème **frangipane** (voir ce mot) et recouvertes de **macarons** (voir ce mot) écrasés. On sert parfois la même préparation sur fond de tarte : il s'agit alors de la **tarte Bourdaloue**. On peut également préparer des bananes ou des ananas à la Bourdaloue.

Le nom des **poires Bourdaloue** ne vient pas directement du grand prédicateur, qui n'était pas particulièrement sensible aux plaisirs d'ici-bas : c'est un pâtissier de la rue Bourdaloue, à Paris, qui a ainsi nommé un entremets de son invention.

Bourdelot

Dessert normand constitué par une pomme enfermée, avant cuisson au four, dans un carré de pâte feuilletée ou brisée. Ce même dessert s'appelle **talibur** ou **rabotte** en Picardie, **bourdaine** dans le Perche et **galopin** à Orléans.

Si l'on emploie une poire au lieu d'une pomme, on appelle ce mets **douillon** en Normandie.

Bourgeoise (à la)

Se dit de plats très simples de cuisine familiale sans prétention, avec garniture d'oignons, carottes, lardons, etc.

Bouribout

On trouve le **bouribout** (ou **bourribout**) de canard à la carte de quelques restaurants français sans aucune parenté géographique.

Il s'agit d'une recette inventée de toutes pièces par un restaurateur de la rue Vivienne à Paris, dans les années 50, à la demande d'Henri Monier, le dessinateur du *Canard Enchaîné*, pour faire une blague à un journaliste qui ignorait — et pour cause ! — ce qu'était le bouribout. On devine que, dans ces conditions, la recette n'est pas d'une rigueur extrême. Elle comporte généralement des raisins, de la liqueur à l'orange, du foie gras si l'on veut...

Le nom est tout simplement celui d'une rue de Sens où passaient les joyeux compagnons lorsqu'ils eurent l'idée de cette mystification.

Bouton-de-culotte

Fromage de chèvre du Mâconnais, conservé pour être utilisé dans la préparation du **fromage fort** (voir ce mot). Quand il est bon à être râpé, il est d'un brun foncé et d'une consistance si dure qu'il a quelque ressemblance avec un gros bouton.

Bouton de guêtre

Petit champignon de prairie, proche de la **boule-de-neige** (voir ce mot), mais si petit et encore si fermé qu'il présente effectivement une analogie de forme avec un bouton de guêtre.

> Jean-Marc lui a dévoilé des choses enivrantes sur la prairie mouillée d'avril où s'étaient cueillis les boutons de guêtres roses qu'il offrait.
>
> Fanny Deschamps, *Croque-en-bouche.*

Parmi les champignons de Paris en conserve, les plus appréciés sont ceux de la variété **boutons de guêtres**, c'est-à-dire les plus petits.

Braiser

Faire cuire à petit feu une pièce de viande, avec assez peu de liquide, dans un récipient bien fermé. On peut aussi braiser des légumes et certains poissons.

> L'aiguillette est le meilleur morceau du bœuf pour faire braiser.
>
> Henri-Paul Pellaprat, *Traité de la cuisine familiale.*

Autrefois, on mettait les viandes à braiser dans l'âtre, au milieu des *braises*, d'où le nom de ce mode de cuisson. Le **braisage** s'accomplissait dans une **braisière**, lourde cocotte de fonte dont le couvercle creux était également garni de braises. Le braisage était donc à peu près l'équivalent d'une cuisson à four doux, à une éqoque où les fours étaient rares chez les particuliers. Alexandre Dumas, dans son *Grand Dictionnaire de cuisine*, désigne sous le nom de **braise** l'ensemble des éléments participant au braisage d'une viande : lard, pied de veau, aromates, etc.

Brandade

Préparation à base de morue pilée travaillée avec de l'huile d'olive et du lait. Son nom vient du verbe provençal *brandar*, qui veut dire « remuer ». C'est par excellence le plat du Vendredi Saint dans tout le Languedoc et particulièrement à Nîmes. On prépare quelquefois la brandade « à la parmentière », avec des pommes de terre, mais ce n'est pas la « vraie » recette.

> Vite, la clientèle accourt, découvrant ses spécialités délicieusement apprêtées du Midi : bouillabaisse et brandade de morue.
>
> Jean-Paul Aron, *Le Mangeur du XIXe siècle.*

Brandelonner

Dans le Sancerrois, **brandelonner**, c'était aller fêter les Brandons (premier dimanche de Carême ; voir aussi à **brandonnière**) dans les champs en emportant des biscuits en forme d'anneaux enfilés aux bras.
On trouve dans des régions très diverses des gâteaux en anneaux, comme les **campaniles** corses, les **marmottes** de Carême à l'anis dans le Berry, les **brassadeù** de Pâques dans le Vaucluse, les **bretzels** alsaciens du Vendredi Saint. Ils sont généralement liés au cycle de Carême-Carnaval et leur forme circulaire serait à l'image du soleil. Il faut cependant remarquer qu'en Alsace, on offrait également des bretzels aux enfants pour Noël et le jour de l'An.

Brandonnière (carpe)

Il était de coutume en Touraine de servir une carpe le jour des Brandons (premier dimanche du Carême), d'où son nom de **carpe brandonnière**.

Brayaude

Se dit des plats auvergnats tels qu'on les prépare dans la région de Riom. Ce mot, qui sert aussi à désigner les habitants de ces lieux, vient des *braies* (culottes) caractéristiques qu'ils portaient. On connaît généralement le **gigot brayaude**, très longuement braisé et servi avec accompagnement de légumes : lentilles, haricots rouges, choux ou pommes de terre cuites au four, en fines rondelles, avec le gigot. Il existe aussi une **omelette brayaude**, aux pommes de terre, au jambon et au fromage.

Bréna

Petit pain rond du Roussillon que l'on mangeait avec du fromage de brebis ou du saucisson à l'occasion des fêtes votives ou *aplech*.

Brézolles

En Lorraine, **rouelles** (voir ce mot) de veau cuites au four. C'était à peu près la seule manière dont on accommodait le veau dans les campagnes lorraines, si l'on excepte la tête de veau, très en faveur là comme dans toutes les campagnes. Comme disait jadis un chansonnier : où allaient donc finir tous ces veaux sans tête ?...

Bribe

Nom donné par les gueux du XVIe siècle au pain qu'ils mendiaient, du bas latin *briba*, employé dans le même sens. **Assembler ses bribes** voulait dire « manger entre gueux ».

De cette signification ancienne est dérivé l'emploi du mot *bribe* pour désigner, comme on le fait aujourd'hui, un fragment de peu de valeur, un lambeau.

Bricheton

Pain.

> Olivier cria au mitron : « Lulu, t'aurais pas un morceau de bricheton ? » Par jeu, le garçon expédiait au bout d'une perche un croûton qu'Olivier attrapait entre les barreaux.
>
> Robert Sabatier, *David et Olivier.*

Ce terme d'argot (on disait autrefois *briche*) vient du verbe germanique *brechen* = casser. Une **brique** était un morceau de pain (voir **brique**).

Brider

Ficeler une volaille de manière qu'elle cuise de façon homogène. On utilise généralement une longue aiguille spéciale appelée **aiguille à brider**.

> Bridez le perdreau et faites prendre couleur au beurre.
>
> Michel Barberousse, *Le Gibier à toutes les sauces.*

On peut se dispenser de brider les bécassines et autres petites pièces de gibier de plumes à long bec : il suffit de leur passer le bec à travers les cuisses.

Il faut chercher l'origine du terme dans le vieux haut-allemand *bridel* qui signifiait « rêve » et qui a donné *bride*. De même que la rêne maintient la tête du cheval sous le contrôle du cavalier, le fait de brider une volaille la maintient sous le contrôle du cuisinier pendant la cuisson et l'empêche de se déformer. Le mot **assujettir**, parfois employé dans le même sens, confirme cette explication.

Débrider, c'est évidemment l'opération inverse, qui consiste à retirer le fil utilisé pour maintenir la volaille ou la pièce de gibier.

Brifer, briffer

Manger.

> Si on t'écoutait, on ferait son fond de teint à sept heures et demie, en brifant les hors-d'œuvre.
>
> Colette, *La Vagabonde.*

Au sens ancien, ce mot, qui est un peu passé de mode, voulait dire « manger goulûment ». Il est formé à partir du radical onomatopéique *brif* imitant le bruit que fait avec sa bouche celui qui **s'empiffre** (voir ce mot).

Briffe, brife : nourriture. Se dit aussi d'un appétit

excessif et en particulier d'une maladie des vers à soie marquée par un redoublement de l'appétit...

Aller chez Briff ou chez Briffman : passer à table. Cette expression semble avoir été lancée par Aristide Bruant vers 1900.

> Allons chez Briffman croustiller un petit déjeuner.
>
> Georges d'Esparbès, *Printemps.*

Brifaud : glouton. Ce mot, qui n'est plus employé de nos jours, remonte à 1223. **Briffe**, dont il est dérivé, est donc encore plus vieux...

Brigade

Ensemble du personnel de cuisine d'un grand restaurant.

> Nous avions été habitués aux brigades très organisées.
>
> Pierre Troisgros, *Pierre Troisgros s'amuse.*

Le terme est emprunté au vocabulaire militaire et témoigne de l'importance de l'organisation et de la discipline dans la marche d'un restaurant.
La brigade est sous l'autorité d'un chef appelé familièrement **gros bonnet**.

Brignolet

Ce terme d'argot militaire servant à désigner le pain est apparu vers 1878. Il s'est depuis généralisé et est entré dans le langage populaire courant.

> C'est à Paris que le brignolet est le plus chouette.
>
> Albert Simonin, *Le Petit Simonin illustré.*

De nos jours, le mot **brignolet** semble moins employé ; on lui préfère **bricheton** (voir ce mot).
Brignolet vient de *brignon*, nom donné dans le Nord de la France et en Flandre au pain de son destiné aux chiens, par dérivation de *bren*, mot du XIIe siècle d'origine mal déterminée qui a donné par ailleurs **bran**

pour désigner la partie la plus grossière du son. Dans diverses régions existent des pains spécifiquement locaux appelés **brioles** ou **brignoles**. Peut-être la déformation du mot *brignon* en **brignolet** doit-elle quelque chose à l'influence de *grignolet*, diminutif de *grigne* = croûte.

Bringue

Noce, débauche.

> — Toute de même, quelle noce !
> — M'en parle pas, quelle bringue !
>
> Louis Pergaud, *La Guerre des boutons.*

L'origine de ce mot d'argot datant du XVIIᵉ siècle est incertaine. On peut le rapprocher de *brimballer* ou *brinqueballer* (on dit aussi *bringuebaler*), eux-mêmes d'origine inconnue et qui étaient employés dans le sens d'« agiter ».

La bringue, où la boisson tient un grand rôle, pourrait aussi devoir son nom à l'ancien mot *brinde* = toast, de l'allemand *brinden* = porter (sous-entendu « une santé »), qui a peut-être donné par ailleurs *brindezingue* = soûl, fou, à moins que ce mot ne soit une déformation de l'expression allemande *bring dir sie !* = je te la porte (la santé) !

Brioche

Gâteau très léger en pâte levée additionnée de beurre et d'œufs et pouvant compter des garnitures diverses.

> Il avait été lui-même [...] choisir la brioche chez Mangin — « les seules brioches de Paris ».
>
> Jean Renoir, *Auguste Renoir, mon père.*

Quoique Alexandre Dumas, dans son *Grand Dictionnaire de cuisine*, affirme sans réserve que « le mot brioche (...) vient du fromage de Brie qui entrait autrefois dans sa composition », il est plus probable qu'il faille y voir un dérivé du verbe ancien *brier* = broyer, qui a aussi donné son nom au **pain brié** normand (voir **pain**). En effet, la pâte levée qui est à la base de la brioche, doit être longuement et vigoureusement pétrie.

La brioche a probablement été un des premiers **gâteaux** (voir ce mot) faits de pâte à pain améliorée.

Si, de nos jours, on apprécie la grande légèreté de la plupart des brioches (**brioche mousseline** en forme de cylindre, **brioche Nanterre** cuite dans un moule à cake, **brioche parisienne** faite de deux boules d'inégale grosseur), il ne semble pas toujours en avoir été ainsi. On piquait la **gâche normande** pour l'empêcher de lever ; l'**alise pâchaude**, gâteau de Pâques vendéen, tire son nom du vieux français *alis*, qui veut dire « mal levé » ; la **fouace** ou **fouée** du Perche était traditionnellement mal levée, de même que la brioche des Rois du Bourbonnais.

Pour améliorer la brioche, issue de la simple pâte à pain, la maîtresse de maison mêlait parfois à celle-ci, en plus du beurre et des œufs, des garnitures variées : raisins de Corinthe dans le **kugelhopf** (littéralement « boule de pâte ») alsacien, cédrat, safran et eau de fleur d'oranger dans les **fougacettes** niçoises. On mettait des **lardons** dans la brioche du Rouergue, mais il s'agissait de fruits confits très finement coupés tandis que, dans les brioches salées de la Bourgogne et du Morvan, on mêlait réellement à la pâte des petits morceaux de porc, les **griaudes** (voir **cochon**), résidus rissolés qui restaient dans la panne après sa fusion pour la préparation du saindoux.

Compte tenu de la façon dont est née la brioche, il est normal qu'on la rencontre, sous des noms divers, dans toutes les régions de France : **poupelains** en forme de seins et **talmouses** (voir ce mot) à Paris, **gâteaux-chaudières** et **mayolles** dans la vallée de la Meuse, **chilieux meusses** en couronne dans le Mâconnais, **bouroussous** dans le Pays Basque, **pompes** dans tout le Midi de la France : la **pompe à l'huile** fait partie des treize desserts traditionnels du repas de Noël proven-

çal. On verra au mot **pompe** que la pompe auvergnate, elle, est plus proche de la tarte que de la brioche. Le mot **fouace**, très répandu ainsi que ses variantes, désignait la brioche dans toute la France du Moyen Age ; c'est le terme employé dans le *Tractatus de modo preparandi et condiendi omnia cibaria,* traité culinaire médiéval. On se souvient, dans *Gargantua*, de la guerre entre les *fouaciers* de Lerné et ceux du pays de Gargantua. Cette brioche, assez primitive et généralement mal levée, était cependant très appréciée :

> C'est viande céleste manger à desjeuner raisins avec fouace fraîche.
>
> Rabelais, *Gargantua*.

La **fougasse** ou **fougaço** du Languedoc, la **fougace** de Provence, la **fougacette** de l'Hérault et de Nice, la

fouache du Quercy, tirent, comme la *fouace*, leur nom du latin *focus* = foyer ; la fouace, de même que toutes ses proches parentes, était à l'origine en latin une *focacia pasta*, c'est-à-dire une « pâte cuite au foyer ». La fougasse provençale prenait parfois le nom de **gibassié** (le provençal *gibo* = bosse vient du latin *gibbus*, qui a le même sens et que nous retrouvons dans *gibbosité*). C'était le cadeau de Noël que faisait le boulanger.

En Franche-Comté et dans le Mâconnais, les brioches étaient des **pognes**, comme dans le Dauphiné, et des **pognons**. Ces noms, et tous ceux de la même famille, sont très étroitement liés à l'origine même de la brioche, la *pogne* étant la poignée de pâte réservée par la mère pour la préparation de ce gâteau. En Bresse, on disait **espongnes** pour désigner les brioches traditionnelles du Nouvel An. Dans le Nivernais et le Morvan, les brioches étaient des **appognes** ou **apognes**, des **époignes**, des **apougnes**.

> Elle lui dit : « Je vais te faire une époigne pour ta grand-mère, et puis je vais te mettre un peu de crème dans un pot. »
>
> A. Millen et P. Delarue, « La Petite Fille et le Loup » (version nivernaise du « Petit Chaperon Rouge » dans *Contes du Nivernais et du Morvan*).

Dans les mêmes régions, l'**épougnotte** était une petite galette ou un petit pain que l'on faisait pour les enfants avec les restes de pâte à pain.

Dans la partie Nord de la France, les brioches étaient souvent appelées **couques**, du néerlandais *koek* = gâteau (cf. l'allemand *kuchen*). Il ne faut pas confondre ces couques avec les **pains d'épices** (voir ce mot) qui portent le même nom : si l'origine du terme est la même, le gâteau en question est sensiblement différent. Ne pas confondre non plus les couques avec les nombreux gâteaux qui, dans le Sud au contraire, étaient désignés sous le nom de **coques** : ces gâteaux en forme de boules tiraient probablement leur nom de celui des *coques*, coquillages ronds avec lesquels ils présentaient une certaine analogie d'aspect : coque torsadée de Noël (*Nadao*) en Gascogne, qui était piquée de grains d'anis, coque aux fruits confits de l'Ariège, *coucou d'io* (coque aux œufs) de Pâques dans le Sarladais, *koka* basque, coque béarnaise encore appelée *fougasse* ou *soufflante*, alors que le *coucou* était une petite coque garnie de pommes et destinée aux enfants. On trouvera au mot *Rois*, à propos des gâteaux des Rois, les appellations et les aspects particuliers pris, dans les diverses régions de France, par les brioches, qui étaient souvent servies à l'occasion de l'Épiphanie.

Brique

Mot employé dans de nombreuses régions pour désigner un morceau de pain. Il vient du germanique *brecha* = morceau rompu, du verbe *brechen* = casser. La *briche* est le pain en wallon et en picard. En Côte-d'Or, la *brik* était le morceau de pain que le vacher emportait aux champs. Quant au *briquet*, ce terme désignait le casse-croûte des mineurs du Nord.

> Elle se décida, coupa les tranches, en prit une qu'elle couvrit de fromage, en frotta une autre de beurre, puis les colla ensemble : c'était le « briquet », la double tartine emportée chaque matin à la fosse.
>
> Émile Zola, *Germinal.*

La *sauce aux briques* du Languedoc est composée de saucisses, boudin, canard confit, tomates et ail, le tout bien épicé et mouillé de quelques verres d'eau puis épaissi par des miettes ou *briques* obtenues en écrasant de la mie de pain bien rassis entre les doigts.

Manger des briques veut tout simplement dire « manger des miettes et des croûtons », c'est-à-dire avoir très peu à manger.
Aujourd'hui encore, le parler local utilise parfois l'expression *pas une brique* dans le sens de *pas une miette* qui est exactement équivalente (cf. la forme

ancienne : « Il n'y en a mie »). Ainsi une cuisinière
du Châtillonnais dit-elle :

> J'ai une noce le 22 mars, eh bien, y a pas une brique
> de viande en sauce.
>
> Yvonne Verdier, *Façons de dire, façons de faire.*

Noter que le néerlandais emploie *brok* dans le même
sens de « petit morceau », d'où l'expression *de bric
et de broc* qui désigne une chose composée de pièces
et morceaux, et même *brocanteur*, celui qui vend des
petits objets sans grande valeur.
A la famille des briques, il faut rattacher le mot d'argot
bricheton pour désigner le pain.

Brocoli

Variété de chou-fleur à bouquets verts. Le brocoli doit
son nom à l'italien *broccolo*, employé pour désigner
une pousse de chou, le mot *broccolo* étant lui-même
le diminutif de *brocco* = bourgeon.
Le brocoli fut très en faveur en France à l'époque de
Catherine de Médicis, comme d'ailleurs de nombreux
autres légumes d'origine italienne. Il avait, depuis,
perdu beaucoup de sa faveur chez nous mais est en
train de revenir en force comme garniture de certaines viandes, notamment sur les tables des restaurants,
peut-être sous l'influence des pays d'Amérique du
Nord où l'on en fait une grande consommation.

Brokott

En Lorraine, lait caillé au moyen de vinaigre.

Brouillade

Préparation à base d'œufs brouillés, c'est-à-dire très
légèrement battus puis remués à la cuillère en bois pendant toute la cuisson qui se fait à feu très doux ou
même au **bain-marie** (voir ce mot).

Je retiendrai la recette de cette brouillade de truffes.

Claude Terrail, *Ma Tour d'Argent.*

Quoique l'on trouve souvent ce mot sur les menus des restaurants, il désigne plus spécifiquement un mode de préparation qu'un plat, car les garnitures très diverses dont on peut accompagner la brouillade donnent à chacun de ces apprêts une physionomie particulière.

Brouter

Manger, dans le langage populaire. Ce terme pittoresque fait allusion aux mouvements de la mâchoire, mais aussi à l'importance de la nourriture, brouter étant une occupation essentielle dans la vie des moutons ou des bœufs !

Broutot

Ce mot qui, dans le Morvan, désignait à l'origine le repas de baptême, a peu à peu pris le sens de casse-croûte fait de charcuteries, de brioches et de galettes aux *griaudes* (voir au mot *cochon*).

Brûler

Ce verbe ne devrait pas faire partie du vocabulaire des cuisiniers… En dehors de son sens évident, bien connu de beaucoup de ménagères surchargées de besognes qui oublient le rôti au four ou le ragoût sur le feu, on l'emploie aussi, dans la langue des cuisines, pour dire qu'une pâte devient huileuse si elle est préparée dans une atmosphère trop chaude, ou que des jaunes d'œufs, insuffisamment travaillés avec le sucre, s'incorporent mal à une crème. Dans ces deux cas, l'influence de la chaleur extérieure semble déterminante. Les dégâts sont aussi graves que si l'on avait réellement laissé brûler le plat.

Mais une *crème brûlée* n'est pas forcément ratée : elle a pu être brunie par l'addition de caramel, ou encore mise à dorer sous la *salamandre* (voir ce mot). Alain Chapel, dans *La cuisine, c'est beaucoup plus que des recettes*, donne la recette d'une glace à base de crème brûlée.

Autrefois, il était courant de décorer d'un motif en croix caramélisé (brûlé…) le dessus d'une crème ou d'une omelette sucrée en utilisant un tisonnier chauffé à blanc et posé quelques instants aux endroits voulus.

Brunoise

Les cuisiniers et les livres de recettes appellent ainsi des légumes taillés en morceaux de un à deux millimètres de côté qui seront fondus au beurre et utilisés soit comme garniture de potages, farces, etc., soit pour aromatiser la cuisson de certains plats.

> [Les garnitures des potages] sont parfois des juliennes et brunoises de légumes ordinaires.
>
> Auguste Escoffier, *Le Guide culinaire.*

Les légumes coupés en brunoise peuvent servir à la préparation de la *mirepoix* (voir ce mot).

Brutal

Ce mot qui sert à désigner le pain est utilisé notamment par Pierre Perret. On ne voit pas très bien pourquoi le pain évoquerait la brutalité, à moins qu'il ne s'agisse plus précisément de pain sec ou de mauvaise qualité, donc dur, hypothèse qui serait confirmée par le fait que *brutal* s'emploie aussi comme synonyme de *dur* dans le sens de « chemin de fer »...

Bûche

Gâteau habituel de Noël, en forme de bûche, par évocation de la bûche que, depuis des siècles, on a coutume de faire brûler dans la cheminée.

> Et il y avait eu du mousseux sur la bûche de Noël que Mariette avait faite en grand mystère.
>
> Lucette Desvignes, *Les Nœuds d'argile*.

Ce gâteau, que l'on dispose souvent sur un plat orné de branchettes — naturelles ou artificielles — de sapin et de houx, n'est entré dans la tradition française que vers 1870. Auparavant, on servait des desserts moins élaborés, tels que brioches, gâteaux à cornes, etc. (voir **Noël et Nouvel An**).

Buisson

Mode de dressage en dôme ou en pyramide, qui évoque un enchevêtrement de branches.

> Dresser par-dessus les pointes d'asperges blanches en buisson.
>
> Antonin Carême, cité dans le *Larousse Gastronomique*.

Le buisson, très courant autrefois (buisson de salsifis, de crustacés divers, etc.), n'est plus guère en honneur aujourd'hui que pour présenter les écrevisses.

Cafiot

Terme argotique datant du dernier quart du XIXe siècle et servant à désigner le café. Le processus de formation de ce mot est facile à comprendre : le langage
populaire a ajouté un suffixe de sonorité familière au
mot *café*.

Caillé

Poisson, en argot de la première moitié du XIXe siècle, par déformation du mot *écailles*.

Caillebotte

C'est le lait caillé des Pays de l'Ouest (Aunis et Saintonge). On utilisait pour le faire cailler la chardonnette,
ou fleur de l'artichaut sauvage et on pouvait l'aromatiser en le brassant au moyen de branchettes de figuier.
La caillebotte se servait comme entrée, notamment
avec des radis (**rifauts**) ou comme dessert. Elle était
de tradition pour les fêtes de la Trinité. Dans les mêmes
régions, on faisait aussi de la *jonchée*, qui était du lait
caillé égoutté sur de la paille.

Caisse, caissette

Les hors-d'œuvre en **caisse** ou en **caissettes** sont des
préparations diverses présentées dans de petits récipients, généralement en verre ou en porcelaine à feu.
Le nom de **caisse** étant parfois donné dans un sens
assez vague à toutes sortes de récipients (caisse à
liqueurs, à outils), il se justifie tout à fait ici.
Les petits fours **en caissettes** sont servis dans les bar-
quettes en papier plissé que tout le monde connaît. Les
raisons de l'emploi de ce mot sont les mêmes que ci-
dessus.

> Tous ces fours doivent se présenter dans des caissettes
> en papier.
>
> Henri-Paul Pellaprat, *La Pâtisserie pratique.*

Calendo, calendos, calendeau

Malgré l'utilisation extrêmement courante de ce terme populaire employé pour désigner le camembert, personne ne semble à même d'en expliquer l'origine. La syllabe initiale du mot *camembert* a évidemment servi de point de départ à sa formation, mais il est difficile de déterminer par quel processus.

L'idée de voir dans **calendo** une allusion à la forme du camembert, avec une bosse (cal...) dans le dos, semble relever de la fantaisie la plus débridée...

> — Qu'est-ce qui pue comme ça dans ta bagnole, Quinquin ? — Ça doit être le calendos. *Les* calendos ! J'en ai piqué tout un tas pour ce vieux Raphaël !
>
> Marie et Joseph, *Le Petit Roi de Chimérie.*

Caler (se) les joues, les moustaches, l'estomac

Manger de bon appétit.

> En attendant, je vais aller me caler l'estomac.
>
> Alain Floor, *En roue libre*.

Cette façon de dire se passe d'explications...

Calisson

Spécialité d'Aix-en-Provence appartenant depuis des siècles à la tradition locale.

Les calissons ont la forme approximative de losanges ou de navettes, et leur pâte comporte sucre, amandes en poudre et fruits confits pilés ; ils sont glacés au blanc d'œuf et au sucre. On les distribuait à la sortie de la messe de Noël et également à Pâques.

Certains pensent que le mot **calisson** dérive de *canissoun*, claie de roseaux sur laquelle on les faisait sécher. Une autre explication veut que le prêtre chargé de la distribution ait eu l'habitude de dire : « *Venite ad calicem* » (approchez du calice) et que **calisson** soit une déformation populaire de *calicem*.

Camuse

Nom donné à la carpe, en raison de la forme aplatie de son museau. L'adjectif *camus*, désignant un nez aplati, vient peut-être du latin *camur* = recourbé, tourné vers l'intérieur.

Ce terme d'argot du XVIIe siècle est à rapprocher de **camarde**, mot saintongeais de la même époque désignant, pour une raison identique, une grosse sole.

Canapé

Petite tartine de pain, grillée ou non, sur laquelle on présente une garniture, généralement salée. Les canapés sont l'essentiel de ce que l'on sert dans les cocktails, mais ils constituent parfois l'entrée d'un « vrai » repas.

> Le quatrième porte sur la tête une plaque de tôle couverte de petits pâtés à la viande, entrées chaudes et canapés.
>
> Georges Perec, *La Vie mode d'emploi.*

Présenter un petit gibier à plumes (tel que la bécasse) *sur canapé* consiste le plus souvent à tartiner une tranche de pain dorée au beurre avec du foie gras ou les entrailles du volatile et à poser celui-ci sur cette tranche.

Dans les deux cas, le terme de **canapé** est suffisamment évocateur pour se passer d'explications ; il est possible, cependant, de voir dans son utilisation gastronomique un rapprochement entre les deux « péchés capitaux » que sont la gourmandise et la luxure.

Canard

Mot familier pour désigner un morceau de sucre trempé dans le café ou dans un alcool et qui évoque le canard plongeant dans l'eau.

Cancoillotte

En Franche-Comté, fromage blanc égoutté que l'on fait « passer » (mûrir) au chaud, puis que l'on met à fondre avec beurre, vin blanc et ail. La tradition populaire veut que l'endroit le plus favorable au mûrissement de la cancoillotte soit sous l'édredon du grand-père grabataire, car il y règne la douce chaleur indispensable...

On appelle localement **metton** le fromage blanc égoutté que l'on émiette (d'où probablement son nom) entre les mains avant de le mettre à chauffer.

Caoua, kawa

Café.

> Bonne occasion de me faire offrir le kawa sans trop blesser l'amour-propre.
>
> Albertine Sarrazin, *La cavale.*

Ce mot très répandu dans le langage populaire vient de l'arabe *qawha* = café. On a parfois pensé qu'il avait été introduit chez nous à la fin du XIXᵉ siècle par des troupes françaises ayant participé à des opérations en Afrique du Nord, mais quand on commença à boire du café en France, au XVIIᵉ siècle, on disait déjà *cahos* et *cahouet*...

Ces divers mots dérivent directement de *qawha*, comme le mot **café** lui-même, venu de l'arabe par l'italien *caffè*.

Les orthographes différentes du mot **caoua** s'expliquent évidemment par le fait qu'il appartient au langage parlé et que la langue écrite le transcrit phonétiquement. On dit aussi **cahoudji**.

Caramel

Sucre dilué d'un peu d'eau et chauffé jusqu'à ce qu'il prenne une coloration brune. On peut préparer des caramels plus ou moins foncés.

> Trempez le dessus de chaque chou dans le caramel.
>
> Gaston Lenôtre, *Faites votre pâtisserie comme Lenôtre.*

Le mot *caramel* était employé en espagnol au XVIIe siècle. Il vient peut-être du latin *cannamella* = canne à sucre.

Caraméliser peut désigner l'action de transformer du sucre en caramel, ou encore de **chemiser** (voir ce mot) un moule de caramel, de parfumer une crème avec du caramel ou de faire dorer au beurre avec un peu de sucre des petits légumes auxquels on veut donner une teinte bien dorée.

Caraque

Nom donné à un gâteau au chocolat somptueusement garni de diverses crèmes également à base de chocolat. Il doit de toute évidence son nom au cacao *caraque*, c'est-à-dire en provenance de Caracas, l'un des meilleurs « crus » de ce produit. Certains pâtissiers l'apellent d'ailleurs **caracas**.

Carbonade

Nom donné dans des régions aussi diverses que la Flandre et la Provence à des plats de viande en sauce au vin très longuement cuits. On a pu penser que l'appellation de **carbonade** venait de ce que ce plat, pour être réussi, doit commencer à attacher à la cocotte, mais il est plus vraisemblable qu'il s'agissait à l'origine de préparation cuites au charbon de bois (cf. l'italien *carbonata*).

En Flandre, pour ajouter à l'onctuosité de la sauce,

on y écrase parfois en fin de cuisson une tranche de pain d'épices et même du chocolat amer.

On désigne aussi sous ce nom des tranches de porc grillées, également appelées **charbonnées** (voir **cochon**).

Cardinal

Se dit d'entremets nappés d'un coulis de fruits rouges, comme les **poires cardinal**.

Les **crustacés cardinalisés** sont ceux qui sortent tout rouges du court-bouillon (écrevisses, homards, etc.).

> Maurice sort des écrevisses cardinalisées d'une buée odorante.
>
> Fanny Deschamps, *Croque-en-bouche*.

Le mot fait évidemment allusion, dans les deux cas, à la pourpre cardinalice, qui est d'ailleurs plutôt un beau rouge profond.

Jules Janin, journaliste du XIXe siècle à qui l'on avait décerné le titre de « prince des critiques », avait baptisé le homard « cardinal des mers ». Peut-être ignorait-il que ce crustacé ne devient **cardinal** qu'une fois sorti de la mer et plongé dans un court-bouillon.

Cardouille

On appelle ainsi, dans le Languedoc, le chardon connu sous le nom de **carline**. On en mangeait le cœur, frais ou séché ; le goût, paraît-il, se rapproche de celui de l'artichaut.

Carme

Ainsi appelait-on la miche de pain en argot, au XVIIe siècle. Sans doute sa forme ronde et la couleur blanche de la farine dont elle était saupoudrée évoquaient-elles la robe des Carmes.

Carne

Ce mot, directement emprunté à l'italien où il signifie « viande », a pris un sens péjoratif dans une sorte de sabir méditerranéen. Il est cependant employé par le langage populaire pour désigner toutes sortes de viandes qui peuvent même être d'excellente qualité.

> De la carne ! et de première !... pas des petites côtelettes je t'assure !
>
> Louis-Ferdinand Céline, *Mort à crédit*.

Cassant

Au XIXᵉ siècle, les bagnards appelaient ainsi les biscuits de mer qui, ayant subi une cuisson spéciale pour se conserver longtemps, sont durs et cassants.
La noix était parfois désignée sous le nom de *cassante*, au XVIIᵉ siècle, parce qu'il faut la casser pour la manger...

Casse-dalle, casse-dale

Collation, en-cas.

> — Magne-toi le cul, je lui conseille. Oublie pas le casse-dalle qui attend.
>
> Bertrand Blier, *Les Valseuses*.

Ce terme est un mélange de **casse-croûte** ou **casse-graine** (voir les mots **croûte** et **graine**) et de **se rincer la dalle** qui signifie « boire » : dans le **casse-dalle**, il y a, en principe, à boire et à manger... Cependant, le mot est parfois utilisé comme synonyme argotique de **sandwich** (voir ce mot).

> Je lâche mon casse-dalle au poulet et suis le commentaire de Robert.
>
> Jean-Gérard Imbar, *Moto casse*.

Casse-museaux

Petits gâteaux du Poitou, également appelés **casse-muses**, particulièrement dans la région de Pleumartin (Vienne), où l'on ajoutait du fromage dans la pâte. On jetait ces gâteaux à la figure des gens qui assistaient à la procession des Rogations, d'où peut-être leur nom. Mais il faut aussi considérer que ces gâteaux apparte-naient à la famille des **croquets** (voir ce mot) et étaient très durs, ce qui fait qu'on se cassait les dents en les mangeant, comme en Corse avec les **sciappa-denti** (casse-dents).

Cassolette

La cassolette est en réalité un ustensile culinaire, sorte de petit poêlon individuel en terre ou en porcelaine à feu, mais on emploie couramment ce mot pour dési-gner les mets préparés dans une cassolette. Ils sont très variés, et vont des ris de veau en sauce jusqu'aux fruits pochés. De même, le mot **ramequin** désigne, soit le petit moule à bord droit qui sert à préparer des entrées individuelles ainsi que des entremets, soit la prépara-tion elle-même.

Il semble y avoir une légère différence d'emploi entre les deux : le ramequin s'utilise toujours au four ou au bain-marie, alors que la cassolette peut se placer direc-tement sur le fourneau. Il y a surtout une grande dif-férence linguistique : d'abord parce que **cassolette** est un mot d'origine latine par le provençal *casola* dési-gnant un plat en terre (voir **cassoulet**), alors que **rame-quin** vient de l'allemand *rahm*, crème, et de son diminutif *ramken* ; et également parce que le premier de ces mots a désigné primitivement le récipient, alors que le second a pour origine la préparation culinaire elle-même.

Cassoulet

Très célèbre plat du Languedoc, à base de haricots blancs. Il doit son nom à la *cassole* (forme parallèle

au mot *casserole*), plat en terre dans lequel on le fait
longuement cuire au four. Les variantes locales portent sur la garniture de viande : porc, confit d'oie, saucisse et mouton à Toulouse, porc et confit d'oie à
Castelnaudray, porc, confit d'oie, mouton et éventuellement perdrix à Carcassonne.

Castanyada

Ce mot désignait dans le Roussillon les châtaignes que
l'on mangeait en commun pour la veillée du jour des
Morts en buvant du vin nouveau. En Touraine, le jour
de la Saint-Martin (11 novembre), on *martinait*, c'est-
à-dire qu'on mangeait des châtaignes *grâlées au diable* (= grillées au diable) en buvant du *bernâche* ou
vin nouveau. Rappelons que *le diable* est un poêlon
en terre à couvercle hermétique qui sert à faire griller,
sans corps gras ni liquide, pommes de terre ou châtaignes.
En Anjou, on appelait les châtaignes *nouzillards* et on
les faisait cuire dans du vin nouveau ou du lait.

Caviar

Ce nom désigne les œufs d'esturgeon salés qui, comme
on sait, sont au même titre que le foie gras le symbole
même de l'opulence. Le mot *caviar* vient du terme turc
kâwyâr qui, traduit en italien sous la forme *caviale*,
est ensuite passé dans la langue russe. Rabelais emploie
dans *Pantagruel* le mot *caviat*.

> Au début d'un de ces festins, une maharanée s'excusa
> de ne point prendre de caviar, expliquant :
> — Mon médecin m'interdit les œufs.
>
> Pierre Daninos, *Snobissimo*.

On appelle parfois à tort *caviar rose* des œufs de saumon traités de la même façon que les œufs
d'esturgeon.
Le *caviar d'aubergines*, lui, n'a rien à voir avec les
œufs de poisson : il s'agit d'une préparation à base

d'aubergines cuites au four puis hachées, généralement servie comme hors-d'œuvre et dont la consistance légèrement granuleuse rappelle celle du caviar.

Célestine (poulet)

On aime à raconter à Lyon que le **poulet Célestine**, sorte de fricassée au vin blanc, aux champignons et à la crème, fut mitonné en 1860 par un chef de la ville pour la belle Célestine Blanchard, à qui il n'osait déclarer son amour d'autre façon. Le poulet devait être exquis puisque Célestine épousa le cuisinier...
Pourtant, quand on sait qu'il existe à Lyon une place et un quai des Célestins — du nom d'un ordre religieux — on peut émettre quelques doutes sur l'origine romanesque qui serait celle de cette recette de poulet et se demander si **à la célestine** n'est pas simplement une appellation inspirée à un chef par un nom de lieu. On serait d'autant plus tenté de le croire qu'il existe aussi une **omelette célestine** et des **épinards célestine**.

Cendré

Fromage affiné dans des coffres garnis de cendre de bois. On trouve des cendrés dans l'Orléanais, en Champagne et particulièrement dans les Ardennes. Ils conservent sur leur croûte une mince couche de cendre et ont une saveur très fine.

Cerise

La cerise, fruit délicieux connu de tous, est originaire d'Asie Mineure et plus précisément, dit-on, de Cérisonte (ville aujourd'hui appelée Kerasoun), d'où son nom. Parmi les diverses variétés de cerises, retenons, pour le pittoresque, la *cœur-de-pigeon*, dont le nom évoque tout à fait bien la forme et la couleur.

La *marmotte* a emprunté son nom au jardinier qui produisit pour la première fois cette variété de cerises fermes et charnues à Gy-l'Evêque, dans l'Yonne.

La *cerise anglaise*, petite et acide, doit son nom à son origine première, mais on la cultive également en France, notamment dans la région d'Irancy (Yonne), ce qui permet de lire chez les fruitiers cette appellation à première vue surprenante : « cerise anglaise de l'Yonne ». Une espèce très voisine est la *cerise de Montmorency*.

Cerner

Inciser la peau d'un fruit ou en couper une partie avant de le faire cuire ou de le présenter sur la table.

> Cerner légèrement de très petites tomates.
>
> Prosper Montagné et Prosper Salles,
> *Le Grand Livre de la cuisine.*

Ce terme est plus employé dans les cuisines des restaurants que dans les livres de recettes. Toutes les maîtresses de maison connaissent pourtant les gestes qui consistent à fendre la peau d'un marron avant cuisson pour pouvoir l'éplucher plus facilement ou à découper la calotte d'un melon.

Cerner un vol-au-vent, c'est marquer d'une incision au couteau, faite avant la mise au four, la circonférence du couvercle.

Cervelle de canut

Spécialité très appréciée du petit peuple lyonnais. Il s'agit d'un fromage blanc pas trop mou que l'on bat ou « claque » longuement, d'où son nom de **claqueret** (voir ce mot). On y ajoute huile, vinaigre, crème et herbes. Le claqueret est proche parent du **claquin** du Mâconnais, que l'on sert accompagné de crème. La **cervelle du canut** fait partie des plats traditionnels du casse-croûte lyonnais ou **mâchon** (voir ce mot). Pour le canut, ouvrier de la soie assez peu fortuné, ce mets, d'ailleurs très savoureux, remplaçait la cervelle d'agneau que ses moyens ne lui permettaient pas de s'offrir et dont il a approximativement la forme, car il est souvent moulé dans un bol.

Cezebecut

Nom donné en Gascogne au pois chiche, par plaisante allusion à sa forme. Ce mot signifie en effet « pois à deux culs » et constitue une évocation imagée de l'allure générale du pois chiche. *Ceze* est proche de l'italien *cece*, du latin *cicer*, ces deux mots désignant le pois chiche. En France, au XIIIe siècle, on l'appelait *cice*..

Les **coco-fesses**, gigantesques noix de coco originaires de l'îlot Pralin, dans les Seychelles, doivent leur nom à la même particularité de forme.

Chaiveusri

L'orthographe de ce mot bourguignon est douteuse puisque, dans le Châtillonnais, on écrit **chaiverceri** ; ce n'est jamais, en tout cas, que la transposition d'un terme appartenant bien plutôt au langage parlé qu'au domaine de l'écriture. De même, l'origine n'est pas absolument établie ; on dit en Bourgogne qu'un rôti est tout *veusri*, quand il a vu le feu de trop près... Alors, le *chai veusri*, ce serait peut-être du chat rôti ? En fait, il s'agit de porc et non de chat, plus précisément de tranches de lard salé pas trop maigres, enveloppées individuellement dans du papier de boucher, que l'on faisait cuire sur les cendres d'un feu de bois et qui, de l'avis de tous ceux qui y ont goûté, constituaient un véritable régal. Ce plat de plein air était une spécialité des bûcherons, qui brûlaient les épines et brindilles après avoir « fait la portion » et utilisaient ensuite les cendres pour préparer le chaiveusri.

Chamoure

Sorte de flan au potiron appartenant à la cuisine lyonnaise traditionnelle.

Chantilly (crème) = voir *crème*

Chapeau de curé

Voir *Bonjour mon oncle*.

Chapeau de Monseigneur Cortois de Quincey

C'est le nom donné par Brillat-Savarin à l'un de ses grands pâtés, les autres étant la *Toque du président Adolphe Clerc* et l'*Oreiller de la Belle Aurore*. Ces noms sont des hommages, les deux premiers à des célébrités locales, le troisième à la mère de Brillat-Savarin. Il s'agit de plats de « haute cuisine », avec perdreaux, truffes, ris de veau, etc., assez difficiles à réaliser de nos jours. En revanche le *Bonnet de dame Jehanne*, qui est aussi une création de Brillat-Savarin, doit beaucoup aux traditions régionales comtoises, avec un mélange de veau et de jambon, et fait partie des plats que toute bonne cuisinière peut réussir.

Chapelure

Pain sec écrasé finement que l'on utilise pour revêtir un aliment dont on veut améliorer la présentation ou que l'on destine à être **pané** (voir ce mot).

> Saupoudrez-moi ce jambonneau de chapelure !
>
> Théophile Gautier, *Le Capitaine Fracasse.*

Le mot **chapelure** vient d'un ancien verbe, *chapeler*, qui signifiait « couper la croûte du pain ».

Chapon

Le chapon, on le sait, est un poulet châtré et engraissé qui peut atteindre 6 kg et dont la chair est particulièrement tendre et savoureuse. Son nom vient du terme bas-latin *capo* qui désignait cet animal.
Le **chapon** est aussi un croûton de pain aillé que l'on met dans certaines salades pour les parfumer.

> S'il s'agit de salade frisée, le « chapon » s'impose : ce sont des croûtons de pain terriblement frottés d'ail, repus d'huile et de vinaigre et jetés dans la mêlée.
>
> Joseph Delteil, *La Cuisine paléolithique.*

Les deux sens du terme ne sont peut-être pas sans lien entre eux : le nom de **chapon** donné au croûton serait né de l'orgueil de certains gentilshommes campagnards fort pauvres qui pouvaient proclamer sans mentir qu'ils avaient dîné d'une salade et d'un chapon... Comprenne qui voudra ! Mais on employait en Normandie ce même terme de **chapon** pour désigner une croûte de pain que l'on mettait dans la bouillie. Peut-être y a-t-il une origine commune, autre que celle donnée ci-dessus, à ces deux vocables assez éloignés géographiquement.

Charcutière

Les **côtes de porc charcutière** sont dorées à la poêle, puis accompagnées d'une sauce au vinaigre et aux

échalotes additionnée de purée de tomates, de cornichons en rondelles et de fines herbes.

Elles font partie des plats que les charcutiers et trai-
teurs parisiens préparaient pour une clientèle de petits
bourgeois qui n'avaient pas la possibilité de cuisiner
dans les minuscules logements citadins de jadis. Tel
était le cas de George Sand, lorsqu'elle habitait quai
Saint-Michel.

Charlotte

Ce mot désigne deux entremets assez différents, qui
ont en commun de consister en tranches de pain de
mie ou en biscuits tapissant un moule rond, l'intérieur
étant garni d'une compote ou d'une mousse. La charlotte chaude est cuite au four ou au bain-marie, la
charlotte froide est mise à prendre au frais.

La **charlotte russe**, inventée par Carême, est une charlotte froide garnie d'une préparation à **bavarois**.

> [Le repas] comportait évidemment du caviar, mais aussi
> des calmars à la tarragonaise, une selle de marcassin [...]
> et une charlotte aux myrtilles.
>
> Georges Perec, *La Vie mode d'emploi.*

Le mot **charlotte** semble avoir été employé pour la première fois en 1804. La charlotte étant inspirée d'entremets anglais, elle doit peut-être son nom à la reine
d'Angleterre de l'époque, Sophie-Charlotte, épouse de
George III (1760-1810) — femme admirable dans la
mesure où elle supporta avec un amour sans défail-
lance la folie de son époux, dont elle eut une douzaine
d'enfants : les meilleurs auteurs ne sont pas d'accord
sur le nombre exact !

La **charlotte parisienne** créée par Carême prit le nom
de **charlotte russe** sous le Second Empire, à une époque où les plats **à la russe** étaient en faveur.

Par extension, la cuisine moderne appelle *charlotte*
tous les plats, salés ou sucrés, moulés dans un moule
à charlotte : ainsi le grand chef cuisinier de Mionnay
(Ain), Alain Chapel, sert une **charlotte aux légumes**.

Chartreuse

Plat spectaculaire, composé de légumes, parmi lesquels se trouve presque toujours du chou (toujours, devrait-on dire si l'on s'en tenait à la cuisine classique, mais la cuisine moderne est capable d'interpréter très diversement les plats traditionnels...), et de viandes ou de gibier, et que l'on démoule avant de le servir.

Aujourd'hui, c'est essentiellement le perdreau ou le faisan que l'on prépare en **chartreuse**. L'origine du mot est incertaine ; peut-être ce plat fut-il, comme la liqueur du même nom, imaginé dans les couvents de chartreux.

Chasseur

Se dit de préparations diverses (**poulet chasseur, côtes de veau chasseur**) comportant une garniture de champignons, d'échalotes, de tomates et parfois de purée de gibier. Quand cette purée fait défaut, il reste les champignons pour justifier l'apellation de **chasseur** : ils ont pu être cueillis en forêt au cours d'une chasse...

Chateaubriand

Tranche de filet de bœuf d'une épaisseur de trois centimètres environ, à ne pas confondre avec le **château**, qui a la même apparence mais est taillé dans n'importe quelle pièce à bifteck.

> — J'ai écrit quelques élégies d'un assez joli sentiment.
> — Ah ! oui, fit Pépia, avec un mince sourire, du Chateaubriand, n'est-ce pas ? Eh ! bien, non pas de Chateaubriand : c'est démodé [...], ça ne s'admet plus qu'avec des pommes de terre autour.
>
> Georges Courteline, *Les Femmes d'amis.*

Cette présentation d'un morceau de filet semble avoir été imaginée par le cuisinier de Chateaubriand, le célèbre Montmirail, quand celui-ci était ambassadeur à Rome ; il baptisa **beefsteak Chateaubriand** cette nouvelle manière d'apprêter le filet. On a aussi pu penser que le nom aurait été inspiré par la ville de Châteaubriant, en Loire-Atlantique, en raison de l'excellence des bœufs que l'on y élève ; mais l'orthographe n'est pas la même.

Châtrer

Châtrer les écrevisses, c'est leur ôter le boyau culier, qui leur donnerait un goût amer, en faisant tourner et en arrachant d'un coup sec l'écaille centrale de la queue.

Chausson

Pâtisserie, salée ou sucrée, faite d'un disque de pâte, généralement feuilletée, replié en deux sur sa garniture.

> Moi, je m'envoie deux chaussons à la farce qui descendent comme une lettre à la poste.
>
> Jean Giono, *Les Grands Chemins*.

Le mot vient d'une vague analogie de forme avec la chaussure légère du même nom.

Chaud devant

Expression extrêmement employée par les cuisiniers et les serveurs de restaurant pour signaler qu'ils portent un plat très chaud.

> « Chaud devant » dit le commis qui se fraie un passage en tenant à bout de bras une casserole fumante.
>
> Claude Terrail, *Ma Tour d'Argent.*

Cette façon de dire se passe d'explication. On l'utilise dans la langue courante pour se faire un chemin à travers la foule, même si l'on ne porte rien de chaud !

Chaud-froid

Sorte de ***fricassée*** ou ***blanquette*** (voir ces mots) de viande blanche, de volaille ou de poisson, servie froide et nappée de sauce additionnée de crème et de gelée.

> Le journal *Elle* nous donne à peu près chaque semaine une belle photo en couleurs d'un plat monté : perdreaux dorés, chaud-froid de poulet rosâtre.
>
> Roland Barthes, *Mythologies.*

Le chaud-froid semble avoir été créé par accident au château de Montmorency en 1759 ; il était, à l'origine, d'une présentation très compliquée. Il reçut tout d'abord le nom de ***refroidi*** ; certains prétendent que Chaufroix était le nom d'un cuisinier, dont l'existence semble à peu près aussi problématique que celle de Jean-Sébastien Mouche, fondateur mythique des bateaux du même nom. Le mot ***chaud-froid*** ne présente en effet aucun mystère étant donné que la sauce qui recouvre la chair est d'abord *chaude* puis servie *froide.*

Chaufroiter : préparer la sauce destinée à napper une volaille que l'on présentera ***en chaud-froid.***

On écrit aussi ***chaud-froiter***, et ***chaud-froid*** peut s'orthographier ***chaufroid.***

Cheminée

Petit trou que l'on ménage dans la croûte, au centre d'un pâté ou d'une tourte, pour permettre à la vapeur de s'échapper pendant la cuisson. On y introduit généralement un morceau de bristol roulé en cylindre (une carte de visite fait parfaitement l'affaire !) afin que la pâte ne se referme pas. Dans les pays anglo-saxons, on vend en guise de cheminées des petits objets en plastique — oiseaux ou fleurs — qui ne sont pas toujours du meilleur goût. La simplicité du petit tube en carton convient bien à la rusticité de ce genre d'apprêts ; on peut d'ailleurs le retirer avant d'apporter le plat sur la table et, comme le font les charcutiers, le remplacer par une **papillote** (voir ce mot).

> Un couvercle de pâte est posé, une cheminée ménagée.
>
> Henriette Dussourd, *Le Secret des fermes dans le centre de la France.*

Cheminot

Petit gâteau qui, à en croire Flaubert, est particulier à la région de Rouen.

> Il faut à toute force que les cheminots trouvent leur place dans la *Bovary*. Mon livre serait incomplet sans lesdits turbans alimentaires, puisque j'ai la prétention de peindre Rouen.
>
> Gustave Flaubert, *Lettre à Louis Bouilhet, 24 mai 1855.*

Effectivement, Flaubert parle des **cheminots** dans *Madame Bovary* : Homais en rapporte de Rouen pour sa femme car elle raffole de ces « petits pains lourds, en forme de turban, que l'on mange en carême avec du beurre salé ».

Il existait dans toute la France des gâteaux spécifiques du Carême, comme par exemple les **bomblas** de l'Orléanais (voir au mot **échaudé**) ; sans doute les cheminots appartiennent-ils à la même tradition.

Chemise

Truffes en chemise : truffes cuites dans du papier sulfurisé beurré.

Ail en chemise : gousse d'ail non épluchée que l'on met dans certaines préparations en sauce afin de leur donner un maximum de goût. Pour mariner le lièvre, Lucien Tendret recommande, dans *La table au pays de Brillat-Savarin*, l'emploi d'« un rien de persil, de gousses d'ail en chemise ».

Il est cependant bon de retirer la peau de l'ail avant de servir le plat, car elle est un peu dure.

Chemiser

Tapisser l'intérieur d'un moule avec une couche de farce ou de gelée qui servira en quelque sorte d'« habillage » au plat terminé, d'où l'emploi de ce verbe dérivé de *chemise*.

> Et je te salpiconne, et je te nappe, et même je te chemise.
>
> Colette, *Prisons et paradis*.

Cheval (à)

Se dit de certaines préparations culinaires où l'un des éléments en chevauche un autre : le *bifteck à cheval* est un bifteck sur lequel on pose un œuf à la poêle (littéralement, c'est donc plutôt l'œuf qui est à cheval) ; les *anges à cheval* sont des huîtres chaudes posées sur des tranches de lard.

Chèvre

Nom que l'on donne en Bretagne à l'*étrille*, petit crabe très savoureux.

Chevreuil (en)

Préparer un rôti de viande de boucherie *en chevreuil*, c'est le faire mariner puis l'apprêter avec aromates et sauces qui contribueront à lui donner le goût de gibier.

Chevrotin

Des très nombreux fromages de chèvres, c'est un de ceux qui conservent le plus nettement dans leur nom le radical *chèvre*. On trouve des chevrotins dans le Bourbonnais et en Savoie ; de Savoie également proviennent la **chevrine** et la **chevrette**.

Le **chevret**, lui, est un fromage comtois, tandis que dans de nombreuses régions, on appelle tout simplement un **chèvre** le fromage fait au lait de chèvre (dans les pays de l'Ouest et de la Loire en particulier).

Citons encore le **cabécou** (Aquitaine), le **cabrion** (Forez et Bourgogne), le **chabichou** (Poitou), le **chabris** (Berry).

Chevrotines

Ce mot était utilisé au début de notre siècle par les lycéens et certains militaires pour désigner les légumes secs (lentilles, pois) qui, lorsqu'ils étaient de mauvaise qualité (ce qui était souvent le cas dans les internats et dans les cantines militaires), restaient parfois aussi durs que des plombs de chasse ou chevrotines, même après cuisson.

Chichine

Jadis, dans le Morvan, on appelait ainsi la mauvaise viande. En catalan, *chichina* signifie « hachis », probablement de qualité médiocre.

Chiffonnade

Manière de couper en fines **lanières** (voir ce mot) de la salade ou de l'oseille ; ces lanières ressemblent à des petits morceaux de chiffons déchiquetés, comme ceux dont on faisait autrefois la charpie pour les blessés.

> Il y en avait tant [d'oseille] que l'on ne savait quoi en faire et je finis par en jeter une chiffonnade dans une casserole.
> Pierre Troisgros, *Pierre Troisgros s'amuse.*

La chiffonnade peut être utilisée crue comme décor de hors-d'œuvre ou fondue au beurre, dans la préparation de la soupe à l'oseille par exemple.

Chinois

Tamis en toile métallique fine utilisé pour passer les sauces, les appareils de crèmes, etc. Il doit son nom à sa forme qui rappelle celle d'un chapeau chinois. Le chinois rend beaucoup de services non seulement à tous les cuisiniers professionnels mais également aux maîtresses de maison dans leurs tâches quotidiennes à la cuisine, ce qui justifie le calembour de l'*Almanach Vermot* affirmant que « le chinois est le petit ami de la cuisinière ».

Chipolata (à la)

Tout le monde connaît la **chipolata**, petite saucisse que l'on mange poêlée ou grillée. Son nom vient de l'italien *cipolla*, oignon ; autrefois, on servait ces saucisses en ragoût avec des oignons.

Le **pudding** (ou **pouding**) **à la chipolata** est moins connu ; il est cependant mentionné par Balzac :

> D'autres hommes ne pouvaient-ils pas me demander [...] pourquoi j'avais mangé des puddings à la chipolata ?
>
> Honoré de Balzac, *La Peau de chagrin*.

Etant donné que la garniture à la chipolata, connue en cuisine classique, comporte oignons glacés, chipolatas, marrons et lardons, il est probable que ce pudding est une entrée salée. N'ayant pas réussi à en trouver la recette, Robert J. Courtine, dans son *Balzac à table*, cite trois recettes improvisées à sa demande par trois grands chefs contemporains. Toutes comportent, évidemment, des chipolatas.

Chipoter

Manger du bout des lèvres, en triant les aliments. Ce terme, encore très employé familièrement de nos jours, remonte au XVIᵉ siècle et vient du mot ancien *chipe* qui signifiait « chiffon », « lambeau ».

Chipoter, c'est donc manger par petits morceaux.

Chiquer

Manger. Le terme *chique*, déjà attesté au XVIᵉ siècle et d'origine obscure, signifiait « petite miette », « petite boule ».

Chiquer, c'était, à l'origine, mâcher un petit morceau de tabac. De ce sens, le passage à celui de « manger » est tout naturel.

Chiqueter

Inciser le bord d'une pâte feuilletée pour lui donner la possibilité de *s'affranchir*, comme disent joliment les cuisiniers, c'est-à-dire de monter librement à la cuisson, ce qui ne serait pas possible si les « feuillets » étaient trop fortement soudés ensemble.

> La placer [la pâte] sur les pommes en repliant le surplus [...] en un bourrelet. Chiqueter ce bord.
>
> Louisette Bertholle, *Les recettes secrètes des meilleurs restaurants de France.*

Le terme **chiqueter** a peut-être quelque parenté avec *chicot*, le bord de la pâte ainsi incisé ayant une vague ressemblance avec une rangée de dents. Mais on peut y voir aussi une allusion à la régularité des cases d'échiquier qui ont sans doute inspiré le verbe *déchiqueter* (autrefois *échiqueter*) qui signifiait à l'origine « découper comme un échiquier ».

Chorlatte

Sorte de gâteau bourguignon très rudimentaire, fait d'une pâte additionnée de dés de citrouille, et qui présentait la particularité d'être cuit sur une feuille de chou. Une fois la chorlatte cuite, la feuille bien dorée collait à la pâte et le tout se mangeait ensemble. Contrairement à ce que l'on pourrait penser, le goût n'en était pas désagréable du tout.

Chou

Pâtisserie individuelle en forme de boule, faite avec une pâte spéciale, dite **pâte à choux**, qui a la particularité de gonfler pendant la cuisson au four.

> Il a les meilleurs choux à la crème Chantilly de Paris. Pourquoi vous fatiguer à les préparer vous-mêmes ?
>
> Jacques Perry, *Rue du Dragon.*

Il y a analogie de forme, sinon de taille, entre le chou de pâtisserie et un chou bien pommé.
Les choux sont garnis de crème patissière ou de crème fouettée.

Choucroute

Spécialité mondialement connue de l'Est de la France et de certaines régions d'Allemagne, à base de chou coupé en fines lanières et fermenté.

C'est ce chou fermenté qui est à proprement parler la choucroute (de l'allemand *sauer kraut* = chou aigre), mais on appelle du même nom le plat qui est en réalité une « choucroute garnie », servie avec accompagnement de porc salé ou frais, de lard et de saucisses.

> Je connais une brasserie à deux pas où l'on clappe la meilleure choucroute de Paname.
>
> San Antonio, *On liquide et on s'en va.*

Autrefois, des « coupeurs de choucroute » sillonnaient les campagnes de l'Est, munis de tout leur matériel, pour couper les choux que les ménagère mettaient ensuite à fermenter. En Alsace, on faisait fermenter les raves selon la même technique et on donnait à cette préparation le nom de **surirave** (rave aigre) ou **soulraba**.

Chouquette

Petite friandise en pâte à **chou** (voir ce mot) — d'où son nom — garnie de **sucre casson**, c'est-à-dire de sucre en gros cristaux.

Cigale de mer

Crustacé voisin de la langouste, la **squille** ressemble en effet à une cigale en raison de son abdomen très développé. On l'appelle aussi **mante de mer** car elle est dotée d'une paire de pattes ravisseuses... La **grande cigale**, qui vit en Méditerranée, peut atteindre 45 centimètres de long et a une chair très fine.

> Les quelques cigales de mer destinées aux invités qui en étaient friands ajoutaient une discordance aiguë à une tablée déjà travaillée par l'extravagance [...] qui régnait sur tous les plats.
>
> Kamal Ibrahim, *Alexandrie en perte de Venise.*

Cipaille

Au Québec, très grosse **tourte** (ou **tourtière**), plat de Noël traditionnel. Son nom vient, soit de *sea pie*, pâté de poisson en croûte dont les colons anglais arrosaient la farce d'eau de mer avant cuisson, soit de *six pâtes* (on dit d'ailleurs aussi **cipâte**, ce qui corroborerait cette hypothèse) car la cipaille est faite de six étages de pâte. La farce comporte dinde ou poulet, perdrix ou canard, filet de porc et lard, additionnés d'aromates ; mais, dans la **grande cipaille**, on ajoute un ou deux lièvres ou lapins, du bœuf et du veau hachés... On voit que c'est un plat pour familles très nombreuses, comme il est encore courant d'en trouver au Québec.

Ciseler

Tailler de façon peu profonde la peau d'un poisson pour qu'il ne se déforme pas à la cuisson. L'analogie avec la sculpture et plus encore avec l'orfèvrerie est évidente.

On emploie aussi le verbe **ciseler** pour désigner l'action qui consiste à couper finement des herbes aromatiques ou des feuilles de salade.

Les tomates, épluchées et épépinées, sont coupées en tranches [...]. Ciseler la laitue.

Robert J. Courtine, *Le grand jeu de la cuisine.*

Le ciseau du sculpteur n'a rien à voir dans cette opération qui nécessite tout simplement... des ciseaux de cuisine. C'est bien là la meilleure façon de couper les herbes : l'emploi de tous autres instruments manuels ou électriques a pour effet d'écraser les herbes et de leur ôter à la fois bonne apparence et saveur.

Citronner

Citronner une préparation culinaire, c'est l'**aciduler** en utilisant plus particulièrement du citron.
On citronne également, en les frottant avec une tranche de citron ou en les arrosant de jus de citron, les produits qui risqueraient de noircir au contact de l'air, comme les avocats, les fonds d'artichauts, etc.

Civet

Manière de préparer le lapin ou le gibier à poils, dans une sauce au vin rouge liée avec le sang de l'animal.

Vinrent ensuite le plat de choux traditionnel avec le jambon, un ragoût de mouton aux carottes, puis le civet.

Louis Pergaud, *Le Roman de Miraut.*

Le mot **civet** vient de la *cive* (du latin *cepa*, oignon) qui, autrefois, entrait obligatoirement dans sa préparation. Dans le Roussillon, on prépare la langouste en civet.

Clafoutis

Flan assez primitif fait d'une sorte de pâte à crêpes garnie de fruits et cuite au four. Le mot a débordé du cadre local du Centre, d'où il est originaire (il dérive d'un verbe patois, *clafir*, signifiant « garnir ») pour devenir le nom générique de cette variété de gâteau que l'on retrouve sous des appellations locales diverses dans de nombreuses régions.

Quant au clafoutis aux abricots secs, il était délicieux.

Régine Deforges, *101, avenue Henri-Martin.*

Le « vrai clafoutis » (comme si l'on pouvait employer le mot « vrai » dans le domaine de la cuisine régionale, où il n'y a pas *une* vérité mais des vérités aussi multiples que les villages et peut-être même que les foyers !) est aux cerises, de même que le **milliard** auvergnat. Il faut employer des cerises bien noires et ne pas les dénoyauter, car les noyaux ajoutent leur parfum à la saveur du fruit. Les cerises coulent un peu dans le flan et lui donnent une coloration marbrée et foncée. Le **gargouillau** du Limousin est garni de poires, le **tartouillat** de la Roche-Vineuse (Saône-et-Loire), cuit sur une feuille de chou, tire parti des divers fruits de saison, de même que la **flaugnarde** du Limousin et du Périgord, assez molle et sucrée.

Dans le Centre et la région lyonnaise, ces gâteaux sont désignés sous le nom de **gouères**, ou **gouires** :

> La femme vint même, au bout d'un moment, poser devant elles un gros morceau de la gouère qu'elle sortait du four.
>
> Lucette Desvignes, *Le Grain du chanvre*.

On trouve des **goirons** dans le Berry et, dans le Nivernais, une **gouerre au cirage**, ainsi nommée parce qu'elle doit une coloration noirâtre aux pruneaux dont elle est garnie. On peut peut-être rapprocher ces **gouères** diverses de la **goyère**, tarte au fromage de Pâques de Valenciennes. On a suggéré que la goyère tirerait son nom du vieux français *goguer*, se réjouir, qui a également donné « goguette ». La même étymologie vaut peut-être pour les **gouères**, qui étaient des gâteaux de fête.

Clamart (à la)

Se dit d'une préparation culinaire dans laquelle entrent des petits pois, qui étaient jadis la grande spécialité des maraîchers de Clamart, tout près de Paris.

Claper

Terme populaire signifiant « manger ».

> Elle surveille du coin de l'œil son invité. Il se tient rude-

ment bien. Foutre ! quelle distinction ! Il a dû claper dans le monde, probable.

Raymond Queneau, *Pierrot mon ami.*

Il s'agit sans doute là d'une onomatopée, le son *clap* (qui a donné *clapper* ou *claper* dans le sens de produire un bruit sec avec la langue) imitant le bruit de celui qui mange avec plaisir. **Claper** peut aussi venir de l'allemand *klappe*, utilisé pour désigner un dispositif qui s'ouvre et se ferme (cf. *clapet*), mais *klappe* n'est-il pas lui-même une onomatopée ? En wallon, *claper* signifie « mordre », donc ouvrir et fermer la bouche. De mordre à manger, il n'y a pas loin.

Clapotons

Nom donné à Lyon aux pieds de mouton, que l'on sert en salade avec une vinaigrette bien moutardée.

Claquer du bec

Avoir faim.

> L'Italie est un des rares pays où l'on puisse claquer du bec sans se mettre à faire des complexes.

San Antonio, *Le Tueur.*

Cette expression pittoresque évoque les oisillons qui ouvrent et ferment le bec en réclamant la pitance que leur mère va y déposer. On a pu aussi voir là, de façon moins vraisemblable, une allusion aux contractions et crampes causées par la faim.

Claqueret

Fromage blanc du Lyonnais destiné à être battu, d'où son nom.

> On bat le claqueret comme si c'était sa femme ; on y met de sel, de poivre, de chaliottes, de fines herbes.

Nizier du Puitspelu, *Vieilleries lyonnaises.*

Le claqueret sert à préparer la **cervelle de canut** (voir ce mot) avec laquelle on le confond parfois.

Le *claquin* mâconnais et le *claquebitou* bourguignon sont des fromages blancs battus et aromatisés.

Clarifier

On clarifie le beurre (voir **beurre clarifié** au mot **beurre**) pour lui enlever ses impuretés, le bouillon pour le rendre limpide.

> Clarifiez le consommé de poisson avec les blancs d'œufs.
>
> Jules Gouffé, *Le livre de cuisine*.

Pour clarifier le bouillon, on le fait bouillir doucement pendant une demi-heure après lui avoir ajouté des blancs d'œufs battus, de la viande de bœuf hachée et des légumes finement coupés. On tamise ensuite le bouillon : les impuretés restent fixées sur le blanc d'œuf tandis que la viande et les légumes compensent par leur goût l'affadissement qui s'ensuit.

Cléber

L'emploi populaire dans le sens de « manger » de ce terme venu du mot *khleb*, signifiant « pain » en polonais et en russe, souligne l'importance primordiale du pain dans notre alimentation.

Clémentine

Fruit voisin de la mandarine, créé en 1902 en Algérie, par croisement du mandarinier et du bigaradier. C'est un ecclésiastique du nom de Père Clément qui fut à l'origine de ce croisement, d'où le nom donné au fruit ainsi obtenu. Contrairement à ce que l'on entend dire parfois, il n'a donc rien à voir avec Lady Churchill, prénommée Clémentine...

> Achour évoqua un affreux mois de décembre qu'il avait passé en Corse pour la cueillette des clémentines.
>
> Michel Tournier, *La Goutte d'or*.

Cloche (se taper la). Voir *taper*.

Clouter

Piquer un clou de girofle dans un oignon, ou des morceaux de truffe dans un rôti.

Le clou de girofle mérite bien son nom de *clou* et si les très petits bâtonnets de truffe, utilisés pour donner leur saveur à des préparations fines, ressemblent moins nettement à des clous, du moins la technique qui consiste à les introduire dans la pièce de viande a-t-elle une analogie certaine avec le cloutage.

Le clou de girofle fait partie des épices indispensables pour un pot-au-feu, une viande en sauce au vin, une blanquette et quantité d'autres préparations. En le piquant dans un oignon, on évite de le retrouver plus tard lorsqu'on déguste le plat : si la saveur en quantité modérée du clou de girofle est agréable, il est assez déplaisant à croquer.

Certains auteurs culinaires modernes, désireux d'être bien compris de leurs lecteurs, emploient l'expression équivalente et plus explicite de *piquer d'un clou de girofle*.

Cochon (la cuisine du)

Pour comprendre le rôle tenu par le porc dans l'alimentation de nos ancêtres — rôle dont l'importance est reflétée par la richesse du vocabulaire se rapportant aux diverses préparations à base de porc — il faut bien se remettre dans l'esprit les conditions de vie du temps jadis.

Les paysans, jusqu'au moment où l'emploi de la pomme de terre se généralisa, vers le milieu du XVIIIe siècle, menaient une existence extrêmement pauvre et leur nourriture était le plus souvent à base de **bouillies** et de **soupes** (voir ces mots) grossières, accompagnées de **pain** ou de **galettes** (voir ces mots) rudimentaires. Les disettes étaient fréquentes. Lors de la grande famine du XVe siècle, les paysans du Nivernais et du Mâconnais ne pouvaient préparer le pain qu'en broyant des racines de fougère et même certaines terres argileuses pour en faire des farines combien peu appétissantes !

Les conditions de vie s'améliorèrent sensiblement à partir du moment où la pomme de terre permit d'introduire dans l'alimentation quotidienne des plats plus variés et plus nourrissants. Elle donna en outre à chaque foyer la possibilité d'élever un cochon à moindre frais. On en voyait même à Paris, dans les clos avoisinant les maisons !

Le cochon devint donc un personnage important que l'on entourait d'affection et de respect. On l'appelait le **Monsieur**, peut-être parce qu'il est « habillé de soie » (**Mouchu** en Auvergne, **Mouchur** dans le Périgord), **Antoine** en Bourgogne, le **noble** en Normandie, le **mignon**, le **camarade** en Lorraine... Ces divers termes servaient à remplacer le mot « cochon » jugé particulièrement grossier et que l'on n'employait jamais (que l'on n'emploie même jamais aujourd'hui encore dans certaines fermes) sans ajouter « sauf votre respect » ou « en parlant par respect ».

Le jour où l'on tuait le cochon était un des jours de grandes réjouissances de l'année, même s'il supposait un travail considérable pour toute la maisonnée. On disait dans la région de Maule, en Ile-de-France :

> « Si tu veux être heureux un jor,
> Marie-toi donc,
> Si tu veux être heureux huit jors,
> Tue ton cochon. »

Tant d'habitudes immuables, tant de rites et de cérémonial marquaient cette occasion, si vénéré était le cochon qu'on a pu parler sans exagération de « sacrifice » à son sujet. On désignait souvent par un seul et même terme l'ensemble des opérations impliquées par ce « sacrifice » et le repas plantureux qui suivait. Les termes de **tue-cochon** et **Saint-Porc** dans le Pays Basque, de **Saint-Cochon** en Bourgogne, de **festo pourcalo** dans le Languedoc, mettent l'accent sur l'animal qui était le personnage central... et malheureux de la

fête ! La **pelère** du Béarn et le **pélo-porc** de Gascogne évoquent l'opération assez compliquée qui consistait à *peler* le porc en le brossant, en grillant (en *beuclant*, disait-on dans le Bourbonnais) puis en raclant sa couenne. Quant à la **fête à boudin** de la Normandie et à la **cuisine du goret** des Pays de l'Ouest, ce sont des expressions directement liées au plaisir gustatif de la circonstance.

Le jour où l'on tuait le cochon et ceux qui suivaient immédiatement étaient souvent les seuls de l'année où l'on mangeait de la viande fraîche. Un grand repas, comme la **boudinée** arrosée de cidre dans la région de Compiègne, réunissait tous ceux qui avaient participé à l'opération. On y servait des fricassées d'abats : **argotiaux** cuits à la **darnoise** (plat de terre brune) en Sologne, **gorgettes** ou **gigourit** dans le Poitou, **ghigourit** ou **tartouillet** en Aunis et Saintonge. En Bourgogne, la préparation de la **gruillotte** (encore appelée **gruyotte, gruotte, gruyette,** etc.) était généralement une affaire d'hommes. Ils cuisinaient la **fressure** (abats) sitôt le cochon tué et ils la mangeaient entre eux. On peut voir dans cette habitude une analogie avec la **gruotte** de sanglier, à laquelle on ajoutait le morceau de chair touché par la balle, qui se mangeait entre hommes sur le lieu de chasse ; mais il faut aussi se souvenir des superstitions très répandues et tenaces qui excluaient les femmes de certaines préparations culinaires, comme les sauces au vin et au sang, et même les salaisons et autres conserves, sur lesquelles leurs particularités physiologiques étaient censées avoir un effet néfaste.

Au menu du très abondant repas de cochon, on trouvait aussi toutes sortes de ragoûts de bas-morceaux : *dumau* aux oignons et aux pommes de terre en Lorraine, *caribandala* ou *ricoiné* dans le Poitou, où l'on donnait un nom spécial (*élavardi, agollage* ou *gargouillage*) à ce ragoût quand il n'était pas très réussi, *guilbaude* en Sologne, *charbonnée* en Touraine, *carbonade* en Gascogne. C'était aussi le jour où l'on se régalait de boudin et de *sanguettes* (voir ce mot) diverses, avec les *gogues aux oignons* en Auvergne et dans le Poitou, les *gogues aux bettes* dans le Maine, le *fricot* de boudin aux pommes et aux poires en Savoie, les boudins de taille croissante en Gascogne : *tripons, tripes* et *boun diou*, et le *jimboura* périgourdin qui était une soupe à l'eau de boudin. On servait également du rôti de filet ou d'épaule, comme la *triballe* solognote (ne pas confondre avec la *triballée* des Deux-Sèvres qui était un ragoût aux herbes).

Si certains voisins n'avaient pu venir « prêter la main » et prendre part au repas, on leur faisait porter quelques morceaux de porc (*fraîcheurs* ou *frescats* en Bretagne), ainsi qu'aux notables : instituteur, bonne du curé breton, etc. Ce don de viande fraîche s'appelait le *fricocheiro* dans le Périgord (où il comportait l'*anchaud*, morceau de filet très apprécié), l'*apenau* dans le Béarn, l'*eppenau* en Franche-Comté, le *padenado* dans le Bas-Languedoc, où il consistait en boudin et en graisse blanche pour le faire cuire ; en Gascogne, on offrait la *gola* (mot d'origine latine pour désigner la gorge, qui est le morceau situé sous le cou) ; dans le Mâconnais, on donnait tout simplement le *cadeau*, morceau de boudin accompagné d'un *nu* (carré d'échine) et de graisse ; dans le Rouergue, le *présent* était composé de sanguette, de boudin, de saucisse et de filet. Remarquons au passage combien cette coutume d'offrir du porc frais met en relief le rapport entre nourriture et relations sociales dans le monde d'autrefois.

Après la préparation des morceaux frais, on passait aux salaisons et charcuteries diverses, qui allaient permettre d'introduire une relative variété dans l'alimentation pendant quelques mois. On faisait fondre la panne pour préparer le saindoux et on retirait les menus résidus rissolés, appelés **rillons** en Touraine.

> Ils se pourléchaient en vantant les rillons, ces résidus de porc sautés dans sa graisse et qui ressemblent à des truffes cuites.

> Honoré de Balzac, *Le Lys dans la vallée.*

On leur donnait le nom de **grillons** dans le Berry, de **griaudes** et **beursaudes** en Bourgogne et dans le Morvan, où ils entraient dans la composition de la **gâche aux griaudes** et où, aujourd'hui encore, on les utilise souvent comme garnitures de galettes ou de brioches. Dans le Bourbonnais, on fait une **pompe aux grattons** aussi appelée **pain salé**. En Normandie et dans les Ardennes, le mot **crêtons** sert à désigner ces petits résidus. A noter qu'au Québec, les **crêtons** sont à peu près l'équivalent de nos **rillettes**. Les **rillettes** — **grillonnées** dans le Berry — font elles aussi partie de la cuisine du cochon : on les prépare en faisant fondre lentement et longuement des petits morceaux de porc bien gras. Le mot de *rillette* a une origine curieuse : il dérive, par le dialectal *reille*, du latin *regula* règle, et fait allusion à la forme en bâtonnets des morceaux de porc que l'on coupait ainsi pour les faire fondre.

La salaison permettait de conserver de nombreux morceaux qui serviraient à préparer des potées tout au long de l'année. Le jambon, salé ou fumé, était le morceau de choix. La tradition voulait en Bourgogne que l'on tue le cochon vers la Saint-Martin, le 11 novembre, pour pouvoir ensuite faire face aux rigueurs de l'hiver, mais également la veille du Mardi Gras : le jambon, généralement le jambon droit, était retiré du saloir le Mercredi Saint, après trente-sept jours de salaison, et on le faisait dessaler dans un puits pour pouvoir le manger au repas de Pâques. Dans certaines régions, on préférait la fumaison, comme en Franche-Comté où les maisons avaient une vaste cheminée à cet usage, le *tué*. En Auvergne, on aimait que la fumaison soit légère et on se contentait de suspendre les jambons dans la cheminée au-dessus du *cantou* (coin où l'on s'asseyait) : les *garnes*, c'est-à-dire les branches de pin qui brûlaient dans l'âtre leur communiquaient une saveur délicate très particulière.

Le lard entrait, comme les autres morceaux salés, dans la composition des potées ; il était aussi utilisé en lardons pour la préparation des daubes et des diverses viandes en sauce. On en mettait même dans les salades : la salade de pissenlits aux lardons est, je crois bien, de toutes les régions. Dans la Marne et les Ardennes, on appelait les lardons **choïons, chïons** ou **chons**, ou encore **curtons**. Ces derniers accompagnaient des pommes dans un plat curieux dit **canadas aux curtons pierdus** (pommes aux lardons perdus...).

Les diverses saucisses, les **longeolles, pormonaises, atriaux** et **diaux (diots)** de Savoie, le **chorizo** et le **loukinka** basques, étaient au programme des travaux de charcuterie lors de la cuisine du cochon, ainsi que les **andouilles** (voir ce mot) et **andouillettes** que l'on retrouve de province en province avec d'importantes variantes locales.

De même, les variétés et les appellations des terrines et pâtés sont innombrables ; citons seulement, à titre d'exemples, le **fromage roux**, la **terrinée** et la **casse** en Bretagne, les **caillettes** aux herbes dans le Dauphiné.

La cuisine du cochon avait une grande importance, en raison des efforts qu'elle demandait, mais bien plus encore parce qu'elle permettait à la famille paysanne d'autrefois de voir arriver la mauvaise saison sans craindre de trop souffrir de la faim.

Aujourd'hui encore, on « tue le cochon » dans les campagnes, parfois à plusieurs familles qui ont élevé un cochon en commun, car les gens de la ville retrouvent un goût marqué pour les nourritures simples et saines d'autrefois ; ils donnent volontiers un cochon à élever « par moitié » à des agriculteurs amis. Les réjouissances sont grandes, les menus toujours abondants, mais un nombre important de rites semblent s'être perdus.

Cochonnaille(s)

Employé au singulier ou au pluriel, ce mot à sonorité légèrement vulgaire, avec le suffixe péjoratif *-aille*, est le terme consacré pour désigner les charcuteries dans les **mâchons** lyonnais (voir ce mot).
Il est aussi employé dans les « hostelleries » un peu tapageuses pour annoncer une abondance, une ventrée de charcuterie.

> Messieurs, cette cochonnaille est de la façon du charcutier un tel.
>
> Jean-Paul Aron, *Le Mangeur du XIXᵉ siècle.*

Cocotte

La cocotte est un récipient épais et lourd, en fonte émaillée ou non, utilisé pour les cuissons lentes. Autrefois, en diverses régions, on l'appelait **cloche** en raison de sa forme. Le mot **cocotte**, d'origine incertaine, s'apparente au vieux français *coquemar*.
On désigne aussi par le même terme le mode de cuisson qui s'effectue dans cet ustensile, en milieu bien clos, à petit feu, et avec un **mouillement** (voir **mouiller**) plus ou moins concentré. Ainsi dit-on un **poulet cocotte**, une **épaule de veau cocotte**. Le terme **casserole** est employé dans le même sens.
On appelle **œufs cocotte** des œufs cuits dans des sortes de petites marmites individuelles en porcelaine à feu ou dans des ramequins, généralement avec de la crème et des garnitures qui peuvent être diverses.

122

Cœur

Fromage en forme de cœur. On fabrique des *cœurs* en Normandie et en Picardie ; ils ne se distinguent que par leur forme d'un certain nombre de fromages voisins des mêmes régions (*maroilles* ou *rollot* en Picardie, *gournay, neufchatel* en Normandie).

On désigne par le même nom un fromage frais moulé en forme de cœur et nappé de crème :

> Hélas ! c'est comme pour les petits cœurs à la crème ; c'est encore bien loin : « Bon fromage à la cré, à la cré, bon fromage. »
>
> Marcel Proust, *A la recherche du temps perdu.*

Cofidon

Daube de bœuf du Rouergue. Le mot est vraisemblablement une forme locale de *confit*, impliquant une cuisson prolongée.

Colbert

Mode de préparation d'un certain nombre de poissons panés et frits, notamment le merlan, que l'on accompagne d'un *beurre maître d'hôtel* (voir *beurre*) additionné d'estragon finement coupé et de glace de viande. On peut supposer que cet apprêt doit son nom à Colbert, qui était sûrement un connaisseur en bonnes choses puisqu'il avait le célèbre Audiger comme officier de bouche.

Colère (en)

Manière de présenter le merlan frit avec la queue entre les dents, ce qui doit, pour le merlan, représenter le comble de l'indignation !...

Colifichet

Ce mot est d'origine douteuse mais pourrait être un dérivé de *coeffichier*, terme désignant au XVIe siècle tout ornement que l'on fichait sur la coiffe. Dans le langage de la mode, on donne ce nom à un petit accessoire de peu d'importance destiné essentiellement à enjoliver un ensemble ; ce mot a exactement la même signification en cuisine. Laissons la parole à Antonin Carême, dont on connaît le goût pour le décor et pour le détail ; il a défini le colifichet de façon parfaite :

> Je compare un bon pâtissier de colifichets avec une modiste [...] qui fait avec peu d'étoffe des choses charmantes. De même, nous devons, avec des fragments de pâtisserie qui ne signifient presque rien, faire des choses aimables et gracieuses qui, en même temps, excitent la gourmandise.
>
> Antonin Carême, cité dans le *Larousse gastronomique*.

De nos jours, le goût pour les colifichets a bien diminué, dans le domaine de la cuisine comme dans celui de la mode.

Coller

Additionner une sauce ou une crème de gélatine ou de gelée pour lui donner de la consistance.

> Fouettez les 5 dl de crème fraîche et incorporez-les à la crème collée quand elle est pratiquement froide mais pas encore prise.
>
> Odette Kahn, *La petite et la grande cuisine.*

On colle les mayonnaises, les crèmes anglaises, etc. Cette opération, extrêmement courante en charcuterie et en pâtisserie, effraye parfois les ménagères. L'emploi de la gélatine nécessite un peu de soin, mais ce produit est parfaitement sain et naturel ; il n'y a donc aucune raison de refuser l'aide appréciable qu'il peut apporter pour la présentation de certaines entrées ou entremets.

Colmater sa brèche

Manière particulièrement imagée (et facile à comprendre) de dire « manger »...

> Je suis en train de colmater ma brèche lorsque des cris éclatent.
>
> San Antonio, *J'ai peur des mouches.*

Colonel

Nom plaisamment donné au livarot, fromage cylindrique assez haut, originaire de Normandie, et qui, comme le képi du colonel, est entouré de cinq galons.

Colorer

Faire « prendre couleur », comme on dit aussi, à un élément d'un plat, soit en le poêlant au beurre chaud, soit en l'additionnant d'un produit colorant (caramel, tomate, etc.).

Communard

Les cuisiniers professionnels désignent sous ce nom l'employé chargé de préparer la nourriture commune, c'est-à-dire celle qui est destinée au reste du personnel.

> [Il] passait par le jardin de derrière et la petite porte de la cuisine pour venir voir ce qui se fricotait dans la marmite du communard.
>
> Fanny Deschamps, *Croque-en-bouche.*

Compote

Dans le langage courant, le mot **compote**, autrefois *composte*, du latin *composita*, « choses mises ensemble », désigne un mélange de fruits et de sucre cuits ensemble. La compote est moins sucrée que la confiture ; elle se conserve donc moins longtemps.

> Mes pommes, all' sont à moi ! Si ça m'plaît d'en faire de la compote, j'en fais d'la compote !
>
> Armand Lanoux, *Quand la mer se retire.*

En cuisine, on appelait autrefois **compote** une préparation de volailles ou de gibiers qui était une sorte de ragoût.

> Item : une compote de pigeons d'un goût à faire croire que les anges l'avaient surveillée.
>
> Honoré de Balzac, *Un début dans la vie.*

Aujourd'hui, on tend à donner ce nom à une préparation très longuement cuite, présentant un aspect qui rappelle celui des fruits en compote et que l'on peut manger *à la cuillère* (voir ce mot).

Compoter

Traditionnellement, **compoter**, c'est faire cuire une volaille ou un gibier jusqu'à ce que les chairs prennent la consistance d'une **compote** (voir ce mot).
Le verbe **compoter** s'emploie aujourd'hui pour désigner toute cuisson prolongée, qu'il s'agisse de viandes ou de légumes.

> Verser le tout dans une terrine [...] et cuire à four moyen [...]. Laisser « compoter » 30 minutes au four.
>
> Michel Guérard, *La Grande Cuisine minceur.*

Concasser

On concasse le poivre, la glace, les os, etc., en les écrasant, comme on concasse des cailloux pour faire une route. Il ne faut pas que le produit concassé soit réduit en poudre ou en bouillie, selon le cas, c'est pourquoi les recettes précisent souvent qu'il faut « concasser grossièrement ».

On concasse aussi les tomates ou les herbes en les taillant en très petits morceaux. La technique n'est pas la même que la précédente puisqu'on procède là en coupant au couteau et non en écrasant, mais il y a une analogie dans la taille et l'aspect des morceaux.

> Pour un steak Tartare de 220 à 250 g : ajouter au steak Tartare (de base) 1 cuillerée à soupe de filets d'anchois, pelés et concassés.
>
> Louisette Bertholle, *Les recettes secrètes des meilleurs restaurants de France.*

Concentré

Ce terme s'emploie comme substantif ou comme adjectif ; dans ce dernier cas on l'utilise pour qualifier des bouillons, des liquides, etc., dont la substance a gagné en goût et parfois en consistance à la suite d'une cuisson prolongée.

> Avec cinq ou six carottes à peine, un bel oignon, un bouquet garni, un clou de girofle, un seul, il a tiré de ce labeur un demi-litre de liquide concentré.
>
> Claude Terrail, *Ma Tour d'Argent.*

Condiments

On désigne généralement du nom de **condiments** l'ensemble des **aromates** et des **épices** (voir ces mots). Le mot **condiment** vient du latin *condire* qui signifie « confire » et aussi « assaisonner ». Le sens français dérive de cette dernière signification. Jules Favre, dans son *Dictionnaire universel de cuisine* (1883), définit le condiment comme une substance qui s'ajoute aux aliments pour les assaisonner et les aromatiser.

Confiote

Confiture. Ce mot, très courant dans le langage enfantin, combine les deux termes **confiture** et **compote**. On peut le rapprocher du nom de **confipote**, imaginé par un fabricant de confitures industrielles pour désigner un produit peu sucré et de conservation relativement limitée qui est donc une sorte d'intermédiaire entre la compote et la confiture.

Confire

Faire cuire ou macérer certains aliments dans la graisse, le sucre, le vinaigre ou l'huile pour en assurer la conservation. Ce verbe vient du latin *conficere* = préparer.

> L'air sentait l'aubergine cuite, le ragoût de mouton réchauffé et l'ail confit.
>
> Françoise Xenakis,
> *La vie exemplaire de Rita Capuchon.*

Le **confit** c'est, dans tout le Sud-Ouest, la manière dont on désigne le confit d'oie ou de canard (voir **oie**).

Le mot **confiture** est le plus souvent employé pour désigner la préparation sucrée aux fruits que l'on connaît bien, qui évoque les grands-mères et les goûters de notre enfance. Mais on ne sait pas toujours qu'autrefois on donnait ce nom (ou celui de **confitures sèches**) aux fruits confits. Ainsi, si ses admirateurs apportaient souvent des « confitures » à la Grande Mademoiselle, ce n'est pas parce qu'elle était restée très enfant...
La nouvelle cuisine emploie parfois le mot **confiture** pour désigner le résultat d'une cuisson prolongée avec un peu de vinaigre et de sucre. Michel Guérard donne ainsi, dans *La cuisine gourmande*, la recette d'une confiture d'oignons à la grenadine, à servir par exemple avec une terrine de foies de volaille.

Confiture de vieux garçon, confiture d'officier ou **confiture des quatre officiers :** noms pittoresques et malicieux donnés à un mélange de fruits à l'eau-de-vie. Ces expressions se passent d'explication, sauf en ce qui concerne les quatre officiers. Peut-être y a-t-il là un rappel des *quatre* fruits rouges dont on fait couramment des conserves et des confitures : groseilles, fraises, cerises et framboises.

Consommé

Bouillon de viande ou de volaille dégraissé avec soin et qu'on laisse « se consommer », autrement dit « se parfaire » longuement à feu doux.

> Elle se met à verser doucement des contenus de louche dans les assiettes.
> — Ah ah, dit Gabriel avec satisfaction, du consommé.
> — N'egzagérons rien, dit doucement Marceline.
>
> Raymond Queneau, *Zazie dans le métro.*

Il y a loin entre le **bouillon gras**, avec la nuance nettement péjorative que comporte ce terme, et le concentré de perfection qu'est un bon consommé.

Conversation

Petit gâteau à la pâte d'amande, qui doit son nom aux *Conversations d'Emilie*, de Mme d'Epinay, qui connurent une grande vogue lors de leur parution en 1774.

Cornes (gâteaux à)

Il semble avoir existé à travers la France une tradition durable de gâteaux à cornes particulièrement caractéristiques du cycle de Carême-Carnaval. On a donc pensé que ces gâteaux, liés à des fêtes mobiles conditionnées par la lune, représentaient une survivance d'un culte lunaire. Ils ont toujours un nom évocateur de leur forme : **cornuelle** dans la Creuse, **cornudo** ou **corniche** dans l'Angoumois, **cornuelle** ou **cornette** en Charente, **cornue** dans le Limousin, **cornuelle** ou **cournadèle** dans le Périgord. Ils figurent souvent parmi les ornements des branches portées par les enfants le dimanche des Rameaux.

Les **croissants** (voir ce mot) ont une origine totalement différente, qui ne doit rien à la tradition populaire française.

Pour les gâteaux à cornes de Noël ou du Nouvel An, voir au mot **Noël**.

Corne-de-bélier

Très bonne variété de pommes de terre dont la forme allongée et bosselée rappelle celle des cornes de bélier. Elle a la pulpe jaune et la pelure violacée. Elle ne se défait pas à la cuisson, ce qui en fait recommander l'emploi pour les ragoûts.

A notre époque de standardisation de la culture, la corne-de-bélier est devenue difficile à trouver. Et qui se souvient encore du **chardon**, du **flocon de neige**, du **marjolin**, de la **quarantaine violette**, de la **tsarine**, ces variétés de pommes de terre très appréciées jadis ? On donne également le nom de **corne-de-bélier** au **pois gourmand**, toujours par analogie de forme.

Cornichenouille

Déformation populaire et aisément compréhensible de *cornichon*.

> Il se tapait un saucisson à l'ail [...] et un bocal de cornichenouilles.
>
> Pierre Devaux, *Le livre des darons sacrés*.

Corriger

Corriger l'assaisonnement, c'est ce qu'on appelle plus couramment **rectifier** l'assaisonnement. Avant de servir la sauce, le cuisinier la goûte et ajoute le grain de sel qui manque ou la pointe de couteau de poivre de Cayenne. Aussi soigneusement qu'aient été dosés aromates et épices au début de la préparation du plat, on ne saurait se dispenser de cette formalité, car la cuisson risque de déséquilibrer le rapport des saveurs (en raison de l'évaporation, par exemple). Il est préférable de ne pas trop épicer au départ et de corriger en fin de préparation.

Corser

Renforcer le goût d'un plat par addition d'épices ou par concentration au moyen d'un supplément de cuisson.

Côtelard

C'est ainsi qu'au XIXe siècle on appelait plaisamment le melon, en raison de ses côtes — bien pratiques pour le partager en famille, comme le faisait remarquer Bernardin de Saint-Pierre !
A la même époque, on donnait aussi au melon le nom de *trompeur*, à cause de la difficulté que l'on a à le juger sur son apparence. Fourier, l'économiste français du XVIIIe siècle qui rêvait d'une société idéale, promettait à ses adeptes des melons « jamais trompeurs ».

Coulant

Façon dont on appelait parfois le lait ou l'huile au XVIIe siècle dans le langage populaire. La raison en semble évidente ; il est plus curieux que l'on ait donné le même nom au poisson cuit à l'huile. La *coulante* était la laitue, ainsi appelée en raison du suc à apparence de lait qui coule de ses côtes.

Couler

Verser de la gelée dans un pâté après cuisson. Le verbe *couler* pourrait s'appliquer, dans son sens littéral, à beaucoup d'autres préparations culinaires, mais on ne l'emploie que pour celle-ci.

Coulis

Purée assez liquide, généralement faite à partir de fruits ou de légumes.

Je ne pourrai moins faire que de vous parler du coulis de tomates et des tomates à la provençale qui sont de véritables institutions.

Maguelonne Toussaint-Samat, *Ethnocuisine de Provence.*

Autrefois, on appelait ***coulis*** diverses sauces que l'on passait (autrement dit, que l'on faisait *couler*) à travers une sorte d'entonnoir appelé précisément ***couloir.***

Coup de feu

Heure de grande affluence dans un restaurant : tout est sur le feu en même temps, il faut tout surveiller à la fois. C'est le moment d'agir vite, sous peine de voir les plats brûler irrémédiablement.

Henri, épuisé par le « coup de feu » [...] restait le regard morne.

Claude Terrail, *Ma Tour d'Argent.*

Couronne

Comme son nom l'indique, la couronne est une disposition en cercle. On dresse ainsi le riz (les mots ***bordure*** et ***turban*** sont dans ce cas à peu près synonymes de ***couronne***), les côtelettes d'agneau, les petits oiseaux, etc.

Courte

Une sauce est courte lorsqu'elle est relativement peu abondante et bien concentrée. C'est le cas, par exemple, de la sauce de la blanquette, dans laquelle la viande ne doit pas baigner entièrement.

Couverture

Se dit en pâtisserie à la place de ***chocolat de couverture***. Il s'agit d'un chocolat très amer, très riche en beurre de cacao et non sucré que l'on fait fondre pour en ***couvrir*** gâteaux ou confiseries.

Crapaudine (en)

Manière de préparer les petites volailles en les aplatissant avant cuisson, ce qui leur donne l'apparence de crapauds et leur permet, après qu'elles ont été panées, de cuire régulièrement sur le gril.

Craquelin

Petit gâteau sec et croquant que l'on retrouve dans différentes régions, comme la Franche-Comté et le Nord. Dans cette dernière région, le craquelin, gâteau traditionnel de Noël et Nouvel An, était aussi utilisé pendant le Carême, pour la transmission annuelle des pouvoirs, dans les nombreuses confréries très actives en cette partie de la France. Celui qui recevait le craquelin ne pouvait pas se dérober et assumait ses responsabilités pendant un an.

Le craquelin jouait un rôle analogue au **chanteau** (voir *Les mots d'origine gourmande*, Belin, 1986) ou au **crouchon** ou **crougnon** dans d'autres régions, c'est-à-dire à un croûton de pain que l'on se passait de l'un à l'autre en diverses circonstances.

Cratère de volcan

Façon imagée de décrire le creux que le pâtissier (ou la cuisinière) ménage au centre du tas de farine dressé sur la planche à pâtisser et dans lequel on cassera les œufs et on déposera les divers autres éléments de la pâte avant de les incorporer peu à peu à la farine. Voir aussi **fontaine**.

> Disposez sur une table la farine en cratère de volcan, c'est-à-dire « formez fontaine » comme l'on dit en cuisine.
>
> Ali Bab, *Gastronomie pratique*.

Crécy

Préparation culinaire comportant des carottes et plus particulièrement de la purée de carottes. Le nom de **Crécy** vient sans doute de Crécy-en-Brie, localité de Seine-et-Marne réputée pour ses carottes.

Crème

La **crème** est la matière grasse du lait. Elle est très utilisée en cuisine pour donner bon goût à certaines sauces et aux potages, pour **lier** (voir ce mot) les sauces, pour garnir les entremets.

Les gourmets seront ravis d'apprendre que le mot **crème** vient du grec *khrisma* = huile, employé en latin ecclésiastique, sous la forme *chrisma* qui a donné *chrème*, pour désigner les huiles saintes...

La **crème fleurette** est celle qui remonte d'elle-même à la surface du lait cru qu'on laisse reposer. Légère et assez liquide, elle est parfaite pour la préparation de la crème Chantilly (voir ci-dessous). Le mot *fleu-*

rette fait référence à la mousse délicate que forme la crème à la surface du lait, mousse comparable aux *fleurs* (moisissures blanches) du vinaigre.

La **crème double**, vendue sous le nom de « crème épaisse », est recueillie par passage à la centrifugeuse. C'est elle qui est utilisée pour la préparation du beurre.

La **crème Chantilly** est une crème fouettée très employée en pâtisserie. Pour lui assurer sa légèreté, on la prépare avec de la crème fleurette ou, à défaut, avec de la crème double (voir ci-dessus) diluée au moyen de lait ou d'eau. Le nom de *crème Chantilly* (on dit parfois simplement **Chantilly**, mais cette crème est également connue sous le nom de **crème fouettée**, en particulier à la campagne et en cuisine ménagère), vient peut-être du château de Chantilly où Vatel était officier de bouche. Cependant ce mot peut également faire allusion à la légèreté de cette crème comparable à celle de la dentelle de Chantilly.

Le mot **crème** sert aussi à désigner un dessert, préparé le plus souvent à partir d'œufs, de sucre et de lait, dont la consistance rappelle celle de la crème fraîche.

> Après les asperges, les petits pois, [...] vinrent les crèmes fouettées, non fouettées, glacées, prises, tournées...
>
> Comtesse de Ségur, *L'Auberge de l'Ange Gardien.*

Il est impossible de citer les innombrables variétés de crèmes Les principales sont la **crème anglaise**, épaissie uniquement par coagulation à chaleur douce et régulière, ce qui en fait la plus fine de toutes, la **crème pâtissière**, plus épaisse et comportant de la farine, dont les pâtissiers se servent pour garnir choux, éclairs et autres gâteaux, la **crème renversée** ou **flan**, cuite au bain-marie et que l'on démoule pour la servir, à la différence des œufs au lait, d'où son nom, la **crème au beurre** dont l'élément de base est le beurre travaillé en **pommade** (voir **beurre**) et additionné de jaunes d'œufs, de sucre et d'un parfum. On pourrait citer encore bien d'autres crèmes. Les **crèmes glacées** sont des glaces faites d'un mélange d'œufs, de sucre, de crème fraîche et d'un parfum.

On appelle également **crème** un potage délicat, lié à la farine et à la crème fraîche.

Enfin **un crème**, au masculin (avec ses variantes **un grand crème** ou **un petit crème**) est une façon courante de désigner un **café-crème**, autrement dit un café additionné d'un peu de lait, juste pour le blanchir. Aujourd'hui, ce n'est, le plus souvent, qu'un café additionné de lait stérilisé bien peu crémeux.

Crémer : mettre, après cuisson, de la crème fraîche dans un potage, dans une sauce. On emploie aussi ce verbe pour désigner l'opération qui consiste à recouvrir une préparation de crème fraîche avant cuisson, comme on le fait par exemple pour les œufs en cocotte.

Crêpe

Sorte de galette très fine, faite d'une pâte plus ou moins liquide, dans la composition de laquelle entrent de la farine, des œufs et du lait, et que l'on fait cuire dans une poêle ou sur une plaque spéciale ; on fait sauter les crêpes d'un coup de poignet quand elles sont cuites d'un côté ou on les retourne à l'aide d'une palette.

Les crêpes tirent leur nom du latin *crispus* = frisé, en raison de la forme que prend leur bord en cuisant. Les crêpes d'autrefois étaient souvent beaucoup plus massives que les friandises que nous appelons de ce nom aujourd'hui.

Le **matefaim** berrichon et le **matafan** savoyard étaient destinés à rassasier, comme leur nom l'indique ; on additionnait parfois le matafan de sang de bœuf pour le rendre plus nourrissant.

Les crêpes du Périgord s'appelaient **tourteaux**, celles de Gascogne, épaisses et préparées à la farine de maïs, **miques**.

Dans le Nivernais et le Morvan, les crêpes assez épaisses ou **crapiaux** (rien à voir avec les crapauds... c'est évidemment là une forme régionale du mot **crêpe** ; on

disait d'ailleurs aussi **crépiaux**) recevaient parfois l'appellation locale de **grapiaux** ou **crapias**.

> Nous n'aurons pas la prétention d'apprendre aux mor-vandelles à faire sauter le crâpiau par la cheminée pour le recevoir, dare-dare, tout retourné, dans la poêle, à la porte de la maison : toutes, vous le pensez bien, savent le faire depuis l'époque Beuvraisienne...

Gautron du Coudray, *Un quarteron de rimes culinaires.*

Le même Gautron du Coudray donne une recette de **sanciaux** bourguignons et nivernais qui sont des cra-piaux au fromage, alors que dans le Bourbonnais et le Berry, on donne généralement le nom de **sanciaux** à toutes les crêpes.

Rappelons aussi les **bourriols** d'Auvergne, dont il est difficile de savoir si l'on doit les classer parmi les crê-pes ou les **galettes** (voir ce mot).

Il en est de même des crêpes bretonnes, si connues, pour lesquelles le vocabulaire même est cause de confusion, leur appellation les assimilant souvent à des galettes (**galichons, galetz**).

En Bretagne, le matériel pour la préparation des crêpes faisait partie de ce que la jeune fille apportait au ménage lors de son mariage : *billig* ou *pillig* (plaque à cuire), *rozell* (spatule pour étaler la pâte), *spanelle* (palette pour retourner la crêpe). Ces instruments étaient souvent ornés de l'inscription *Tom ini* (elles sont chaudes). L'importance, pour une femme, de bien savoir réussir les crêpes se traduisait dans les dictons courants :

> Femme qu'on dit bonne crêpière
> Mène mari à sa manière.
>
> Cité par Pierre-Jakez Hélias dans *Le Cheval d'orgueil*.

En Lorraine, les **vautes** ou **vôtes** étaient parfois garnies de pommes coupées en tranches fines.

Dans le Sancerrois, c'étaient aussi des fruits qui garnissaient la grosse crêpe appelée **ganciau** ou **birolet** ; lorsqu'on la servait comme plat salé, les fruits étaient remplacés par des harengs.

Si les crêpes apparaissaient assez fréquemment sur la table paysanne et si, aujourd'hui encore, les enfants de toutes les régions en réclament à leur grand-mère, ce dessert est lié de façon extrêmement étroite à la célébration de la Chandeleur (le 2 février), fête chrétienne à lointaine origine païenne, qui marque l'approche du printemps et le retour aux travaux des champs. On a pu penser que les crêpes, friandises à base de farine, appelaient la bénédiction des cieux (peut-être au sens le plus météorologique du terme...) sur la récolte à venir. Mais la forme et la couleur des crêpes en faisaient sans doute aussi un des éléments d'un culte solaire.

Dans le Poitou, on préparait pour la Chandeleur des crêpes à la farine de maïs appelées **saligalais** ; dans le Quercy, des **pescatsous** ; à Lille, des crêpes à la farine de sarrasin ou de *turquis* (maïs). A Reims, les crêpes de la Chandeleur s'appelaient **tantimolles** et en Picardie **landimolles** ou **andimolles**. La célébration de la Chandeleur était liée à de nombreuses superstitions concernant la préparation et la cuisson des crêpes; presque toutes avaient trait à la prospérité du paysan.

Cependant, dans certaines régions, on servait les crêpes à l'occasion d'autres fêtes : les *chiffes* de l'Ile-de-France étaient en honneur pour le Mardi Gras, les *crespets* du Béarn pour le Dimanche Gras, les *pescajoux* de Saint-Flour et les *poscochoux* du Rouergue, ainsi que les *crespères* ou *pastères* gasconnes pour le Carnaval ; la pâte des pastères était préparée à l'eau pour qu'elles soient plus légères. En Bretagne, où l'on servait des crêpes en toutes circonstances, celles du jour des Morts étaient appelées *crêpes des trépassés*.

Crêpes dentelles : ces crêpes bretonnes, qui doivent le qualificatif de « dentelle » à leur légèreté, sont plutôt des petits gâteaux qui tendent à sortir du domaine familial pour être fabriqués artisanalement et même industriellement. Elles sont extrêmement fines et roulées à chaud ; elles deviennent craquantes et fragiles en refroidissant.

Crépine

Membrane de l'estomac du porc, dont le nom scientifique est *epiploon* ou *mésentère* et dont on se sert pour envelopper un hachis ou toute autre préparation qu'on veut empêcher de se défaire à la cuisson, comme par exemple la chair à saucisses dont sont faites les *crépinettes*. Elle est ainsi appelée parce qu'elle a la finesse du crêpe.

> Venaient ensuite les cadeaux du voisinage, rond de boudin, tranches de grillade sous un pudique voile de crépine.
>
> Jean Anglade, *Une Pomme oubliée.*

On donne aussi à cette membrane le nom de *toilette*, à cause de sa ressemblance avec une toile irrégulière tissée, ou de *coiffe :* elle présente une certaine analogie avec la membrane fœtale du même nom qui entoure la tête de certains enfants à la naissance ; on dit d'eux qu'ils sont *nés coiffés* et cette particularité est censée être un présage de bonheur.

Crever

Mettre à crever des grains de riz, c'est les passer à l'eau bouillante assez longtemps pour faire éclater la mince couche d'amidon qui les entoure. Cette pratique, qui est d'ailleurs impossible avec le riz pré-traité, est tout à fait déconseillée pour la préparation du riz servi comme garniture salée d'un plat, car elle donne un riz collant, mais on l'utilise préalablement à la cuisson du riz au lait, pour que celui-ci soit plus onctueux.

Crocs, crochets (avoir les)

Expressions synonymes et de même formation que **avoir la dent** pour dire « avoir faim ». Le mot **croc**, évocateur d'un animal carnassier, a une force plus grande que la simple *dent*.

> Si tu as les crocs [...], dit Marceau, en désignant une terrine.
>
> Robert Sabatier, *Trois sucettes à la menthe*.

Croissant

Pâtisserie en forme de croissant qui, avec la baguette de pain, est un des symboles des habitudes alimentaires françaises.

> Il convenait d'envisager un dîner suivi d'une nuit passée au château (...), d'une grasse matinée avec café au lait, ou chocolat, croissants et beurre.
>
> Jules Romains, *Les Hommes de bonne volonté*.

Le croissant n'est pourtant pas d'origine française : il a été inventé en Autriche, comme les autres petits apprêts de boulangerie désignés sous le nom de **viennoiseries**. On raconte que ce sont les boulangers viennois qui, grâce à leur travail de nuit, eurent vent de l'attaque des Turcs contre Vienne et donnèrent l'alerte, en 1683. Comme récompense, Jean III Sobiesky leur accorda le privilège de fabriquer en exclusivité une pâtisserie commémorant l'événement. Le croissant étant l'emblème des Turcs, les pâtissiers décidèrent de donner sa forme à ce nouveau gâteau. Depuis, le croissant a dépassé de beaucoup les frontières de l'Autriche et s'est en particulier solidement implanté en France.

Croque-au-sel (à la)

Manière extrêmement simple de manger certains légumes crus : accompagnés de sel et parfois de beurre.

> Mme Putois était plus forte encore, elle prenait des têtes de romaine sans les éplucher ; elle les broutait comme ça, à la croque-au-sel. Toutes auraient vécu de salade...
>
> Emile Zola, *L'Assommoir.*

Croquembouche, croque-en-bouche
ou **croque en bouche**

Ce joli nom évoque de façon imagée les petits choux recouverts de caramel croquant qui sont assemblés en pyramide pour former les classiques **pièces montées** (voir ce mot) de mariage ou de première communion.

> Après l'entrée, comme après une charge, on se détend ; souvent par une sucrerie : un croque-en-bouche, un nougat.
>
> Jean-Paul Aron, *Le Mangeur du XIXe siècle.*

Dans *Si le grain ne meurt*, André Gide décrit cet entremets, avec une grande précision, sous le nom de **sultane**.

Croque-monsieur

Non, ce n'est pas un nom pittoresque de plus pour la mante religieuse... Mais l'appellation donnée à deux tranches de pain de mie beurrées, entre lesquelles on a placé de fines lamelles de gruyère et du jambon, parfois de la béchamel, avant de les faire dorer au beurre ou cuire sous le gril. On le sert comme entrée ou en guise de sandwich.

> Mme de Villeparisis (...) nous annonçait qu'elle avait commandé pour nous à l'hôtel des « Croque Monsieur » et des œufs à la crème.
>
> Marcel Proust, *A la recherche du temps perdu.*

Le nom de ce mets est probablement originaire d'un café du Boulevard des Capucines où l'on servit pour la première fois le croque-monsieur — au moins sous ce nom — en 1910. Il est clair que sa consistance croustillante fait croquer monsieur...

Pour ne pas oublier madame, on a donné le nom de **croque-madame** à une préparation voisine avec une garniture légèrement différente.

Gautron du Coudray, dans son *Quarteron de rimes culinaires*, donne une recette plus rustique et vraisemblablement plus ancienne de croque-monsieur (pain de campagne... jambon du Morvan) en le présentant comme casse-croûte classique du paysan morvandiau ; mais peut-être ne l'appelait-on pas du nom de **croque-monsieur**.

Croquer

Manger. Ce verbe s'emploie, comme *manger*, transitivement ou intransitivement.

> Elle reprit l'appétit mais elle ne voulut plus jamais croquer de tête de veau.
>
> Pierre Devaux, *Le livre des darons sacrés.*

La raison pour laquelle *croquer* signifie « manger » est claire : elle tient à l'acte lui-même de la mastication. *Croque :* nourriture, par dérivation directe du sens précédent.

Croquet

Petit gâteau en forme de bâtonnet, dans la composition duquel entrent des œufs, de la farine, des amandes et parfois de l'eau de fleur d'oranger. Le croquet est d'autant plus apprécié qu'il est dur : tant pis pour les dents fragiles ! Son nom dérive évidemment de la particularité qu'il a de faire *croc-croc*... quand on le *croque* !
On trouve des croquets dans la Nièvre, où les plus réputés sont ceux de Donzy et de Cosne-sur-Loire, en Franche-Comté, dans le Berry, la Sologne, le Périgord, la Champagne et le Bordelais.

> — De quarante-cinq, il restera vingt et un ronds. — Qu'est-ce qu'on va acheter avec ? — Des croquets ! — Des biscuits ! — Des bonbons !
>
> Louis Pergaud, *La Guerre des boutons.*

A Vinsobres, dans la Drôme, des petits gâteaux très proches des croquets sont appelés **croquettes**.

On retrouve le radical *croquer* dans le nom des **croquignoles**, des **croquandoles** et du **croquignat**.

Les **croquignoles** sont des petits gâteaux très légers et croquants que l'on trouve surtout à Paris et dans les Pyrénées. Au Québec, comme d'ailleurs en Côte-d'Or, c'est l'un des noms donnés aux beignets, parce qu'ils sont croustillants.

Les **croquandoles**, dans la région de Dunkerque, étaient liées à la célébration de la Saint-Martin. On en donnait à cette occasion aux enfants quêteurs en leur racontant que c'étaient les crottins de l'âne du saint transformés par miracle en friandises...

Le **croquignat** était une sorte de nougat que les mères de famille de la région de Chavignol, dans le Cher, préparaient le jour de la Sainte-Catherine (le 25 novembre) pour les petites filles et le jour de la Saint-Nicolas (le 6 décembre) pour les petits garçons.

Parmi les biscuits croquants ou craquants, rappelons également les **craquelins** (voir ce mot), les **casse-museaux** (voir ce mot) traditionnels des Rogations dans le Poitou et les **sciappa-denti** corses.

Croquette

Sorte de petite boulette faite de chair de poisson, de viande, de volaille, ou de pommes de terre, de riz, etc. On la fait frire et on la sert chaude. Sa consistance croquante explique évidemment son nom. On fait aussi des croquettes sucrées (semoule, crème frite, etc.).

Crotte

Dans le langage familier, on désigne les bonbons au chocolat sous le nom de **crottes en chocolat**, bien évidemment par analogie de forme. C'est ce qu'en Belgique on appelle des *pralines*.

Crottin

Nom donné, dans la région de Chavignol (Cher), à de petits fromages de chèvres ronds.

144

Melons, fraises, framboises, homards et truites roses
(...), crottins de chèvre aux senteurs d'alpage (...), vous
faites saliver l'œil de l'artiste.

Fanny Deschamps, *Croque-en-bouche.*

Le mot **crottin** est un diminutif de *crot* qui désignait
un trou creusé dans le sol pour faire boire les bêtes.
On confectionnait des *crots* en argile, dans les régions
de poterie, pour constituer une sorte de coupe que l'on
utilisait comme lampe en la remplissant d'huile et en
y mettant une mèche. Le moule (**fercelle** ou **faisselle**)
qui sert à la préparation des crottins a à peu près la
même forme et les mêmes dimensions. Il ne faut donc
pas voir dans l'origine du mot une analogie assez marquée de forme avec un crottin d'âne ou de cheval...
La zone délimitée du crottin dit de Chavignol comprend une large partie du Berry, avec 95 % de la pro-
duction ainsi que les communes de Donzy, la
Charité-sur-Loire et Cosne-sur-Loire, dans la Nièvre,
et certaines communes du canton de Pouilly-sur-Loire
et de Saint-Amand-en-Puisaye, également dans la
Nièvre.

Croûte, croûton

Fond de pâte cuit **à blanc** (voir ce mot), c'est-à-dire
sans garniture.
Tranche de pain garnie d'une farce ou de tout autre
apprêt, que l'on sert comme entrée ou comme accompagnement d'une viande.
Tranche de pain, généralement séchée au four, utilisée comme garniture d'un potage. C'est ce qu'on appelait autrefois *croûte au pot.*
Le mot **croûte** est employé, dans ces deux derniers cas,
comme synonyme de « tranche de pain », croûte et
mie étant utilisées ensemble. Du fait que la tranche est
en général séchée ou dorée au beurre pour ce genre
d'emploi, la consistance de la mie se rapproche de celle
de la croûte.

Croûtons frits : petits dés de pain frits à l'huile, mais parfois aussi dorés au beurre, ce qui ne change pas leur dénomination, et que l'on utilise comme garniture d'omelettes, d'épinards, de potages, etc.

Dans le langage populaire, la ***croûte***, c'est la nourriture, par allusion à la croûte du pain, celui-ci ayant été pendant des siècles la base de l'alimentation populaire.

> Il n'y a d'ailleurs ici qu'un truc qui compte, la « croûte » ; tout le reste c'est du vent.
>
> René Biard, *Bagnards en culottes courtes.*

Croûton : morceau de pain.

> Il s'était farci [...] sept croûtons de brignolet.
>
> Auguste le Breton, *Noël chez les cloches.*

Le pain sec qu'évoque le mot ***croûton*** faisait partie jadis de l'ordinaire des mendiants, bagnards, collégiens, etc., chez qui ont pris naissance de nombreux mots d'argot.

Croustance : nourriture. On disait autrefois *croustille, croustaille,* des désinences argotiques typiques venant s'ajouter au radical ***croûte*** (autrefois *crouste,* du latin *crusta*).

Croûter, croûtonner, croustiller : manger.

> On croûtera ensemble chez un bistro d'la porte Maillot.
>
> Jean Lorrain, *La maison Philibert.*

Casser la croûte : manger. Ce sens découle très logiquement du mot ***croûte*** employé pour désigner la nourriture. On dit aussi ***casser la graine*** (voir ***graine***).

Casse-croûte : petit repas que l'on prend « sur le pouce ».

> Je lui demande trois, quatre pommes de terre crues. — Ça m'arrangerait bien. Je n'ai plus de casse-croûte, je les ferais rôtir.
>
> Jean Giono, *Les grands chemins.*

D'une façon générale, le casse-croûte, de même que le casse-graine, est un repas assez frugal, quoiqu'il faille se méfier du langage populaire lorsqu'il s'agit de nourriture et que le casse-croûte puisse très bien, comme le **mâchon** (voir ce mot) lyonnais, être un repas abondant. Mais l'expression **casser la croûte** (comme **casser la graine**) signifie simplement « manger », quelle que soit l'importance du repas.

Croûte dorée

Dessert traditionnel du repas de Pâques en Savoie. La croûte dorée est une tranche de pain trempée dans du lait, passée à l'œuf battu et dorée à la poêle dans du beurre. Il s'agit en somme de ce qu'en toutes régions on appelle le **pain perdu** (voir ce mot).
En Champagne, on sert un plat absolument semblable pour le Mardi Gras, sous le nom de **soupes dorées**. **Soupe** (voir ce mot) est à prendre ici au sens ancien de tranche de pain trempée.

Crouzet, crozet

Les crouzets ou crozets du Dauphiné et de Savoie sont des sortes de quenelles au fromage. Plat traditionnel de la veille de Noël, ils avaient un certain rôle dans le folklore de la vie familiale (voir **funérailles** et **noces**). On les appelait aussi **taillerins**.

Cuillère (à la)

Se dit des viandes ou volailles très cuites que l'on peut manger *à la cuillère* tant elles sont tendres et fondantes. Le **fricandeau** de veau à l'ancienne en fait partie.
Biscuit à la cuillère : biscuit fait d'une pâte extrêmement légère, que l'on verse à la cuillère sur la plaque de cuisson, ce qui lui vaut sa forme allongée bien connue ainsi que la petite pointe de pâte qui se forme au moment où l'on retire la cuillère. On peut aussi utiliser une poche à douille pour verser la pâte. De nos jours, les biscuits à la cuillère sont surtout fabriqués industriellement.

Cuisine

Pour un restaurateur, la **cuisine** s'oppose à la **salle** (voir ce mot). Ce sont deux mondes distincts, souvent séparés par un passe-plats (voir **passe**). Dans les grands restaurants, deux catégories différentes de personnel officient en cuisine et en salle. Dans les petites maisons, le patron est en **cuisine** tandis que la patronne est **en salle**.

> Nous voulons parler ici de ce bonheur du cuisinier, le seul éprouvé en cuisine, qui est de susciter le plaisir de ses hôtes.
>
> Alain Chapel,
> *La cuisine, c'est beaucoup plus que des recettes.*

Cuisseau, cuissot

Ces deux mots constituent le plus bel ornement de la célèbre dictée de Mérimée. L'orthographe du français étant ce qu'elle est, il faut savoir qu'on ne peut écrire **cuisseau** qu'à propos du veau tandis que **cuissot** est réservé au gros gibier. L'analogie de terminaison entre **cuisseau** et **veau**, est un moyen mnémotechnique simple pour s'en souvenir.

Jusqu'au XVIIe siècle, on ne rencontre que la graphie **cuissot**, pour désigner une pièce de boucherie ou de vénerie qui n'est autre que la **cuisse** d'un gros animal. La graphie **cuisseau** apparaît vers 1650, par simple substitution de suffixe. C'est elle qui a finalement prévalu en boucherie ; le cuisseau de veau, dans la découpe de l'animal, est très précisément l'ensemble formé par la cuisse et la hanche.

Cul-de-chien, cul-de-singe

Noms populaires donnés dans de nombreuses régions à la nèfle, par analogie de forme.

> Vous connaissez les Bourguignons, qui nomment « cul-de-singe » une nèfle [...] et qui, lorsqu'ils se rasent, disent qu'ils « se raclent la couenne » !
>
> Henri Vincenot, *La Vie quotidienne des paysans bourguignons au temps de Lamartine.*

Cul de poule

Récipient métallique rond à fond étroit, dont la forme rappelle celle du... postérieur d'une poule, et qui est utilisé par les cuisiniers et les pâtissiers pour opérer certains mélanges.

> Mettez la pâte dans un grand cul-de-poule.
>
> Gaston Lenôtre,
> *Faites votre pâtisserie comme Lenôtre.*

Cul de veau

Morceau de veau à braiser, connu également sous le nom de **quasi** (voir ce mot) et qui doit son appellation à sa position dans l'anatomie du veau.

> Ce soir, nous aurons du cul de veau à l'angevine.
>
> Robert Sabatier, *Les Fillettes chantantes.*

Culotte

Morceau de bœuf utilisé surtout pour le pot-au-feu et le bœuf braisé, et situé au-dessus de la cuisse. **Culotte** est un euphémisme qui a remplacé le mot *cul*, usité jusque-là (voir **cul de veau**), vers la fin du XVIIIe siècle. La même pudeur a conduit à donner le nom de **fonds d'artichauts** à ce que l'on appelait précédemment les **culs d'artichauts**.

> Un garçon boucher (...) mettait une rapidité vertigineuse et une religieuse conscience à mettre d'un côté les filets de bœuf exquis, de l'autre de la culotte de dernier ordre.
>
> Marcel Proust, *A la recherche du temps perdu.*

Dame blanche

Nom donné à divers gâteaux ou entremets de couleur blanche. Leur couleur suffirait à expliquer leur nom, mais on peut se demander si la plupart d'entre eux n'ont pas été créés en raison de la vogue de l'opéra de Boieldieu portant le même nom (1825).

Daguenelle

En Bourgogne, petite poire séchée (*tapée*) au four, que l'on servait comme dessert ou dont on garnissait des tartes. Dans le Mâconnais, on plaçait des daguenelles dans des pots à lait garnis de paille avant de les mettre au four. Elles portaient le nom local de *daguettes* dans l'Yonne et de *dagueulles* en Puisaye.

Dans les Pays de l'Ouest, on appelait *poires tapayes* des poires que l'on faisait sécher au four et que l'on tapait avec la main ou un marteau à mi-dessication. Peut-être procédait-on de même en Bourgogne, si l'on en croit l'appellation de *poire tapée*.

Danser

Danser une pâte, dans le langage des cuisiniers d'autrefois, c'était la travailler pour la rendre plus ferme. Cette expression évoque le mouvement des doigts qui se déplacent sur la pâte.

Danser devant le buffet

C'est là une des très nombreuses expressions pittoresques employées pour dire que l'on a faim.

> Ils la guettaient aller aux provisions [...]. Ils calculaient les jours où elle dansait devant le buffet.
>
> Emile Zola, *L'Assommoir*.

S'agit-il là d'une table dressée où se trouvent disposés des plats alléchants et devant laquelle doit se contenter de danser celui qui n'est pas invité à y toucher ? Il est bien plus probable que le buffet est, dans cette expression, l'armoire où l'on range les provisions. Devant un buffet vide, la seule ressource pour se consoler et tromper sa faim est de danser, comme dans la chanson enfantine : « Dansons la capucine, y a plus de pain chez nous. » C'est aussi le conseil de la fourmi à la cigale qui a chanté au lieu de constituer des réserves et n'a plus rien à manger : « Eh bien ! dansez, maintenant ! »

Dariole

Ce mot, dérivé du provençal *daurar* = dorer, désigne un apprêt individuel, salé ou sucré, cuit dans un moule légèrement évasé vers le haut. La dariole est soit un petit flan, soit une sorte de tartelette en croûte.

> Les darioles au chocolat, au rhum et au thé se font de la même manière ; celles au fromage de Brie se nomment *Talmouses*.
>
> Alexandre Dumas, *Grand Dictionnaire de cuisine.*

Darne

Darne vient du breton *darn* = morceau. Il s'agit d'une tranche de poisson destinée à être cuite individuellement. Le fait que ce terme, qui remonte au XVIe siècle, désigne un morceau de poisson explique probablement l'emprunt au breton, alors qu'il y a assez peu de mots venus de cette langue dans le vocabulaire culinaire.

> Coupez le saumon en darnes d'un centimètre et demi d'épaisseur.
>
> Ali Bab, *Gastronomie pratique.*

Il n'y a pas très longtemps, on détaillait presque toujours le saumon en darnes, qui sont des tranches assez épaisses, coupées perpendiculairement à l'arête centrale. La cuisine actuelle leur préfère les escalopes, taillées dans les filets, dont Alexandre Dumas donnait d'ailleurs déjà une recette dans son *Grand dictionnaire de cuisine*. Cette façon de couper parallèlement à l'arête permet d'obtenir des morceaux beaucoup moins massifs et, partant, d'une consistance plus agréable.

Daube

Sorte de ragoût au vin. Ce mot vient du latin *dealbare* = blanchir, en l'occurence garnir un rôti de **bardes** (voir ce mot), opération préliminaire à sa cuisson en

cocotte ou en daubière, à feu très doux, avec mouillement de vin rouge.

> Voilà comment je prépare la daube de bœuf, et je sais
> pas la faire autrement.
>
> Charles Blavette, *Ma Provence en cuisine.*

Dauphine (pommes)

Boulettes frites de purée de pommes de terre additionnée de pâte à choux.

> Ce que je veux, ce sont des steaks de lion [...] avec des
> petites pommes dauphines.
>
> Maurice Rheims, *Le Saint Office.*

Au pluriel, on ne met généralement pas de *s* à *dauphine*. Cette préparation des pommes de terre doit être
un hommage à une dauphine dont on a oublié le nom.

Débarrasser

Retirer un aliment de son récipient de cuisson pour le
mettre dans celui où il sera servi ou encore dans un
autre où il refroidira.

Déca

Apocope très couramment employée pour désigner le
café décaféiné.

> Elle commanda un coca-cola, et moi un déca.
>
> Gérard Guégan, dans *Le Matin de Paris,*
> 13 décembre 1986.

Décanter

Pour les amateurs de vin, *décanter*, c'est laisser déposer un vin afin que la lie tombe au fond (voir *Les mots
du vin et de l'ivresse*, Belin, 1984). Le même mot sert,

en cuisine, à désigner une opération analogue qui consiste à faire reposer un liquide (bouillon, sauce, etc.) afin que les impuretés se déposent au fond. On recueille alors avec beaucoup de précautions le liquide ainsi débarrassé de tout ce qui le souillait.

C'est là une technique très importante car la bonne saveur de certaines préparations en dépend. Le mot qui la désigne est emprunté au langage alchimique où le verbe *decanthare* (de *canthus* = bec de cruche, la cruche étant l'instrument utilisé pour cette opération) a exactement le même sens.

Décoction

Action de faire bouillir plus ou moins longtemps un produit (os, viande) pour donner sa saveur au liquide d'ébullition. Il ne faut pas confondre une **décoction** avec une **infusion** (voir ce mot) : pour la décoction, on laisse bouillir le liquide avec l'élément qu'on y a introduit ; pour l'infusion, on arrête l'ébullition au moment où on introduit cet élément.

Découenner

Retirer la couenne qui recouvre une pièce de porc. Le verbe dit bien ce qu'il veut dire, cependant les cuisiniers emploient parfois les expressions **retirer** ou **enlever la couenne**.

De nos jours, on vend souvent le jambon **découenné**. Le fait de retirer cette couche de protection qui ne sert plus à rien après la cuisson justifie une augmentation de prix. Il est recommandé, si l'on n'utilise pas de jambon déjà découenné, de procéder à cette opération avant de préparer des sandwiches. Tout le monde connaît certains sandwiches, vendus dans des établissements à gros débit, et peu agréables à manger car le consommateur doit se battre avec la couenne, entre pain et jambon...

Décuire

Il ne s'agit pas, contrairement à ce que la forme de ce verbe pourrait laisser entendre, de faire que ce qui était cuit ne le soit plus, ce qui tiendrait purement et simplement de la magie, mais d'arrêter l'ébullition d'un sirop ou d'une confiture en y ajoutant un peu d'eau froide. Par voie de conséquence, cette adjonction en diminue la concentration.

> Ce qu'il faut donc faire, c'est les [il s'agit des confitures qui menacent de moisir] mettre dans un poêlon sur le feu, décuisant un peu le sucre ou sirop avec quelque tassée d'eau.
>
> *Le Livre des Confitures,*
> d'après *Le Cuisinier royal et bourgeois.*

Déglacer

Verser dans un récipient où a cuit une viande un peu de vin, d'eau-de-vie ou de bouillon pour faire dissoudre tous les sucs de cuisson et les récupérer dans le jus.

> Dégraisser la cocotte et la déglacer au cognac.
>
> Jean et Paul Troisgros, *Cuisiniers à Roanne.*

Il s'agit en fait de retirer la *glace* (voir ce mot) qui se trouve au fond de la poêle ou de la cocotte.

Dégorger

Débarrasser un produit alimentaire d'un goût déplaisant, du sang qu'il contient ou de son eau de végétation par des procédés divers. On fait dégorger les poissons à l'eau vinaigrée pour leur enlever le goût de vase, la cervelle à l'eau également vinaigrée pour la rendre parfaitement blanche et non plus sanguinolente, les concombres au sel pour leur donner une consistance craquante.

Littéralement *dégorger* signifie « rendre gorge », « vomir ». Il s'agit donc de débarrasser le produit ainsi traité des substances indésirables.

Dégraisser

Le sens de ce verbe, très employé en cuisine, va de soi : il s'agit de retirer l'excès de graisse d'une préparation culinaire.

> Dégraisser de temps en temps et remplir avec eau chaude.

Th. Gringoire et L. Saulnier, *Le Répertoire de cuisine.*

On peut procéder avant cuisson en dégraissant, par exemple, un rôti dont on enlève une partie de la graisse au couteau, ou après cuisson, lorsqu'on dégraisse un bouillon ou une sauce en les débarrassant de la couche de graisse qui s'est formée en surface. On peut procéder avec une écumoire mais le résultat sera plus satisfaisant si l'on utilise une cuillère. On peut aussi, en cas de couche de graisse assez mince, la tamponner délicatement avec un papier de cuisine absorbant.

Dégraissis : nom donné à la graisse retirée par ***dégraissage***.

> Vous imbibez d'huile six feuilles de papier fort, sur la première desquelles vous placez tout le dégraissis de la mirepoix.
>
> Antonin Carême, *Le Cuisinier parisien.*

Comme en témoigne la citation ci-dessus, on conservait autrefois cette graisse et on l'utilisait pour certaines cuissons, même en grande cuisine. Nous pouvons supposer cependant qu'il ne s'agissait pas de préparations très raffinées, puisque c'était pour améliorer la saveur de la sauce ou du bouillon que l'on retirait le dégraissis.

Délice

Appellation aussi vague que fantaisiste servant aux restaurateurs ou aux pâtissiers à désigner plats et gâteaux divers et particulièrement... délicieux.

Il est des cuisiniers et des pâtissiers qui poussent le manque de modestie jusqu'à donner le nom de ***sublimes*** à des plats ou gâteaux de leur création...

Délicieuse, délicieux

On appelle ***délicieuses*** de petites croquettes aux blancs d'œufs et au gruyère, extrêmement légères que l'on s'accorde à trouver... délicieuses !

On donne parfois le nom de ***délicieux*** à une sorte de ***charlotte*** (voir ce mot) aux fruits.

Demander

C'est toujours un sujet de plaisanterie que d'évoquer le homard qui ***demande*** à être cuit vivant ! Cette façon de dire, courante chez les cuisiniers, est à la fois curieuse et, somme toute, assez touchante car elle prête une personnalité à l'élément de base d'un plat et crée un lien affectif, en quelque sorte, entre le gourmet et le mets dont il donne la recette, dans la mesure où il attribue goûts et penchants aux constituants de ce plat. Le charmant auteur clamecycois Gautron du Coudray, dans *Un quarteron de rimes culinaires*, parle de l'« échalote qui affectionne l'entrecôte » ; il affirme que « le veau, comme le lapin, a une prédilection pour la carotte », que « le veau aime l'oignon, le bœuf l'échalote, et le mouton l'ail ». Joseph Delteil pour sa part, dans sa *Cuisine paléolithique*, nous apprend que « le chou aime la fonte ». Le cuisinier Alain Chapel (*La cuisine, c'est beaucoup plus que des recettes*) évoque la « faconde » de l'huile d'olive. Quant à Claude Terrail, il brode lui aussi sur ce thème : « Le homard exige d'être plongé vivant dans l'eau bouillante, le lapin demande à être écorché sitôt tué, alors que le lièvre préfère attendre » (*Ma Tour d'Argent*). Citons, pour en finir avec les « sentiments » des aliments, cet amusant quatrain figurant dans les notes de Jean Arnaboldi sur le *Grand Dictionnaire de cuisine* d'Alexandre Dumas :

> Une Américaine étant incertaine
> Sur la façon d'apprêter le homard,
> Si l'on remettait la chose à plus tard
> Disait le homard à l'Américaine...

Demi-deuil

Les volailles, les crustacés, les ris de veau et autres préparations demi-deuil se caractérisent par une présentation en noir et blanc. Les aliments ainsi apprêtés sont généralement cuits **au blanc** (dans un fond de cuisson additionné de citron) pour mettre en valeur la blancheur de la chair, puis décorés de truffes.

La **poularde demi-deuil** à la lyonnaise est garnie de rondelles de truffes glissées entre chair et peau. Il faut moins d'argent, mais autant d'habileté et de patience, pour garnir une poularde d'herbes insérées selon le même principe, ce qui donne un aspect à proprement parler persillé.

158

Dénerver

Le sens et l'étymologie de ce verbe sont aussi simples, lorsqu'il s'applique à une pièce de viande, que la technique qu'il désigne : il s'agit d'enlever les nerfs superficiels pour rendre la viande plus agréable à la dégustation.

Légèrement plus compliquée est l'opération qui consiste à dénerver une volaille, c'est-à-dire à retirer les tendons de la cuisse sans abîmer celle-ci ; cette intervention est pourtant indispensable lorsque l'on compte présenter une volaille de forte taille comme une poularde, une dinde ou une oie.

> Dénerver les cuisses en pratiquant une incision sur la partie interne de la cuisse. Les nerfs mis à nu sont retirés du pilon un à un à l'aide d'une grosse aiguille.
>
> Jean et Pierre Troisgros, *Cuisiniers à Roanne.*

Il n'est pas nécessaire d'inciser, comme le conseillent les frères Troisgros à des cuisinières peut-être un peu inexpérimentées, pour dénerver. Il suffit en général de dénuder l'extrémité du tendon au niveau de la jointure inférieure du pilon et de retirer les nerfs un à un en tirant avec l'aide, au besoin, d'un instrument de fortune du type pince à épiler...

Denrées aux dés

A Paris, sortes de rissoles que les artisans, écoliers, etc., jouaient aux dés contre le marchand ambulant qui les proposait dans les rues. C'étaient les seules friandises que l'on avait le droit de jouer aux dés après le souper.

On peut rapprocher ces rissoles des **échaudés** (voir ce mot) qui se jouaient aussi couramment aux dés.

Le mot **denrée** est une contraction de *denerée* (dérivé de *denier*) désignant à l'origine tout aliment que l'on pouvait acheter pour cette somme.

Dent (avoir la)

Il ne s'agit pas de la dent (dure !) que l'on a contre quelqu'un, mais de la dent (longue) de celui qui a faim et aimerait bien avoir quelque chose à se mettre... sous cette dent.

> J'ai la dent, dit Alphonse, si on allait croûter ?
>
> Régine Deforges, *Le diable en rit encore.*

On dit aussi **avoir une dent creuse**. L'action de manger, c'est alors évidemment **se caler une dent creuse**. Auguste le Breton, dans *Langue verte et noirs desseins*, signale l'expression **avoir les dents comme des baïonnettes**, qui n'a pas besoin d'explication.

Dente (al)

Cette expression italienne signifiant « à la dent » est employée en nouvelle cuisine pour évoquer une cuisson très courte qui laisse aux aliments toute leur saveur et respecte leur consistance.

> Faites cuire à part, à l'eau salée, les haricots verts « al dente ».
>
> Robert-J. Courtine, *Le Grand Jeu de la cuisine.*

Tout l'art du cuisinier consiste a évaluer le moment où les aliments sont juste assez cuits sans l'être trop peu... S'il est vrai que les cuissons très prolongées d'autrefois réduisaient souvent les aliments en une bouillie indistincte et donnaient aux légumes le goût du foin, il faut cependant se défier du défaut inverse et ne pas confondre un légume cuit **al dente** avec un légume pratiquement cru.

Dentiste (aller au)

Locution relativement récente (elle semble être née dans le langage des déportés de la dernière guerre) pour dire que l'on va chercher quelque chose à manger. Elle dérive évidemment de l'expression **avoir la dent** ou **la** *dent creuse* (voir **dent**) : on va chez le dentiste, « au » dentiste dans le langage populaire, pour faire soigner une dent creuse.

Dents de lion

Nom donné dans le Lyonnais aux pissenlits, évidemment à cause des découpures de leurs feuilles. En anglais, le pissenlit s'appelle d'ailleurs *dandelion*.
Toujours dans le Lyonnais, on appelait autrefois **groins d'ânes** une variété de salade proche du pissenlit, mais aux feuilles velues, qui devait son nom à sa pilosité. Cette variété a disparu, mais le nom subsiste dans le parler lyonnais pour désigner les pissenlits.

Dents de loup

Petits biscuits croquants longs et pointus, que l'on trouve dans la tradition alsacienne, mais également dans le Mâconnais et peut-être, d'une façon générale, dans la lignée des « petits gâteaux secs » que l'on servait jadis à toute occasion :

> Il avait fait apporter la crème au chocolat avec des dents de loup, puis deux tartes aux pommes.
>
> Lucette Desvignes, *Le Grain du chanvre.*

Il convient de rappeler que les dents étaient entourées dans le monde d'hier de tout un rituel de superstitions. Symboles de force, et particulièrement de puissance sexuelle, elles se voyaient attribuer un pouvoir ambigu. Les objets en forme de dents, amulettes mais aussi gâteaux, étaient censés jouer un rôle dans la poussée et la préservation des dents.

Dépouiller

Ce verbe s'emploie couramment comme synonyme d'*écorcher* (voir ce mot), quand on parle de **dépouiller** un lapin. On dit aussi **dépouiller** un morceau de porc, pour **découenner** (voir ce mot), c'est-à-dire retirer la couenne. Mais le verbe *dépouiller* désigne aussi une opération délicate qui consiste à débarrasser une sauce de ses impuretés. Est-ce que le verbe *dépouiller*, dans ce sens précis, ne dériverait pas, plutôt que du latin *spolia* = dépouilles, du vieux français *pouil* = pou, qui a donné jadis *pouillerie* dans le sens de « saleté sordide » ? Une telle interprétation se justifierait par le fait que cette opération longue et minutieuse a toutes les apparences d'un rite de purification et vise à retirer non seulement l'excès de graisse mais toutes les petites saletés qui ont pu s'accumuler dans une sauce au cours de sa cuisson, comme les feuilles minuscules de thym ou ce qu'il aurait pu rester d'impuretés dans le beurre ou la farine.

> Réchauffez la sauce brune : dépouillez-la encore pendant 30 minutes.
>
> Odette Kahn, *La petite et la grande cuisine.*

Le *dépouillement* d'une sauce est aussi lent et compliqué que celui d'un scrutin électoral. On procède généralement en plaçant la casserole de sauce sur le feu de façon à ce qu'un très petit bouillonnement se produise en un seul point de la surface ; pour cela on peut, par exemple, soulever légèrement un côté de la casserole en la calant avec un moule à tartelette. Les impuretés sont attirées vers la zone d'ébullition d'où l'on peut les retirer, sous forme d'écume, au moyen d'une cuillère. On rajoute alors dans la casserole un peu de sauce ou de *fond* (voir ce mot) froid pour compenser la perte. Le goût d'une sauce ainsi traitée est incomparable. Si l'opération dure plusieurs heures il faut cependant considérer que la cuisinière peut se livrer à d'autres opérations pendant ce temps.

Dérober

Retirer la peau des fèves (que l'on appelle *robe*) ou encore la *robe* des... *pommes de terre en robe des champs* (voir aux mots *robe de chambre*).

Dessécher

Faire évaporer l'excès d'eau contenu dans une **masse** (voir ce mot) en la maintenant un certain temps à feu doux. Cette opération se fait principalement pour les purées et la pâte à choux. Elle nécessite une surveillance constante ; il faut tourner la masse à la cuillère de bois pour qu'elle n'attache pas à la casserole et la retirer du feu au premier signe d'alerte !

> Remettre sur le feu et continuer de remuer vivement à la spatule pendant une minute pour évaporer une partie de l'eau et dessécher la pâte ainsi obtenue.
>
> Michel Guérard, *La Cuisine gourmande.*

On dit aussi, dans le même sens, **sécher**.

Détendre

Ajouter un peu de liquide dans une sauce pour en diminuer l'épaisseur.

> Ajouter le vinaigre ou le jus de citron pour aciduler et détendre la sauce.
>
> Louisette Bertholle,
> *Les recettes secrètes des meilleurs restaurants de France.*

Faire détendre une pâte, c'est la laisser reposer pour qu'elle prenne sa consistance définitive.

> Mettez au froid 2 heures pour détendre la pâte.
>
> Gaston Lenôtre, *Faites votre pâtisserie comme Lenôtre.*

Dans ce dernier sens, l'utilisation du verbe *détendre* est facile à comprendre puisqu'il s'agit de faire perdre son élasticité excessive à la pâte, comme lorsqu'on détend un ressort. Dans le premier sens du verbe, l'origine de son emploi est moins claire. Faut-il entendre qu'une sauce trop épaisse a une certaine élasticité ? C'est peut-être le cas, en effet, pour les sauces à base de farine, comme la béchamel.

Détrempe

Mélange de farine et d'eau qui est à la base de la plupart des pâtes destinées à la cuisine ou à la pâtisserie. *Faire la détrempe* est la première phase de la préparation d'une pâte, avant qu'on lui incorpore le beurre, les œufs et autres éléments.

On emploie le verbe *détremper* pour désigner l'opération qui consiste à préparer la détrempe.

> Détremper vivement la pâte en la pressant du bout des doigts.
>
> Ali Bab, *Gastronomie pratique.*

La détrempe est ainsi appelée parce qu'on *détrempe* la farine avec de l'eau tout en travaillant la pâte pour obtenir un mélange parfait.

Diable (à la)

Les viandes, volailles ou crustacés *à la diable* sont panés, grillés et servis avec une sauce appelée *sauce diable* ; elle comporte vin blanc, vinaigre, échalote, herbes et épices. Son nom lui vient de sa saveur piquante « comme les crocs du diable », pour reprendre l'expression de Lawrence Durrell, qui affectionne particulièrement ce genre de mets.

Dijonnaise (poire belle)

Entremets composé de glace au cassis, de demi-poires pochées et d'un coulis de cassis, parfois additionné de framboises, soit un bel assemblage de produits très appréciés dans la région de Dijon. Cette recette est une des multiples manières d'utiliser les cassis ou « petits fruits » du Dijonnais, qui ont une place importante dans la cuisine — sucrée mais également salée — de cette région.

Diplomate

Pouding fait d'une superposition de biscuits à la cuillère, de fruits confits, de confiture et de crème à

bavarois (voir ce mot) que l'on met à prendre au frais.

> On leur servait des galettes, des feuilletés normands [...], des « diplomates ».
>
> Marcel Proust, *A la recherche du temps perdu*.

Cet entremets s'est d'abord appelé **pouding à la diplomate** puis **pouding à la Chateaubriand**, car il fut créé par « le grand Montmirail », cuisinier de Chateaubriand quand celui-ci était ambassadeur à Rome (1822-1824).

Doigts de morts

Appellation lyonnaise des salsifis, par analogie de forme et de couleur des salsifis raclés avec des doigts d'apparence cadavérique.

Dominos (jouer des)

C'était là une des manières pittoresques de dire « manger » dans la langue populaire du XIXe siècle. Les dents, plus ou moins bien rangées côte-à-côte, évoquent l'alignement d'un jeu de dominos. L'expression est notamment employée par Vidocq dans ses *Mémoires*.

Dorer

Faire colorer un aliment (viande, poisson, légume) dans un corps gras. C'est l'opération préliminaire à toute cuisson en sauce, mais le dorage constitue la totalité de la cuisson pour les petites pièces telles que les tranches de rognons, les morceaux de foie, etc. Au lieu de **dorer**, on disait autrefois **jaunir**. L'emploi de ces termes souligne le fait que la coloration doit rester modérée.

> Dans une poêle, on fait dorer la viande au beurre.
>
> Josette Gontier, *Ethnocuisine du Lyonnais*.

On emploie le même terme pour désigner l'action de badigeonner le dessus d'un gâteau ou d'un pâté avec de l'œuf (œuf entier ou jaune dilué dans un peu d'eau) de lait ou d'eau sucrée, au moyen d'un pinceau, pour lui faire prendre à la cuisson une belle couleur brillante.

> Rabattre la pâte briochée [...], dorer, cuire à four doux.
>
> *Recettes des provinces de France,*
> sélectionnées par Curnonsky.

Dresser, dressage

Disposer un mets dans le récipient où il sera présenté à table. Le dressage est la dernière étape de la préparation d'un plat, une fois toutes les phases de son élaboration culinaire terminées.

> On ne fait pas une salade. On la *dresse*. Comme on dresse un autel pour y rendre un culte. Littré rapproche le terme du sens anglais *to dress*, habiller : un habit qui tombe droit est élégant et parfait.
>
> Maguelonne Toussaint-Samat,
> *Histoire naturelle et morale de la nourriture.*

Le latin *rectus* = droit, d'où dérive le verbe *dresser*, a en effet aussi donné l'anglais *to dress*. Dans les deux cas, il s'agit de la présentation finale, de la construction qui fait qu'un plat ou un habillement sont réussis.

Du Barry

Se dit de diverses préparations à base de chou-fleur : potage, garniture de rôtis, etc.
Il s'agit de plats dédiés à Mme du Barry... car les choux-fleurs plaisaient particulièrement à Louis XV !
A l'époque, il s'agissait encore de nouveautés, puisque le chou-fleur, introduit d'Italie en France au XVIe siècle, fut présenté sur la table de Versailles au temps de Louis XIV.

Duchesse

Si la poire **duchesse**, ou **duchesse d'Angoulême** est une variété de poire fondante qui fut très appréciée jadis (voir **poire**), le mot **duchesse** sert aussi à désigner un petit four à base de meringue, ainsi que certains apprêts dans la composition desquels entre de la pâte à choux.

Curieusement, les croquettes faites de purée de pommes de terre additionnée de pâte à choux s'appellent **pommes dauphine** (voir ce mot) alors que les **pommes duchesse** ne comportent que purée, beurre et jaunes d'œufs.

Durême

Terme d'argot du XVIIe siècle qui était employé pour désigner le fromage que mangeaient les gueux — un fromage de qualité inférieure, puisqu'on trouve là le radical *dur* suivi du suffixe *-ême*, employé dans ce cas avec une valeur péjorative.

Duret

Haricot. Il s'agit évidemment d'un haricot sec... et qui reste même sans doute dur une fois cuit, tant il est de mauvaise qualité. Le mot *duret* se trouve surtout dans les parlers régionaux (en Beauce, par exemple, au XIXe siècle). G. Esnault le cite cependant dans son *Dictionnaire des argots*.

Duxelles

Hachis de champignons, oignons et échalotes sauté au beurre.

> Et l'heure (du « coup de feu »), où l'on me fait passer de la duxelles à la mirepoix...
>
> Claude Terrail, *Ma Tour d'Argent*.

Cette préparation doit peut-être son nom à la ville d'Uzel (Côtes-du-Nord) où elle aurait été créée, à moins qu'elle ne soit originaire des cuisines du marquis d'Uxelles, gouverneur de Châlons-sur-Marne au XVIIᵉ siècle, dont l'écuyer de cuisine était le célèbre maître-queux La Varenne.

Ebarber

Couper les nageoires d'un poisson avant de le faire cuire. Ce mot assimile les nageoires de tous les poissons aux *barbes* des poissons plats, autrement dit aux cartilages qui leur servent de nageoires. On ébarbe aussi les œufs pochés en coupant aux ciseaux de cuisine les filaments qui se sont formés à la cuisson. On dit que, pour éviter la prolifération de ces filaments, il suffit de ne pas saler l'eau de pochage.

Ecailler

Gratter un poisson pour en retirer les écailles.
Ce verbe est aussi employé pour désigner l'opération qui consiste à ouvrir les coquillages, d'où le nom d'*écailler* donné à l'employé qui est chargé de ce travail dans les restaurants ou chez les poissonniers.

Echalote

L'*échalote*, condiment proche de l'oignon et très utilisé dans la cuisine française, serait originaire de l'ancienne ville d'Ascalon, en Syrie, d'où elle tirerait son nom.

Echaudé

Ce petit gâteau, extrêmement courant dès le XIIIᵉ siècle, était fait d'une pâte plus ou moins riche (eau ou lait et farine, additionnés ou non de beurre et d'œufs) que l'on « échaudait » par petites quantités dans de l'eau bouillante, d'où son nom.

> La collation vient, composée de quelques laitages, de gaufres, d'échaudés.
>
> Jean-Jacques Rousseau, *Julie.*

Sous sa forme la plus primitive et en raison de sa frugalité même, l'échaudé avait sa place dans les traditions du Carême, notamment lors de la fête des Brandons (premier dimanche de Carême) où l'on allumait à l'abord des villages de grands feux de bois autour desquels se réunissait la jeunesse. En Bourgogne, on posait sur la braise laissée par ces foyers une marmite de lait dans laquelle on jetait de petits morceaux de pâte. Quand les échaudés, auxquels on donnait le nom de **brandons**, remontaient à la surface, on les retirait à l'écumoire pour les déguster en commun. Restif de la Bretonne appelle **golotes** des gâteaux préparés selon la même technique. Plus tard, la préparation des échaudés s'est raffinée : après avoir été retirés du liquide bouillant, ils étaient séchés et dorés au four. Tels étaient, en Auvergne, les échaudés de la région de Riom (encore appelés **chaudelets** ou **tchadouals**, noms qui évoquent l'opération d'échaudage) et, dans le Bas Bocage normand, les **garots**.

Un certain nombre de gâteaux que l'on suspendait aux rameaux du dimanche précédant Pâques étaient des échaudés ; c'était le cas des **brassadeaux** de Sisteron, des **gimblettes** à l'anis d'Albi et de Provence, des **tressegos** du Quercy, dont le nom et la forme torsadée évoquaient la pièce de cuir reliant la charrue au joug, des **bretzels** alsaciens, parsemés de grains de cumin. On dit parfois que les bretzels, en forme de double nœud, représentaient une croix au centre d'un anneau solaire, explication qui n'est pas d'une évidence indiscutable. Toujours est-il que ces gâteaux, qui avaient jusqu'à soixante centimètres de long, étaient indéniablement liés aux célébrations du Vendredi Saint et des Rameaux et que ces célébrations perpétuent d'anciennes fêtes qui faisaient partie du cycle des fêtes solaires païennes ; leur récupération par l'Eglise catholique est une démarche caractéristique du passage du paganisme à la chrétienté. Certains **craquelins** (voir ce mot), comme ceux de Saint-Malo, préparés à l'occasion des foires et des fêtes votives, étaient des échaudés. L'origine du mot *craquelin* souligne la consistance craquante du gâteau, le mode de fabrication peut varier et, par suite, tous les craquelins ne sont pas des échaudés.

Avec l'évolution des goûts alimentaires vers plus de raffinement, les échaudés ont vu leur pâte s'enrichir d'œufs, de beurre, etc. Ils ont cessé à ce moment et par le fait même d'être strictement des gâteaux de Carême, ceux-ci ne devant comporter ni beurre ni œufs : dans la région d'Orléans, on dorait même avec du lait, au lieu d'employer du jaune d'œuf, les **bomblas** qui étaient des petits gâteaux de Carême. L'*échaudier* vendait les échaudés dans les rues de Paris ; il lui arrivait aussi de monter les proposer à domicile et même de les jouer aux dés contre ses clients.

Les **nieules**, échaudés recouverts dans le four de cendre de sarment qui leur communiquait son parfum, étaient presque toujours vendus par des *nieuleurs* protestants. Aussi ce gâteau disparut-il des rues des villes lors de la révocation de l'Edit de Nantes. Les nieuleurs s'étant réfugiés en Allemagne, les nieules y furent très appréciées. Il n'est pas sûr que ce soient les mêmes gâteaux que les *nieules* de la Flandre française (de l'espagnol *nolas* = miettes) qui, de 1510 jusque vers le milieu du XIXe siècle, connurent un grand succès populaire, en particulier dans la région d'Armentières où l'on en jetait à la foule, le 1er mai, par les fenêtres de l'Hôtel de Ville. Les nieules flamandes semblent avoir été cuites au four sans être préalablement échaudées.

Echauder

Plonger à l'eau bouillante pour donner un début de cuisson. C'était autrefois la première phase de la préparation des petits gâteaux appelés précisément **échaudés** (voir ce mot).

Le terme ne s'emploie plus guère aujourd'hui qu'en triperie où l'on échaude (ébouillante) les intestins pour les nettoyer et les rendre bons à être consommés.

Eclair

Pâtisserie individuelle de forme allongée, garnie de crème pâtissière au café ou au chocolat et recouverte d'un glaçage du même parfum que la crème de garniture.

> On pourrait [...] s'asseoir à la devanture du pâtissier, faire semblant de manger un éclair.
>
> Marcel Proust, *A la recherche du temps perdu.*

L'éclair est-il ainsi nommé parce qu'il se mange très vite ? Oui, peut-être, si l'on considère la taille des éclairs vendus par les plus célèbres de nos pâtissiers... On trouve ainsi des éclairs de la taille d'une bouchée parmi les assortiments de petits fours frais. Mais les pâtissiers et les boulangers de campagne font encore d'énormes éclairs qu'il n'est pas question de manger... à la vitesse de l'éclair.

Ecorcher

Retirer la peau d'un lapin ou autre petit animal à poils (voir **dépouiller**). Le mot vient du latin *excorticare* = ôter l'écorce ; ce verbe est dérivé de *cortex* = écorce, mot qui paraît être lié étymologiquement à *corium* qui a donné « cuir ». On écorche (ou dépouille) aussi certains poissons comme l'anguille ou la lamproie.

Écorchez une anguille et découpez-là en menus tronçons.

Le ménagier de Paris
(ouvrage anonyme du XIVe siècle).

Ecumer

Retirer, à l'aide d'un ustensile spécial appelé **écumoire**, les impuretés qui remontent en cours de cuisson à la surface d'un bouillon, d'une sauce, d'une confiture. Autrefois, on donnait aux enfants l'**écume** retirée, non seulement sur la confiture, mais aussi sur le beurre fondu (voir **craîche** au mot **pain**).

Effiler

Il existe en réalité deux verbes **effiler**, d'origine très différente, tout comme l'opération qu'ils désignent. Effiler, ce peut être l'action d'enlever les fils, ainsi qu'on le fait aux haricots. Taillevent, le grand cuisinier du XIVe siècle, employait dans le même sens le verbe **écheveler**.
C'est aussi couper les amandes en filets.

Parsemez toute la surface d'amandes effilées.

Gaston Lenôtre, *Faites votre pâtisserie comme Lenôtre.*

Egoutter

Poser sur une passoire un aliment que l'on vient de faire cuire (un légume, par exemple) pour le débarrasser de toutes les *gouttes* d'eau qu'il pourrait retenir, susceptibles de nuire au bon goût et parfois même à la consistance du plat terminé. On place également sur une passoire pour les égoutter les produits que l'on veut faire **dégorger** (voir ce mot).
On égoutte aussi, pour qu'ils soient le moins gras possible, les aliments que l'on sort d'un bain de friture :

on commence par les retirer à l'écumoire, mais il est bon de les poser ensuite sur un torchon ou sur du papier de cuisine absorbant.

Emincer

Couper en tranches ou rondelles régulières et fines (*minces*) une viande ou un légume.

> Faites revenir dans quatre hectos de beurre : cinq grosses carottes émincées, quatre oignons coupés en lames.
>
> Jules Gouffé, *Le Livre de cuisine.*

Emincé : c'est une fine tranche de viande en sauce, l'idée de finesse expliquant l'appellation qu'on lui donne en cuisine. Cette préparation permet d'utiliser les restes, comme dans le ***bœuf mironton*** ou ***miroton*** (voir ce mot), mais elle s'applique aussi à des tranches de viande ou de gibier coupées à cet effet.

> Nous recommandons aux véritables gourmands [...] ses émincés de volaille aux truffes.
>
> Jean-Paul Aron, *Le Mangeur du XIXe siècle.*

Emonder

Ce verbe s'emploie parfois à tort à la place de ***monder*** (voir ce mot).

Empiffrer (s')

Se gaver de nourriture.

> Il s'était laissé aller [...], s'aventurant parfois dans les prairies frontières pour s'y empiffrer de cerises.
>
> Louis Pergaud, *De Goupil à Margot.*

Le verbe ***s'empiffrer*** remonte au XVIe siècle et aurait pour racine un terme populaire, *pifre* = gorge, par déformation de *fifre* qui avait le même sens et qui fut emprunté à l'allemand *pfeifer* = joueur de fifre. On appelait aussi *pifre* un homme ventru.

Emulsion

Mélange intime d'un liquide et d'un corps gras non soluble. La **mayonnaise**, le ***lait de poule*** (voir ces mots) sont des émulsions. La cuisine a emprunté ce terme à la chimie. On dit toujours que la cuisine est un art ; c'est bien un peu aussi une science...

Enquiller (s')

Manger quelque chose avec une certaine voracité.

> Poète, je m'enquille une saucisse dans le bec.
>
> San Antonio, *Les morues se dessalent.*

Enquiller, dans le langage des gueux signifiait : cacher un objet volé entre ses cuisses, autrement dit le mettre à l'abri. C'est cette dernière signification qu'a adoptée le langage populaire pour parler d'un aliment qu'on met en sécurité... dans son estomac !

Enrober

Recouvrir un aliment d'une couche protectrice qui, si elle est appliquée avant la cuisson, est destinée à le préserver d'une trop grosse chaleur à la friture (pâte à frire) et qui, si elle n'intervient que lors de la finition du plat, vise à la décoration (enrobage de chocolat, de gelée) ou à la protection (graisse). L'origine de l'expression est évidente et se passe d'explication.

Enterrement

Nom donné, dans le milieu des anciennes Halles de Paris, à un sandwich apparenté à ce que l'on appelle aujourd'hui en franglais *hot-dog*. Cette appellation vient peut-être de ce que la garniture se trouvait comme *enterrée* dans le pain. Il se peut aussi que ce terme fasse allusion à un événement oublié.

> Entre le pavillon aux Légumes et le pavillon aux Beurres, aux Halles, la mère Gris-Gris débitait aux cloches du coin des ragotons et l'« enterrement », qui était une saucisse chaude ou du lard fumé dans un long morceau de pain.
>
> A.D.G., *Cradoque's Bar.*

Entrée

Dans la cuisine familiale, l'***entrée*** est le plat qui suit immédiatement le potage ou les hors-d'œuvre, et qui parfois même les remplace. L'entrée est plus apprêtée que les hors-d'œuvre : il s'agit toujours d'un plat cuisiné. Dans la cuisine classique, l'entrée est servie après le potages (ou les hors-d'œuvre) et le poisson. Autrefois, où les menus étaient plus élaborés qu'aujourd'hui, l'entrée était parfois précédée d'assez nombreux plats mais était toujours servie avant le rôti. Le mot ***entrée*** met l'accent sur la place de ce plat dans le menu, avant le plat de résistance.

Entremets

Ce mot désignait autrefois les plats servis après le rôti, entre deux autres mets. Il s'agissait aussi bien des légumes que des « plats de douceur ». Le service des entremets s'accompagnait au Moyen Age d'un spectacle, comme on a pu le voir dans le film de Marcel Carné, *Les Visiteurs du soir.*

En restauration, on continue à parler d'***entremets*** pour désigner les légumes, soufflés, croûtes, etc., ainsi que ce qu'on appelle aujourd'hui *entremets* dans le langage courant, c'est-à-dire les préparations de dessert, chaudes, froides ou glacées. Il y a un **entremetier** dans la **brigade** (voir ce mot) des grands restaurants.

Epices

Tous les produits, généralement d'origine exotique, destinés à relever la nourriture et à en agrémenter le goût. Le mot *épices* vient du latin *species* qui désignait toutes les denrées et qui a également donné le français *espèce*.

> ... Ce dernier, atteignant un à un les tiroirs, au-dessus du fourneau, prit des pincées d'épices.
>
> Emile Zola, *Le Ventre de Paris.*

Les *épices*, comme les **aromates** font partie des **condiments** (voir ces mots). Rappelons rapidement l'origine des noms des diverses épices.

Le **poivre**, contrairement à ce que pensent certains, n'a rien à voir avec le gouverneur Poivre : cette épice, originaire de la vallée du Gange, doit son nom à un vocable indien, *pippeli*, d'où est dérivé le latin *piper*.

Le mot **piment** vient de l'espagnol *pimiento*, lui-même dérivé du latin *pigmentum* = drogue, épice ; le piment sec et réduit en poudre est parfois désigné sous le nom de **poivre de Cayenne** ; cette épice très forte est appelée *chile* par les Mexicains et on la trouve dans le plat bien connu nommé **chili con carne**. Des variétés voisines sont utilisées sous le nom de **pili-pili** en Afrique et de **z'ozio** (langues d'oiseaux) aux Antilles. Leur cousin hongrois, le **paprika**, est nettement moins fort.

Dans **clou de girofle**, il y a *clou* et il y a *girofle*. La ressemblance évidente des boutons floraux séchés du girofle avec des clous explique le premier de ces termes ; le second semble venu du mot arabe *qarumfel*, lui-même emprunté au grec *karuophullon*.

Le nom de la **noix de muscade** vient du persan *mushk*, mais ce noyau brun et dur que l'on râpe pour l'utiliser comme épice est originaire des îles Moluques ; le **macis** (mot latin désignant les écorces aromatiques) est l'arille ou expansion charnue qui enrobe ce noyau et que l'on fait sécher.

Zinziber, le nom latin du **gingembre**, épice originaire de Malaisie, est dérivé du sanscrit *sringa-vera*. La **cannelle** nous vient de Ceylan ; son écorce se présente sous forme de petits rouleaux (en italien *cannelli*) auxquels elle doit son nom.

Le **safran** était cultivé en abondance en France, notamment dans le Gâtinais, jusqu'à ce que la hausse des prix de la main-d'œuvre en rende la culture peu rentable : il faut en effet en détacher les stigmates et les styles à la main, d'un coup d'ongle, pour les faire sécher. Son nom vient de l'arabe *asfar* = jaune.

Le **curcuma** (en sanscrit, *karkouma*) et la **cardamome** (de la racine sémite *amomon* = très fort), dont on pourrait penser qu'ils sont moins utilisés en France que les épices précédemment citées, sont cependant consommés par nombre de gens qui n'en connaissent pas le nom : ils entrent en effet généralement dans la composition du **curry**.

Quatre-épices : mélange de poivre, de cannelle, de noix muscade et de clou de girofle. On vend ce mélange tout prêt et il est très utilisé en cuisine. Son goût rappelle celui de l'aromate de même nom tiré de la graine de nigelle. Il existe aussi un **cinq-épices** ou **toute-épice** qui est un piment.

Epigramme

Morceau de poitrine d'agneau poché à l'eau puis désossé, façonné en forme de côtelette et pressé ; on le pane avant de le faire dorer au beurre. On sert généralement les épigrammes sur un plat où on les fait alterner avec des côtelettes grillées.

Le nom curieux d'**épigramme** aurait une origine anecdotique : une mondaine un peu sotte du XVIIe siècle, ayant entendu parler d'un dîner où l'on s'était « régalé » d'épigrammes, pria son cuisinier de lui en préparer... Il inventa le plat qui connut le succès sous ce nom.

Escaloper

Couper en tranches fines. Ce verbe est particulièrement employé pour parler de la viande que l'on coupe en **escalopes**. Le nom de ces dernières vient du vieux français *eschalopes* = coquilles de noix, peut-être parce que ces tranches fines ont tendance à se recroqueviller légèrement à la cuisson et à s'incurver à la façon des coquilles de noix. **Escaloper** s'emploie dans le même sens pour parler de la manière de couper certains légumes, la chair de certains poissons, etc.

> Faire dégorger les ris de veau. Les escaloper, c'est-à-dire : couper des tranches en biais, posant le couteau à plat.
>
> Louisette Bertholle, *Les recettes secrètes des meilleurs restaurants de France.*

Escargot

Ce petit animal si répandu dans nos campagnes et si apprécié des gastronomes reçoit dans diverses régions des appellations pittoresques : **gangône** dans l'Yonne, **caracol** en Flandre, **carcalauda** dans le Roussillon, **luma** dans les Pays de l'Ouest (du latin *limax*, qui a donné en français *limace*) où l'on apportait aux faucheurs des platées de lumas qu'ils mangeaient en dansant une polka dite **sauce aux lumas**.

En Provence, la variété de leurs noms est aussi grande que la passion dont ils sont l'objet de la part des gourmets : **limaçoun, mourqueto, escalo-fenou** (escalade-fenouil), **coutar, cacalauson, cagaroulette**. Si **cagaroulette** (en provençal *cagarouleto*) est, par métathèse, proche de l'espagnol *caracol* (dont la présence en Flandre est évidemment un souvenir de l'occupation espagnole) et du provençal ancien *caragol*, le fait que ce mot, comme **cacalauson** et comme le terme saintongeais **cagouille**, de même origine, comporte un préfixe à consonnance scatologique, est l'occasion de bien des

plaisanteries à propos de ces « petites crottes » auxquelles ressemblent les escargots, une fois sortis de leur
coquille. Cette ressemblance n'empêchait pas les Provençaux d'en manger, en certaines occasions, jusqu'à
cinquante par personne (voir *ribote*).

Escargue

Terme populaire employé de façon très aisément compréhensible pour « escargot ».

> On allait s'en mettre plein la lampe : les escargues et
> le beau temps.
>
> Roger Rabiniaux, *Les rues de Levallois.*

On dit aussi ***escarguinche***.

Espagnole

C'est une des grandes sauces de la cuisine classique. Elle est à base de **roux** et de **fond** brun (voir ces mots), aromatisée aux tomates, aux champignons et à la **mirepoix** (voir ce mot) de légumes.

> Mettez dans une casserole trois cuillerées [...] d'espagnole réduite.
>
> Alexandre Dumas, *Grand Dictionnaire de cuisine*.

C'est à sa couleur « basanée », si l'on peut dire — et peut-être à la présence de tomates — que l'espagnole devrait son nom.

Esquimau

Bâtonnet glacé généralement enrobé de chocolat que l'on vend en particulier aux entractes des cinémas, mais aussi sur les plages, dans les fêtes foraines, etc.

> Voici toutes les vendeuses et vendeurs pédestres : « Les glaces, elles arrivent, esquimaux, sorbets, chocolats glacés, ah ! les glaces. »
>
> Claire Krafft-Pourrat, *Le Colporteur et la Mercière*.

Le mot **esquimau** est une marque déposée. Il contient une évidente allusion à la glace qui constitue l'essentiel de cette friandise.

Essence

Substance aromatique concentrée destinée à parfumer un mets. Th. Gringoire et L. Saulnier, dans leur *Répertoire de cuisine*, définissent l'essence comme le « jus de l'ingrédient réduit à un degré savorique concentré ». Le mot **essence** vient du latin *essentia*, servant à désigner ce qui constitue la nature même d'une chose. Il a exactement la même signification en cuisine qu'en chimie.

Estomac

Avoir l'estomac dans les talons : expression très courante pour dire que l'on a grand faim.

On croirait que l'estomac descend plutôt dans les talons quand il est lourd parce qu'on a trop mangé, mais la langue populaire en a décidé autrement. Peut-être parce que, quand on a faim, l'estomac est si creux qu'il se distend jusqu'aux talons. En argot, cela se dit ***avoir le gésier dans les nougats*** (voir ***gésier***)...

Avoir l'estomac qui crie famine : cette image qui traduit une grande faim correspond à une réalité physiologique très concrète : tout le monde connaît les gargouillis plus ou moins sonores d'un estomac affamé.

Avoir l'estomac qui fait bravo : encore une façon pittoresque de dire « avoir faim ».

> Ça faisait au moins deux jours que je n'avais rien bouffé et je commençais à avoir l'estomac qui faisait bravo.
>
> San Antonio, *Le Tueur.*

Il y a là une évocation des crispations et des crampes d'un estomac qui a faim.

Etouffe-chrétien

Cette expression populaire dit bien ce qu'elle veut dire : elle s'applique à un plat extrêment bourratif.

> La *tourte* était la pâtisserie de ménage qui jouissait de la plus grande vogue [...]. Elle n'était aucunement regardée comme de « l'étouffe-chrétien ».
>
> A. Mondet dans l'*Echo des Marchés.*

En Belgique, on dit dans le même sens ***poussemoi-mort.***

Etouffée (à l')

Cette expression est une métaphore pittoresque pour désigner une cuisson en récipient hermétiquement fermé et avec peu de liquide, celui-ci n'ayant pas la possibilité de s'évaporer en cours de cuisson.

Le mot *étouffée* pourrait venir soit du latin *stuppare* = garnir d'étoupe, qui ferait allusion au caractère hermétique du récipient employé, soit, par l'italien *stufata* = viande cuite à la vapeur, du latin *extupha*, variante d'*extupa* = bain de vapeur. On rejoint là l'étymologie d'*étuver* (voir ce mot) qui désigne un mode de cuisson effectivement très proche de l'étouffée.

Etouffée devient dans le Sud-Ouest **estouffade** et **estouffat**. On appelait ainsi les daubes dans le Languedoc, le Béarn et le Roussillon ; dans le Languedoc, on préparait aussi **en estouffat** des haricots blancs à la tomate, tandis que dans le Sud de l'Auvergne, on faisait l'**estouffat de perdrix aux lentilles**.

Etuver

Faire cuire un légume ou une viande avec très peu de liquide, dans un récipient hermétiquement clos.

Ce mode de cuisson, dit **à l'étuvée**, s'apparente à celui de l'étuve, four parfaitement fermé à température constante, dont le nom vient du latin populaire *extupa* = bain de vapeur, lui-même dérivé du grec *tuphos* = fumée.

Evider

Creuser un légume, un fruit, de façon à y ménager un vide qui sera le plus souvent garni d'une farce, à moins que l'on n'évide simplement un melon, par exemple, pour en retirer les graines.

Petites tomates évidées, marinées, farcies.

Prosper Montagné et Prosper Salles,
Le grand livre de la cuisine.

Exprimer

Presser un aliment, le plus souvent un légume, pour en expulser totalement le liquide de végétation ou de cuisson.

Ce verbe est tiré du latin *exprimere*, composé de *premere* = presser, et du préfixe *ex* = au-dehors. *Exprimere* avait donné, dans ce sens concret, un doublet populaire, *épreindre*, qui a complètement disparu. On dit aussi bien « exprimer un citron » qu'« exprimer le jus »

Faim

Avoir une faim, un appétit de loup : expressions très couramment employées pour parler d'une faim très vive, la réputation du loup en la matière n'étant plus à faire...

> Elle eut de grandes risées à souper en faisant manger Charlot, qui avait l'appétit d'un petit loup.
>
> George Sand, *Les maîtres sonneurs.*

Faire faim : se dit dans le langage populaire à la place d'« avoir faim ».

> Il est, somme toute, bien facile de refermer la parenthèse parce qu'il ne « fait plus faim ».
>
> Alain Chapel,
> *La cuisine, c'est beaucoup plus que des recettes.*

Faisander

Ce verbe désigne une pratique très en honneur jusqu'à l'introduction en cuisine de notions salutaires de diététique : elle consistait à laisser se putréfier légèrement un gibier, en particulier un faisan, d'où le nom de cette opération, avant de l'apprêter.

Far

Gâteau breton aux pruneaux. Le far est un *flan* (voir ce mot) assez épais, car la pâte comporte beaucoup plus de farine qu'on n'en met généralement dans les flans.

> Elle a poussé devant moi une grosse part de far breton qui m'a définitivement calé l'estomac.
>
> Bachellerie, *L'Île aux muettes.*

Farci

Hachis de viande, souvent additionné de graisse d'oie, de mie de pain ou de farine, enveloppé d'une feuille de chou et cuit avec la potée, dans le Périgord. On le coupait ensuite en tranches et on le mangeait en guise de pain dans le bouillon.

Farcir (se)

Manger, se remplir l'estomac avec un aliment, comme on remplit d'un hachis l'intérieur d'une volaille ou d'une pièce de viande.

> Il s'était farci sept plats de bidoche.
>
> Auguste le Breton, *Noël chez les cloches.*

Farder

Terme culinaire tombé en désuétude et remplacé aujourd'hui par **masquer** (voir ce mot).

> Fardez avec un œuf entier battu.
>
> Christiane Sand, *À la table de George Sand.*

Au sens de dissimulation contenu dans le verbe **masquer, farder** ajoute celui de coloration, d'embellissement.

Farigoule, farigoulette

Nom donné au thym en Provence (en provençal *ferigoulo* ou *farigoulo*), très utilisé dans la cuisine... aux herbes de Provence. Son goût se marie particulièrement bien avec celui des grillades d'agneau. Mais le thym n'a pas que des vertus culinaires ; il a été chanté par les poètes, les amoureux en offraient des bouquets, en fleurs de préférence, à leurs belles, et il servit même d'emblême aux Provençaux républicains de 1848 qui chantaient :

Planten, planten la ferigoulo, republican arrapara !
Fasen, fasen la farandoulo et la Mountagno flourira !

(Plantons, plantons le thym, républicains, il poussera !
Faisons, faisons la farandole et la Montagne fleurira !

Cité par Andriéu Degioanni
dans *Var-Matin-Dimanche* (19 avril 1987).

Fariner

Action de passer dans la farine un légume, un poisson, avant de les faire frire ou des morceaux de viande avant de les faire dorer au beurre.
Cette opération s'appelle le *farinage*.
Un moyen facile pour fariner légèrement et régulièrement de petites pièces consiste à mettre de la farine dans un sac en plastique, d'y enfermer les pièces à fariner et de secouer le sac.

Farinette

Omelette épaissie de farine ; elle tient le milieu entre l'omelette et la crêpe. Assez courante dans de nombreuses régions, on l'appelle aussi **omelette enfarinée** ou **farinade**.

Fatiguer la salade

C'est ce qu'on appelle aujourd'hui plus prosaïquement « tourner la salade » de façon à ce que toutes les feuilles soient imprégnées de vinaigrette.

[Les chapons] sont tout simplement quelques dés de croûte de pain frottés légèrement d'une gousse d'ail et jetés dans le saladier avant que l'on fatigue la salade.

Zette Guénandeau-Franc,
Les secrets des fermes en Périgord Nord.

La coutume voulait que ce soit une jeune fille — en général la plus jeune de l'assemblée — qui fatigue la salade, peut-être parce que les jeunes filles ont des gestes plus délicats que les gens d'âge mûr. Elle procédait le plus souvent du bout des doigts, sans couverts, comme on le fait encore dans les cuisines des restaurants. Sauf pour quelques salades très dures, il faut pratiquer cette opération à la dernière minute pour que les feuilles ne soient pas « cuites » par le vinaigre.

Le mot **fatiguer** est emprunté au langage de la terre : *fatiguer la terre*, c'est la tourner et retourner plusieurs fois, avec pour effet de diminuer sa résistance.

Joseph Delteil, dans *La Cuisine paléolithique*, emploie dans le même sens **farandoler** :

> Et puis jamais fille ni salade ne fut trop farandolée.

Favouille

Nom provençal du petit crabe généralement appelé **étrille**. Il entre dans la composition d'une **soupe** très en faveur sur le rivage méditerranéen. Les favouilles font aussi partie des éléments essentiels de l'excellent plat appelé en provençal **pilau de riz de favouilho** (pilaf de riz aux favouilles).

Fayot

Appellation populaire du haricot (en grains, évidemment, le haricot vert ayant toujours été considéré comme un luxe et n'ayant que tardivement pénétré dans les milieux modestes). Ce mot extrêmement répandu s'est introduit dans notre langue par l'intermédiaire du provençal *fayol, faïol*, lui-même dérivé du latin *fasiolus* (du grec *phasêolos*).

> Il chantonnait « l'air est pur, la route est large » et « la soupe et le beurre et les fayots ».
>
> Raymond Queneau, *Pierrot mon ami.*

En argot d'étudiants, on désignait vers 1910 le ragoût de mouton aux haricots sous le nom de **fayots-mérinos**.

Feuille de Dreux

Fromage affiné sur une feuille de châtaignier qui lui communique une saveur caractéristique. Le *banon* de Provence est affiné de même ; on le vend enveloppé d'une feuille de châtaignier, alors que la *feuille de Dreux* est posée à nu sur cette feuille trilobée.

Feuilleté

Pâtisserie généralement salée en *pâte feuilletée* (voir *pâte*) et servie comme entrée.

> Goûte un peu de mon feuilleté de fruits de mer.
>
> Fanny Deschamps, *Croque-en-bouche.*

C'est à peu de chose près la version salée du *millefeuille* (voir ce mot).

Feuilleton

Nom donné jadis à une sorte de terrine de veau et de jambon un peu tombée en désuétude. Ces viandes coupées en tranches fines gardent, même après cuisson, l'aspect de feuillets superposés.

Ficelle

Ficelles picardes : crêpe garnie d'une farce au jambon et aux champignons et que l'on fait gratiner. Si ce plat est une spécialité ancienne, il doit probablement plus à la restauration professionnelle ou bourgeoise qu'à la table paysanne. Le nom en est pittoresque et évocateur.

Filet de bœuf, volaille, à la ficelle : pièce de viande ou de volaille suspendue par une ficelle et cuite devant un feu vif. La ficelle permet de faire tourner régulièrement la viande pendant la cuisson. Le procédé s'apparente à la cuisson à la broche.

Certains restaurateurs pratiquent la cuisson rapide d'un filet de bœuf dans un bouillon aromatisé, une ficelle fixée à une broche ou un bâtonnet posé en travers sur la marmite servant à maintenir la viande de façon à ce qu'elle ne touche pas le fond du récipient. La viande ainsi cuite n'a rien à voir, comme goût et comme consistance, avec le bœuf bouilli.

Filet

Le filet d'un animal de boucherie est constitué par la chair qu'on lève de part et d'autre de l'épine dorsale. C'est le filet qui fournit la viande la plus tendre.

Le terme apparaît, dans cette signification, dès le XIVe siècle. Certains auteurs supposent que le mot *filet* vient de ce que la viande ainsi prélevée était maintenue roulée par des fils ou même dans un filet, d'autres pensent que, à l'origine, on levait des tranches assez fines, et que le mot *filet* désigne donc, comme lorsqu'on dit « un filet d'eau », une chose de petite taille.

Par extension, le même nom fut donné aux morceaux levés de part et d'autre de l'arête médiane d'un poisson.

Financier

Petit four à la pâte d'amande et aux blancs d'œufs. On semble ignorer l'origine du terme. Peut-être ce petit gâteau a-t-il été créé par le cuisinier d'un banquier...

Financière

Une *garniture à la financière*, pour bouchées, vol-au-vent, etc., est constituée par des quenelles, du ris de veau, des champignons, etc., liés par une sauce *suprême* (voir ce mot). C'est une garniture riche, d'où son nom. On disait aussi autrefois *à la banquière*, appellation qui semble s'être perdue.

Finir

Procéder aux derniers apprêts d'un plat avant de le servir. C'est en langage de cuisiniers, ce que les livres de recettes appellent la « mise au point » du plat.

Flamber

Arroser un mets d'une eau de vie ou d'une liqueur et enflammer celle-ci. Cette opération se fait à des stades divers de la préparation. Il faut en tout cas veiller à ce que l'alcool utilisé soit d'une qualité sans reproche. Il est bon, dans certains cas, de chauffer préalablement cet alcool dans une petite casserole avant de le verser dans la casserole ou sur le plat, sinon, il risquerait de ne pas s'enflammer.

On a tendance à abuser du flambage dans certaines cuisines prétentieuses. Les grands chefs actuels semblent en avoir perdu le goût.

> Au sortir du four, arroser chaque crêpe d'une cuillerée à soupe d'Armagnac. Surtout, ne pas faire flamber.
>
> Michel Guérard, *La Cuisine gourmande.*

Flan

Ce mot, dérivé du francique *fladon* désignant tout objet rond et plat (dont l'allemand est resté plus proche avec *Fladen*, gâteau) était utilisé à l'origine pour parler de n'importe quel gâteau. Son sens s'est restreint pour ne plus s'appliquer qu'à une crème prise au four ou au bain-marie — crème à base d'œufs, de lait et de sucre et parfois de farine — ou encore à une tarte garnie avant cuisson du même type de crème. Dans la cuisine bourguignonne traditionnelle, le flan était simplement une tarte :

> Le mot « tarte » n'existe pas. Toute pâtisserie comportant une abaisse de pâte brisée recouverte de fruits est alors appelée « flan ».
>
> Henri Vincenot, *La Vie quotidienne des paysans bourguignons au temps de Lamartine.*

La *flamiche* ou *flamique* de Flandre et de Picardie, dont une des formes caractéristiques est la *flamique à porions* (aux poireaux) de Picardie, ne doit absolument pas son nom au mot *flamand*, mais il est la forme... flamande de *flan*.

En Bourgogne, on faisait une *flamusse* aux fruits dans la tradition des *clafoutis* (voir ce mot).

En Franche-Comté, le mot *flamusse* désignait un pain de maïs à croûte très brune ; sans doute ce nom était-il dû à sa forme de galette ronde et assez plate parce que mal levée, ce qui était la définition même du *fladon* francique (voir ci-dessus).

Le *flannet* de Champagne était très exactement un flan. On en distribuait aux ouvriers qui construisaient Sainte-Madeleine à Troyes...

Le *flamri*, que l'on connaît encore aujourd'hui, est un flan de semoule cuite au vin blanc.

Quant aux *flammenküche* alsacien, sorte de quiche cuite au four du boulanger, son nom signifie « gâteau à la flamme » et il ne présente probablement aucune parenté avec les flamiches et autres flamusses.

Flêche

Terme d'argot employé au début du XXe siècle pour désigner la viande et tombé en désuétude. Il était directement emprunté à l'allemand *Fleisch*.

Fleuron

Motif de pâte feuilletée, comparable à un fleuron architectural, c'est-à-dire à un ornement sculpté représentant une fleur ou une feuille, que l'on sert avec une intention essentiellement décorative en accompagnement de certains plats en sauce. On dispose aussi des fleurons, avant cuisson, sur la croûte des pâtés.

> Garnir de tartelettes [...]. Alterner de fleurons.
>
> Th. Gringoire et L. Saulnier, *Le répertoire de la cuisine.*

Foire

Noce, débauche.

Quand les paysans d'autrefois allaient à la foire, ils faisaient en général, par la même occasion, quelques excès de nourriture et de boisson. Pour beaucoup d'entre eux, c'était la seule circonstance de la vie où ils mangeaient à l'auberge. On se souvient du jeune Bacaillé se réjouissant, dans *La guerre des boutons* de Louis Pergaud, à l'idée d'aller à la foire avec son père : « Il dînerait à l'auberge, boirait du vin... »

On emploie dans le même sens le mot **fête**. A première vue, il semble d'une signification moins forte que **foire** ; il est cependant utilisé à peu près dans les mêmes circonstances par le langage tout à fait contemporain.

Foncer

Ce verbe est dérivé du substantif **fond**. Il désigne l'opération qui consiste à tapisser le fond d'un moule ou d'une cocotte.

> Ça coupe, tranche, farcit, enrobe, enfourne, pétrit, roule et fonce.
>
> Fanny Deschamps, *Croque-en-bouche.*

Selon le cas, on *fonce* avec une pâte, dite précisément **pâte à foncer** (pour un pâté, par exemple) ou avec du lard lorsqu'il s'agit de préparer une terrine ou un plat en sauce.

Fond

Le **fond de sauce** est un bouillon concentré et aromatisé, bien dégraissé et longuement **dépouillé** (voir ce mot) que l'on utilise comme base d'une sauce ou comme mouillement d'une viande braisée.

> Laisser tiédir le mélange avant de verser le fond blanc qui doit lui-même être tiède.
>
> Prosper Montagné et Prosper Salles,
> *Le Grand Livre de la cuisine.*

Il y a une double guerre des cuisiniers à propos des fonds : une guerre de l'orthographe et une guerre de la technique.

Certains auteurs, en effet, orthographient ce mot **fonds**, au singulier, comme un *fonds* de commerce. C'est le cas par exemple pour Th. Gringoire et L. Saulnier dont le *Répertoire de cuisine* a longtemps été la bible des cuisiniers professionnels. La plupart des auteurs modernes préfèrent cependant écrire **fond**, ce qui semble justifié par le fait que le fond sert à préparer les sauces, et que le mot **fond** est donc utilisé dans ce cas comme synonyme de « base ». Par ailleurs, la cuisine dite « nouvelle » honnit les fonds de sauce, jugés lourds et compliqués. Il ne s'agit pourtant que d'excellents bouillons de viande, purs et limpides, parce que dégraissés et écumés avec soin en cours de cuisson. Ils demandent assez peu de peine, sinon une certaine surveillance, et représentent une façon sûrement plus savoureuse et saine de préparer les sauces ou les potages que les « cubes » divers que l'on trouve dans le commerce. Il faut d'ailleurs noter que des chefs comme les frères Troisgros ou Michel Guérard, que l'on peut difficilement soupçonner d'archaïsme ou de goût pour les cuisines « lourdes », expliquent, en préambule à leurs livres de recettes, la préparation des fonds…

Les fonds sont **blancs** ou **bruns**, selon les viandes utilisées dans leur composition.

Fondre

Faire fondre des légumes, c'est les laisser cuire très doucement dans un corps gras jusqu'à ce qu'ils perdent leur consistance originelle pour devenir **fondants** sous la dent. C'est souvent l'opération préliminaire à une cuisson en sauce.

Fondue

Mot assez curieux par l'extension qu'il a prise dans les années récentes. A l'origine, la **fondue**, généralement **savoyarde** ou **suisse**, consiste en un fromage mis à fondre dans un poêlon posé sur un réchaud au milieu de la table et dans lequel chaque convive trempe, à l'aide d'une longue fourchette, un morceau de pain. Des préparations voisines, au fromage fondu, existaient dans diverses régions : fromage fondu de l'Yonne, ramequin du Jura, etc.

Mais on a pris peu à peu l'habitude d'appeler **fondues** des préparations diverses où, en réalité, rien ne fond, et qui n'ont de commun avec la fondue traditionnelle que la cuisson sur la table dans un poêlon où chaque convive fait sa petite cuisine... On connaît ainsi la **fondue bourguignonne** (qui n'est pas plus bourguignonne qu'elle n'est fondue, seule l'utilisation de viande de bœuf autorisant une vague assimilation avec le bœuf bourguignon), la **fondue chinoise aux poissons**, la **fondue au chocolat** où le chocolat fond effectivement : on y trempe des morceaux de fruits.

Fontaine

Creux que l'on ménage au centre du tas de farine déposé sur la planche à pâtisserie ou dans une terrine et où l'on met les divers éléments qui seront incorporés peu à peu à la farine. Se dit aussi du tas de farine ainsi préparé.

> Disposez la farine tamisée en fontaine. Mettez au milieu les œufs entiers.
>
> Caroline Haedens, *Guide Caroline de la cuisine.*

Fontenelle (à la)

Manière de servir les asperges avec un œufs à la coque dans lequel on les trempe après les avoir passées dans du beurre fondu. On connaît le raffinement alimentaire du philosophe Fontenelle, qui vécut cent ans, et son goût pour les asperges au beurre.

Forestière

Façon assez rustique de préparer viandes ou volaille, avec, en général, pommes de terre et lardons, et impérativement la présence de champignons. On trouve dans le commerce des bocaux de petits légumes « à la forestière », qui se distinguent des habituelles jardinières par le fait qu'ils comportent des girolles.

Forêt-noire

Gâteau très en faveur actuellement, et probablement venu d'Outre-Rhin, comme son nom l'indique, car il est tout à fait dans la ligne des riches pâtisseries allemandes ou autrichiennes : il comporte beaucoup de chocolat et il est garni de crème Chantilly et de cerises confites ou à l'eau-de-vie.

Fortune du pot (à la)

Se dit d'un repas servi en toute simplicité, avec ce qu'il y a dans ce qu'on appelait autrefois le *pot* et qui désignait la marmite posée en permanence ou presque dans l'âtre. *Fortune* est évidemment pris ici dans le sens de « hasard »

> On le forçait à manger sans cérémonie, à la fortune du pot.
>
> Honoré de Balzac, *Les Petits Bourgeois.*

L'expression est proche d'une autre façon de dire familière : *à la bonne franquette* (voir *franquette*).
On emploie parfois ironiquement l'expression *à l'infortune du pot* pour désigner un mauvais repas préparé avec des moyens réduits. Curnonsky, au contraire, donne à ces mots un sens très voisin de celui de l'expression courante *à la fortune du pot*, sans doute pour souligner le fait qu'avec un *pot* vraiment très pauvre, on peut tout de même cuisiner de façon fort agréable. Il évoque « la cuisine des honnêtes gens qui vont à pied. Elle se fait à l'infortune du pot et avec les

moyens du bord : l'écrevisse du ruisseau, le poisson de la rivière proche ». On voudrait souvent, de nos jours, pouvoir manger ainsi « à l'infortune du pot » !

Fouler

Faire passer un jus ou une sauce à travers un tamis ou un tissu fin dit *étamine*.

> Passer la pulpe recueillie au tamis fin en la foulant avec le dos d'une cuillère.
>
> Jean et Pierre Troisgros, *Cuisiniers à Roanne.*

Le fait d'appuyer, en général au moyen d'une cuillère en bois, pour faire passer la sauce, rappelle l'idée de pression contenue dans le verbe ***fouler*** (du latin vulgaire *fullare*, qui était employé dans le sens de « presser une étoffe ») tel qu'on l'utilise le plus généralement et qui implique l'idée de toucher ou presser avec les pieds (fouler le raisin, le sol).

Fourrer

En cuisine, ce terme désigne l'action d'introduire une garniture dans un mets, généralement déjà cuit : on fourre une omelette, des choux, des éclairs.

> Fendez les choux sur le côté et fourrez-les de crème Saint-Honoré.
>
> Ali Bab, *Gastronomie pratique.*

Fourrer (s'en)

Se mettre de la nourriture, de la boisson, des plaisirs en général, plein la panse, jusqu'au cou, jusque là... On dit aussi *s'en mettre...* etc.

> Je veux m'en fourrer jusque là.
>
> Meilhac et Halévy, *La Vie parisienne.*

L'expression n'est pas très distinguée, mais elle dit bien ce qu'elle veut dire !

Fraise

Membrane qui entoure l'estomac du veau et qui est très utilisée en triperie. Si on accepte l'hypothèse que le latin *frendere* ait pu signifier « dépouiller de sa peau » (voir *fraiser*), il semble normal que *fraise* veuille dire « peau, enveloppe ».
Mais la *fraise*, c'est aussi le fruit connu et apprécié de tous. Dans ce sens-là, le mot *fraise* vient du latin *fraga*, nom évoquant le verbe *fragrare* = sentir bon. C'est là un juste hommage rendu au parfum délicieux de ce fruit. Comme la plupart des fruits cultivés, la fraise comporte de nombreuses variétés. Leurs noms sont souvent pittoresques : ***monstrueuse caennaise, surprise des Halles, belle-de-juin*** et bien d'autres...

> Ma nourrice Mélie [...] délivra son sein sans rival, blanc et bleu comme le lait, rose comme cette fraise qui a nom « Belle-de-Juin ».
>
> Colette, *Prisons et paradis.*

Fraiser

Ce verbe désigne le travail du pâtissier ou du boulanger qui écrase la pâte avec la paume de la main sur la planche ou le marbre afin de la rendre homogène. On dit aussi **fraser**.

> Mélanger et pétrissez bien les éléments, ne fraisez pas, laissez reposer la pâte.
>
> Ali Bab, *Gastronomie pratique*.

Fraiser vient du supin *fresum* du verbe latin *frendere* = broyer. En 1200, on parlait de *fèves frasées*, c'est-à-dire écrasées, ou, selon certains, débarrassées de leur peau. Depuis, l'emploi du terme s'est trouvé limité au domaine de la pâtisserie et de la boulangerie. En 1572, on voit apparaître l'expression *pain fraisé*.

Framboise

Tout le monde connaît ce petit fruit délicieusement parfumé.
L'origine de son nom est intéressante. **Framboise** viendrait en effet d'un mot d'ancien allemand, *brambese*, qui servait également à désigner la mûre et se serait déformé en **framboise** sous l'influence du mot **fraise**.

Frangipane

Sorte de crème pâtissière additionnée de macarons pilés ou d'amandes en poudre, dont on se sert pour garnir tartelettes ou feuilletés divers.

> [Le] friand Louvet [...] regrette toujours les crèmes et les frangipanes de la vertueuse épouse du vertueux Coco.
>
> Jean-Paul Aron, *Le Mangeur du XIXe siècle*.

La frangipane date du XVIIe siècle ; elle ne doit pas son nom à un pâtissier, mais à un parfumeur italien. Frangipani, qui créa un parfum aux amandes entières.

Franquette (à la bonne)

Ces mots s'emploient pour dire que l'on reçoit en toute simplicité. Ils sont une variante, née dans le Nord de la France de *à la bonne franchette, franchette* venant de *franchement*. La forme populaire *à la bonne flanquette* est incorrecte.

> Mais c'est ça que j'aime : la bonne franquette, le naturel, la pureté, quoi.
>
> Raymond Queneau, *Zazie dans le métro*.

A la bonne franquette signifie à peu près la même chose que *à la fortune du pot* (voir ces mots), mais la première de ces expressions insiste sur la simplicité de manières de la réception tandis que la seconde met plutôt l'accent sur les aliments servis.

Frapper

Refroidir rapidement une crème ou tout *appareil* (voir ce mot) destiné à la préparation d'un plat, sucré ou salé. A l'origine, on parlait seulement de frapper un vin, on le *frappait de glace* (voir *Les mots du vin et de l'ivresse*, Belin, 1984). Est-ce à dire qu'il subissait un choc en raison du rapide passage du chaud au froid ? De même que l'origine du verbe *frapper* pris dans son sens le plus général reste obscure, son emploi dans le sens de « glacer » n'a pas d'explication satisfaisante.

La technique destinée à frapper un aliment ou un vin est simple : on l'entoure de glace concassée. De nos jours, il arrive aussi qu'on le mette un court moment dans le congélateur.

Frémir, frissonner

Il existe en cuisine diverses préparations qui doivent cuire à tout petit feu, en-dessous de l'ébullition. Ainsi, le liquide d'un court-bouillon ou d'un pot-au-feu ne doit jamais bouillir carrément mais seulement être parcouru d'un léger frémissement ou frisson (voir *court-bouillon* au mot *bouillon*).

Certains auteurs parlent de **sourire** à propos de ce type de cuisson, par une jolie identification avec une réaction humaine qu'évoque aussi l'emploi des mots **frémir** ou **frissonner**.

> Quant au pot-au-feu [...], ça doit cuire tout dou, tout dou, tout doucement, que ça rie, rie, rie, et plutôt sourie.
>
> Joseph Delteil, *La Cuisine paléolithique*.

Friand

Pâté individuel en pâte feuilletée, garni de chair à saucisses ou de viande hachée.

Petit gâteau aux amandes, généralement de forme rectangulaire.

Tous deux doivent le nom de **friand** à leur goût agréable, apprécié des gourmands, puisque l'adjectif *friand* signifie « amateur de bonnes choses » ; littéralement, c'est celui qui « frit », « grille » d'impatience... sans doute de goûter à un mets délectable !

Friandise, qui a la même origine, est employé pour désigner tout ce qui est bon. Dans les restaurants, on donne le nom de **friandises**, **mignardises** ou **gourmandises** aux petits gâteaux et confiseries que l'on sert en accompagnement des glaces, du café, etc.

Fricandeau

Dans le Sud-Ouest, on appelle de ce nom une sorte de pâté de campagne fait de porc haché cuit au four et enrobé de gelée.

Le mot est peut-être dérivé du latin *frigere* = frire, par le provençal *frica*. Il apparaît dans Rabelais en 1552, mais il désignait à l'époque des tranches de veau piquées de lardons et braisées, préparation qui a longtemps été en honneur dans la cuisine paysanne et bourgeoise.

> Pour le goûter, on mangeait du fricandeau [...]. Un fricandau épais comme le pouce, au moins, de viande blanche.
>
> Annie Merlin et Alain-Yves Beaujour,
> *Les Mangeurs du Rouergue*.

Fricassée

Viande blanche ou volaille cuite dans un fond blanc, généralement garnie de petits oignons et de champignons, qui est très proche de la **blanquette** (voir ce mot).

> C'est aussi qu'vous goûtez ma fricassée en son meilleur temps.
>
> Fanny Deschamps, *Croque-en-bouche.*

Les explications que Fanny Deschamps prête à « la Murielle », coquetière en Bresse, sont exactement celles que donne Lucien Tendret, le grand gastronome de Belley, pour la parfaite réussite d'un poulet en fricassée : il faut le préparer à la fin de l'été, à la saison où les poulets sont bien gras, où la crème et le beurre sont particulièrement savoureux parce que les vaches ont brouté les herbes sucrées des prairies, et où les œufs sont abondants.

La préparation en fricassée était autrefois réservée aux viandes blanches ou, à la rigueur, à l'agneau. De nos jours, on met n'importe quoi en fricassée, le turbot, par exemple. Ce mode de cuisson, avec un minimum de corps gras peu cuits, correspond aux goûts actuels en matière de cuisine.

On est tenté de rattacher le mot **fricassée** à la même origine que **fricandeau**, c'est-à-dire au latin *frigere* = frire.

Frichti

Terme populaire pour désigner une cuisine frugale. Le mot **frichti** est rhénan et vient de l'allemand *Frühstück* = déjeuner.

> Les filles se levaient vers midi, mangeaient le léger frichti que Simone leur avait préparé.
>
> A.D.G., *Le Grand Môme.*

Pendant la retraite de Russie, les soldats employaient le mot *fristouille*, de même origine, pour désigner les repas que font les corbeaux lorsqu'ils se nourrissent de cadavres...

Fricot

Nourriture, généralement frugale.

> Il devait être content d'avoir trouvé la soupe et le fricot en même temps.
>
> Charles Blavette, *Ma Provence en cuisine.*

Fricot est une dérivation populaire de **fricassée** (voir ce mot).
En Bretagne, contrairement à l'acception courante, le **fricot** désigne un repas de luxe et notamment le repas de noces (voir **noces**), le mot *frico* signifiant en breton « viande fricassée ». Comme on sait, dans la France pauvre d'autrefois, la viande n'était pas au menu quotidien.

Fringale

Forte envie de manger.
Dans **fringale**, *gale* est une déformation de *vale*, lui-même dérivé du breton *gwall* = mauvais. La fringale était donc une mauvaise faim : c'est ce qu'on appelait autrefois la *male faim*. La *faim valle* était au Moyen Age une boulimie des chevaux. Cependant, le terme est employé couramment aujourd'hui pour désigner simplement une faim dévorante.

Fripe

Dans la langue argotique, cuisine, nourriture.

> Chez la mère Bouche, la fripe est toujours de première.
>
> Albert Simonin, *Le petit Simonin illustré.*

Dans les Pays de l'Ouest, ce mot servait à désigner tous les aliments servis comme accompagnement du **pain** (voir ce mot).

Au XIXᵉ siècle, on appelait **fripe-sauce** un mauvais cuisinier (ce que nous appelons aujourd'hui un **gâte-sauce**). Ce mot n'a aucun rapport avec l'emploi du terme **fripe** dans le sens de nourriture : *fripe* viendrait là de *friper* = abîmer, couramment employé aujourd'hui pour parler de vêtements froissés.

Frivolités de la Villette

Ce sont les testicules du taureau et du bélier, très prisés par les amateurs, et que se réservent souvent les tueurs des abattoirs. On les accommode comme les rognons. La pudeur fait donner à ces morceaux appréciés des appellations diverses. En dehors de **frivolités**, on dit aussi **joyeuses**, qui est un terme couramment employé en argot pour désigner les testicules, **rognons blancs** ou **animelles**, du mot italien *animella* signifiant « glande » et, en cuisine, « ris de veau ».

Mais dans un restaurant du vieux Nice auquel sa « couleur locale » a valu de servir de décor à des films policiers pleins de pittoresque, on appelle un chat un chat, et les frivolités figurent en toute simplicité au menu sous le nom de c... !

Les Bruxellois se plaisent à laisser croire aux touristes qu'ils mangent des testicules lorsqu'on leur sert des **choesels**. Ce plat est un mélange d'abats divers ; il est probable que, au moins à l'origine, les testicules y figuraient, d'autant que *choesels* voudrait dire « testicule » en dialecte wallon.

Fromage

Autrefois, on appelait **fromage** par métathèse de *formage*, tout ce qui était mis en *forme* dans un moule, et particulièrement la célèbre **fourme** auvergnate, qui emprunte son nom au moule appelé *forme* : le fromage tel que nous le connaissons aujourd'hui, bien entendu, mais aussi des glaces, appelées **fromages glacés** ou **fromages bavarois** lorsqu'elles étaient garnies de crème à **bavarois** (voir ce mot), et, en charcuterie,

le bien connu ***fromage de tête***, composé de morceaux de tête de porc en gelée et moulé.

> Tout ce qu'elle servait à la demande, c'était du casse-croûte, saucisson et fromage de tête.
>
> Lucette Desvignes, *Le Grain du chanvre.*

Fromage fort

Spécialité lyonnaise, faite de fromage bleu bien fait que l'on met à macérer avec du vin blanc et auquel on ajoute en cours de macération du fromage de chèvre râpé. Dans la préparation ménagère du fromage fort, la maîtresse de maison incorporait les petits restes de fromages divers. Cette préparation s'apparente au ***fromage fort*** du Mâconnais, généralement préparé, comme la ***cancoillotte*** comtoise, à partir de fromage blanc, au ***fromage pourri*** de Bourgogne qui était uniquement fait de fromage de chèvre, au ***fremgeye*** lorrain, à la ***sérate*** et à la ***compouta*** des Alpes.

Frometon

Fromage.

> Que je reprenne le menu… Nous attaquions les salades…
> les frometons.
>
> Alphone Boudard, *Le banquet des léopards.*

La formation de ce terme populaire est des plus normales. On dit aussi **fromtegom, frommetogomme, fromegi** ou encore **frome**.

Fruit

Fruits rafraîchis : assortiment de fruits coupés en petits morceaux, macérés avec sucre, vin ou alcool. Cette appellation est plus juste que celle de **salade de fruits** que l'on donne parfois à la même préparation et qui détourne le mot *salade* de son sens étymologique (du latin *sal*, sel).

Fruits déguisés : friandises composées de fruits, frais, secs ou confits, généralement garnis de pâte d'amande et nappés de caramel. Ils ne ressemblent plus à ce qu'ils sont, d'où leur nom.

> Il jette à travers la table son sandwich […] qui tombe
> dans les cerises déguisées.
>
> Colette, *L'Ingénue libertine.*

Les **fruits confits**, les **fruits à l'eau-de-vie**, les **fruits secs** ne présentent pas d'intérêt spécial du point de vue de la langue.

Dans un ordre d'idée différent, il faut mentionner les **fruits de mer** ; l'expression désigne de façon imagée les petits produits de la mer : mollusques, coquillages, crustacés, que l'on sert en assortiment comme entrée ou en garniture de bouchées, croûtes, omelettes, etc.

> Quelques coquillages frais, semblables à des moules, et
> que l'on appelle *frutti di mare*, fruits de mer, composaient […] ce frugal dîner.
>
> Alphonse de Lamartine, *Graziella.*

Fruit de la Passion

Ce fruit est celui de la liane des pays tropicaux appelée *passiflore*. On l'emploie beaucoup aujourd'hui pour préparer sorbets, sirops, etc. Son nom rappelle que la fleur de la passiflore évoque les instruments de la Passion du Christ : la couronne d'épines par les filaments du centre de la fleur, les clous par les styles du pistil et la lance par la feuille à pointes aiguës.
On appelle aussi le fruit de la Passion ***grenadille***.

Fumet

Bouillon de poisson ou de champignons que l'on a fait réduire pour en concentrer le goût et qui sert à ***mouiller*** (voir ce mot) une sauce ou un ragoût en leur communiquant son parfum, d'où son nom.

Funérailles

Les repas de funérailles étaient généralement assez austères ; on y servait rarement de la viande, sauf si les gens qui avaient assisté à l'enterrement avait une longue route à faire pour rentrer chez eux. C'est sans doute par ironie qu'on appelait ce repas ***ribote*** dans les Pays de l'Ouest. Dans le Doubs, on disait qu'on ***faisait la noce*** quand un célibataire mourait ; à son repas d'enterrement, on servait riz au lait, œufs à la neige et pruneaux. Dans le Dauphiné, on mangeait des ***crouzets*** (voir ce mot), qui étaient des sortes de quenelles, pour l'enterrement d'une jeune fille.
Dans le Nivernais, aller à un enterrement se disait ***manger le fromage***, car le fromage constituait l'essentiel de ce repas très frugal qui était bien le seul, prétendait-on malicieusement, où les Nivernais ne buvaient pas !
A Paris, et particulièrement dans le milieu des typographes, ***faire sauter le lapin***, c'était aller à l'enterrement d'un confrère, ce plat étant de tradition dans une telle circonstance.
Au Moyen Age, les repas de funérailles alsaciens, ou ***lifels***, étaient d'une somptuosité si insolente qu'on dut les réglementer par une « coutume ».

Galantine

Autrefois, on préparait les galantines en farcissant un animal (cochon de lait, faisan, lièvre, etc.) entièrement désossé. De nos jours, on désigne sous ce nom des terrines de viande, de gibier, de foie gras, de poisson, etc., additionnées de gelées et moulées.

> Un rapide calcul nous mit en mesure de prévoir [...] que la galantine serait prête peut-être pour le dîner, mais sûrement pas pour le déjeuner.
>
> Jean Duché, *Elle et lui.*

Le mot **galantine** vient du vieux français *galatine* = gelée.

Lorsque, au lieu d'être moulée dans une terrine, la galantine est roulée en forme de cylindre et enveloppée dans un linge avant cuisson, on l'appelle **ballotine**, mot dérivé de *ballot*.

Galette

La galette, qui est un gâteau rond et plat assez rudimentaire, titre son nom du *galet*, caillou avec lequel il offre quelque vague parenté de forme. Cette appellation remonte au XIIIe siècle. La galette est en effet une des pâtisseries primitives de la France médiévale. La composition de sa pâte ressemblait fort, à l'origine, à celle de la brioche ; comme celle-ci, elle entrait dans la catégorie des « pains améliorés ». Le processus qui a conduit du pain au gâteau est décrit au mot **gâteau** (voir ce mot). Le mot de **galette** évoque les **golotes** dont parle Restif de la Bretonne ; la pâte est voisine, dans son extrême simplicité, mais les golotes de Restif étaient en réalité des **échaudés** (voir ce mot) puisqu'elles étaient cuites dans un liquide bouillant, en l'occurence du lait. Les modes de cuisson traditionnels des galettes étaient soit le four, soit la poêle.

Parmi les galettes cuites au four, et souvent au four à pain, on peut citer les **millachères** du Mâconnais, parfois entourées d'une feuille de chou ou de maïs pour assurer une cuisson plus régulière, les galettes aux *griaudes* (voir *cochon*), les *sèches, salés* ou *catis* de Franche-Comté. Ces galettes se rapprochaient beaucoup des *brioches* (voir ce mot). Celles-ci, autrefois, étaient souvent mal levées, soit par manque de technique de la cuisinière, soit à cause d'un mauvais levain, soit encore parce que l'habitat médiéval n'était pas très adéquat pour assurer à la pâte levée la régularité de température indispensable.

Lorsque les galettes étaient cuites à la poêle, elles s'apparentaient de très près aux *crêpes* (voir ce mot) avec lesquelles elles se confondent parfois : la galette bretonne est une crêpe, qu'il s'agisse des *galetz* à proprement parler de la Basse Bretagne, des *gâoffs* de la Haute Bretagne ou des *galichons* de l'embouchure de la Loire. Les *bourriols* ou *bourrioles* d'Auvergne étaient des galettes faites de farine de blé noir que l'on mangeait en guise de pain. Mais on en préparait aussi pour le plaisir. On les faisait cuire sur une plaque sans bord appelée *tuile* (au masculin !) assez semblable au *bilig* breton (voir *crêpe*) et on les faisait sauter : elles étaient donc très proches des crêpes, mais faites d'une pâte plus épaisse.

> Si elle [la fille du roi] va aux cuisines, c'est pour faire les bourrioles [...] dont elle est friande. Elle a le coup de main pour les lancer en l'air. Houp la dondon ! Et pour les recevoir bien d'aplomb dans la plaque sans rebords.
>
> A. de Lachapelle d'Apchier,
> *Les Contes de la Montagnère.*

Comme beaucoup de gâteaux, les galettes, après avoir été préparées de façon ménagère, furent mises dans le commerce par des marchands, ambulants ou non. Elles étaient toujours d'un prix modique, d'où leur succès auprès des petites gens : Alexandre Dumas remarque, dans son *Grand dictionnaire de cuisine*, que les grisettes parisiennes, qui sont les héroïnes des romans populaires de Paul de Koch, semblent, à en croire cet auteur, se nourrir de galettes !

Les galettes feuilletées, répandues depuis longtemps

dans certaines régions assez limitées (Lorraine d'où la pâte feuilletée est originaire, Touraine, Sancerrois) étaient réservées à certaines circonstances exceptionnelles comme la fête des Rois (voir le mot **Rois**) en raison du temps assez long nécessaire à leur préparation.

Galimafrée

Dans le langage populaire : mauvaise nourriture.
Ce mot un peu vieilli était autrefois le nom donné à un ragoût de viandes en sauce au vin très épicée qui était le plat de fête dans les milieux populaires. ***Galimafrée*** vient de *galer* = s'amuser et de *mafrer*, mot onomatopéique signifiant « manger goulûment », à rapprocher de ***bâfrer*** (voir ce mot). Par la suite, ce mot a désigné les ragoûts de toutes sortes et, par extension, il a pris au XVIIᵉ siècle son sens péjoratif.

Gamache (noces de)

Expression anciennement employée pour parler d'un festin très abondant, comme celui des noces de Gamache décrites par Cervantès dans *Don Quichotte*. Gamache était un riche cultivateur aux noces duquel on servit des moutons entiers, un bœuf, des lièvres, des poules, toutes sortes de gibiers, sans compter de pleins chaudrons de pâtisseries frites. Les « noces de Gamache » sont à la littérature espagnole ce que le repas de mariage de *Madame Bovary* est à la littérature française.

Gaperon

Fromage auvergnat fait à partir de la ***gape*** ou basbeurre. Le bas-beurre étant maigre, on pouvait manger du gaperon pendant le Carême, alors que la ***fourme*** était considérée comme trop grasse.

Garniture

Ensemble de légumes, croûtons frits, **goujonnettes** ou **fleurons** (voir ces mots), etc., qui accompagnent l'élément principal d'un plat. Les sauces ne font pas partie des garnitures. Certaines accompagnent cependant traditionnellement telle ou telle garniture, comme la **sauce tortue** servie avec la garniture du même nom (voir **tortue**) ou la **mayonnaise** avec les apprêts garnis de **macédoine** (voir ces mots).

Gastrique

Il s'agit en réalité de la **sauce gastrique**, qui est une réduction de vinaigre et de sucre entrant dans la préparation des sauces destinées à accompagner certains apprêts salés aux fruits, comme le canard à l'orange.

> Pendant ce temps, préparer la sauce gastrique.
>
> Michel Guérard, *La Grande Cuisine minceur.*

Le nom est amusant, et les cuisiniers l'emploient très couramment sans s'interroger sur son origine. Il est probable que le vinaigre est introduit dans les mélanges sucré/salé pour contrebalancer la douceur des fruits et que le sucre caramélisé sert, lui, à rendre plus digeste l'élément acide représenté par le vinaigre, à le *gastriquer*, ce verbe un peu barbare signifiant « soumettre à l'action digestive de l'estomac ».

Gâteau

L'origine du mot **gâteau** remonte au XIIᵉ siècle, sous les formes *gastel* et *wastel*, probablement dérivées du francique *wastil* = nourriture. En fait, les gâteaux, dont le nom, peut-être sous l'influence du verbe *gâter*, évoque aujourd'hui une friandise agréable, ont leur origine dans l'alimentation très rudimentaire qui était celle de nos ancêtres. Si les gâteaux étaient déjà connus dans l'antiquité, peut-être y sont-ils nés comme dans la France rurale du Moyen Age, du désir instinctif

qu'avait la mère de famille de donner à ses enfants une nourriture un peu plus élaborée et flatteuse au goût que les bouillies et le pain quotidiens. Le premier gâteau a donc été un « pain amélioré » où la ménagère avait ajouté à la pâte habituelle du lait, des œufs, du miel ou des fruits, autrement dit les productions les plus appréciées de la petite exploitation familiale. Comme dans beaucoup d'autres cas, le particularisme local a évidemment donné aux divers gâteaux leur caractère propre.

La **gâche** normande est un exemple tout à fait significatif de ce passage du pain aux gâteaux. La plus commune des gâches était tout simplement un pain, c'était la *gâche dé pain tchute à la goule du four*, autrement dit « cuite à l'entrée du four » ; on la mangeait chaude avec du beurre ou froide trempée dans du cidre. La **gâche amendée** comportait du beurre, des œufs et très peu de sucre ; c'était en somme une sorte de brioche, mais on la piquait à coups de couteau pour l'empêcher de monter. On faisait aussi, selon les circonstances et les ressources du moment, une **gâche à Corinthes** *ou à picots*, avec des raisins secs noirs, une *gâche à pommes, à chucre, à querouaisiaux* (groseilles) et même à *crétons* ou *lardons*. La *gâche du vrai* (varech) était servie lors des corvées de ramassage du varech. Dans le Bessin, la gâche amendée prenait le nom de *falue*. La gâche, sous l'une ou l'autre de ses formes, constituait une gâterie traditionnelle extrêmement répandue, comme en témoigne l'emploi courant du mot dans la langue populaire ; on dit par exemple en Normandie « A nous la bonne gâche » comme ailleurs « A nous la bonne soupe ». Il faut noter que l'emploi du terme de *gâche* s'est étendu jusqu'à la Vendée, où il désigne parfois le gâteau de Pâques, et à la Bourgogne avec la *gâche aux griaudes*.

A partir du moment où l'on ajouta des œufs et du beurre dans la pâte à pain, on était très près de la *brioche* (voir ce mot) ; les noms eux-mêmes se confondant parfois, puisque le *gatei* de Riom, dans le Puy-de-Dôme, gâteau obligatoire de la fête patronale, était une brioche très légère. Dans l'Ain, on « améliorait » la pâte à pain avec des rondelles d'oignons et des noix : c'étaient les *salés* du Bugey. En Franche-Comté, on additionnait la pâte à pain de crème pour préparer les *sèches* sucrées ou les *saillats*, sortes de gâteaux salés ; on ajoutait du lard au *raclon* du pétrin (reste de pâte à pain collée aux parois) et on faisait cuire cette galette très rustique au four, de même que la *flamusse* (voir *flan*), dont la composition connaissait des variantes assez importantes de village en village.

Du gâteau en pâte à pain plus ou moins élaborée, on est passé à la tarte avec, toujours en Franche-Comté, le gâteau de *frayure*, celle-ci étant une garniture faite d'un mélange de crème fraîche et d'œufs ; la base en pâte sur laquelle on versait la frayure était parfois appelée le *paiton* ; la garniture pouvait ainsi s'appeler *gourmeau, coureau, chiavémure* ; dans sa composition entraient, selon les cas, des œufs, du sucre, du fromage blanc, de la confiture, du riz, de la courge. L'idée de remplir la base de pâte d'une garniture salée ou sucrée se rencontre dans toutes les province; cette garniture était connue en Champagne sous le nom de **quemeux**, dans le Mâconnais sous celui de **taître**, et de **maugin** ou **migaine** en Lorraine.

La **quiche** (voir ce mot) lorraine est un excellent exemple de ce type de gâteaux.

On trouvera à leur ordre alphabétique la description des principaux gâteaux de la cuisine française régionale ou classique.

Gâte-sauce

Dans le langage des cuisiniers, c'est le marmiton débutant. L'origine du mot est claire ; San Antonio la commente plaisamment :

> Son assistant qui lui sert de gâte-sauce (il les gâte vraiment) [...] est à ses côtés.
>
> San Antonio, *Votez Bérurier*.

Gaudets o lo tschà

Les **gaudes**, cette **bouillie** (voir ce mot) à la farine de maïs considérée comme le « plat national comtois » (R. Bichet), même si l'Ain et une partie de la Côted'Or font preuve à leur sujet d'un chauvinisme certain, tenaient une telle place dans l'alimentation et dans le vocabulaire local qu'on appelait curieusement *gaudets o lo tschà* (gaudes à la viande) un ragoût de grasdouble du Jura. On peut rapprocher de ce *tschà* comtois le mot **châ** désignant en Lorraine la viande de boucherie qui était réservée aux repas de fête ou **fëchtins**.

Gaufre

Gâteau léger et croustillant fait en versant dans un moule spécial une pâte voisine de la pâte à crêpes. Le **gaufrier** ou **fer à gaufres**, fait de deux parties qui se rabattent l'une sur l'autre, a toujours été décoré de motifs divers. C'est de ce décor qui, à l'origine, reproduisait des rayons de miel, que les gaufres tirent leur nom, du vieux français *wafla*, lui-même dérivé du néerlandais *wafel* = rayon de miel. Alexandre Dumas, dans son *Grand Dictionnaire de cuisine*, a constaté qu'on mangeait peu de gaufres à Paris, où l'on semblait plus friand d'**oublies** (voir ce mot).

Dans toutes les provinces de France, elles étaient en faveur, sans, semble-t-il, qu'elles aient généralement marqué une circonstance spéciale. En Gascogne, on les appelait **gâteaux aux fers**, du nom du moule dans lequel on les confectionnait. En Lorraine, on en offrait aux enfants qui agitaient *briants* ou *bruants*, crécelles destinées à remplacer les cloches muettes pendant la fin de la Semaine Sainte. Dans le Mâconnais, on offrait des gaufres lors de la mort d'un petit enfant, en signe de réjouissance, aussi curieux que cela puisse paraître : à cet enfant-là, du moins, seraient épargnées les peines et les misères de notre existence terrestre... On emploie parfois, dans le langage populaire, le mot **gaufre** comme synonyme de nourriture.

> Dans la vallée de Chevreuse, la gaufre était bonne et les piaules bien chauffées.
>
> Auguste le Breton, *Langue verte et noirs desseins.*

Gaufrette : mot dérivé. Souvent fabriquées industriellement de nos jours, les gaufrettes ont cependant longtemps été préparées à la maison, dans des moules plus petits que les moules à gaufres, et à partir d'une pâte plus légère et liquide. Au nombre des gaufrettes distribuées à l'occasion d'un mariage, en Saône-et-Loire, on reconnaissait l'opulence d'une famille.

Gayant (faire)

Dans la région de Douai, manger le cochon de lait était de tradition le dimanche le plus proche du 6 juillet. Ce jour-là était l'anniversaire de la fin de la domination espagnole en 1667, et on promenait dans les rues de la ville un géant d'osier, dans la tradition des géants de Carnaval du Nord, ainsi que toute sa « famille ». On l'appelait le *Gayant* (géant), d'où le nom de fête du *Gayant* et de l'expression **faire gayant**.

Gelée

Préparation gélatineuse qui entre dans l'élaboration de divers plats salés ou sucrés, de présentation toujours très spectaculaire.

> Glacer chaque filet et ses accompagnements avec la gelée.
>
> Louisette Bertholle, *Les Recettes secrètes des meilleurs restaurants de France.*

Les cuisiniers professionnels utilisent un **fond** (voir ce mot) à base d'os de veau ou d'arêtes de poissons, selon la destination de la gelée, pour préparer les plats en gelée salés, mais ont recours à la gélatine, qui est d'ailleurs un produit parfaitement sain, pour les gelées d'entremets. En cuisine ménagère, la gélatine est recommandée pour la préparation des gelées aussi bien sucrées que salées. Dans ce dernier cas, elle est préférable aux gelées toutes prêtes que l'on trouve en sachets dans le commerce, mais on peut également acheter de la gelée chez un bon charcutier.

Géline

Ce mot, qui est le nom ancien de la poule (du latin *gallina*) a longtemps subsisté dans les parlers locaux.

> Les poules regardaient stupidement la géline mordue qui [...] poussait d'intermittents et rauques gloussements d'agonie.
>
> Louis Pergaud, *De Goupil à Margot.*

Dans les Pays de la Loire, on prépare toujours une **géline à la tourangelle**.

Gendarme

Hareng saur. Il a la raideur du gendarme. En Auvergne, au XVe siècle, on appelait déjà le hareng saur *gendarmas*.

Petite saucisse séchée et fumée, dont la forme et la couleur ont quelque analogie avec le hareng et qui, par conséquent, comme lui, évoque peut-être la silhouette d'un gendarme.

> A la devanture du charcutier, il regarda les serpents de boudin [...], les terrines, les gendarmes à la chair brunâtre.
>
> Robert Sabatier, *Les Fillettes chantantes.*

Gésier (avoir le) dans les nougats

Avoir grand faim.

> J'commence à avoir le gésier dans les nougats. A quelle heure est la jaffe ?
>
> Pierre Devaux, *Le Livre des darons sacrés.*

Cette expression est à peu près mot à mot l'équivalent plus nettement argotique de l'expression populaire **avoir l'estomac dans les talons** (voir **estomac**).

Gibelotte

Fricassée au vin blanc ; il s'agit généralement d'une fricassée de lapin. L'appellation populaire **gibelotte de gouttière** désigne celle où l'on soupçonne l'aubergiste d'avoir mis un chat au lieu de lapin.

> Un garçon venait de poser sur la table une gibelotte de lapin.
>
> Emile Zola, *L'Assommoir.*

L'ancien français *gibelet* désignait toutes les façons d'accommoder les oiseaux ; ce mot est à rapprocher de **gibier**, du francique *gabaiti* = chasse au faucon.

Gigotmuche

Ce terme d'argot de fantaisie de formation très facilement compréhensible sert à désigner le gigot. Victor Hugo l'attribue à Cartouche.

Giraumon

Nom donné au potiron dans le Périgord et en Saintonge, où l'on en fait tourtes et soupes. Il s'agit d'un mot ancien dont le domaine d'utilisation s'est restreint.

> Il semait du petit mil [...] et, au pied des rochers, des giraumons, des courges.
>
> Bernardin de Saint-Pierre, *Paul et Virginie.*

En Provence, on dit **coucourde** (du latin *cucurbita*).

> Avec de l'eau et avec cette terre [...] il va faire [...] des coucourdes comme des roues de charrette.
>
> Marcel Pagnol, *Jean de Florette.*

Gite-gite

Jarret de veau, dont le nom technique est **gite**. L'expression **gite-gite**, utilisée tout à fait couramment par les bouchers et les cuisiniers, est empruntée à l'argot des bouchers et date des environs de 1920. Le redoublement signifie qu'il s'agit bien de gite véritable, et non pas de **gite... à la noix**, ainsi nommé parce qu'il est pris dans la noix, qui est un muscle du cuisseau.

Givrer

C'est un mot tout à fait courant dans le domaine des boissons, et pas seulement parce que *givré* se dit couramment pour « ivre » (voir *Les mots du vin et de l'ivresse*, Belin 1984) ! On givre un verre soit en le rafraîchissant au moyen de glaçons, ce qui contribue à l'embuer et à lui donner un aspect givré, soit en en

trempant le bord dans du jus de citron, puis dans du sucre en poudre : le haut du verre est alors entouré d'une bordure blanche rappelant tout à fait le givre. Mais ce mot s'emploie aussi dans le langage de la table, où les *fruits givrés* sont bien connus : ce sont des sorbets aux agrumes servis dans les écorces vidées des fruits qui ont servi à leur préparation.

Glace

Le mot *glace* sert à désigner les entremets glacés en général (voir *crème glacée* au mot *crème*, ainsi que les mots *parfait* et *sorbet*).

On appelle également *glace* le résidu légèrement sirupeux et brillant (d'où son nom) qui reste dans le fond d'une cocotte, d'une poêle ou d'une lèchefrite en fin de cuisson. On obtient cette caramélisation en faisant *tomber à glace* (ce qui se dit aussi *réduire à glace*, expression plus facilement compréhensible) le jus que l'on met à feu vif à cet effet.

Mettre au feu et laisser réduire presque à glace.

Jean et Pierre Troisgros, *Cuisiniers à Roanne.*

On désigne aussi sous le nom de **glace** un **fond** (voir ce mot) de veau réduit jusqu'à devenir légèrement sirupeux et que l'on emploie pour renforcer certaines sauces.

La **demi-glace** est une sauce **espagnole** (voir ce mot) réduite et additionnée de madère. Th. Gringoire et L. Saulnier déclarent dans leur *Répertoire de la cuisine* que la demi-glace est « la sauce espagnole à son suprême degré de perfection ».

La **glace royale** est un mélange de sucre glace, de citron et d'eau qui sert à **glacer** (voir ce mot) le dessus de certains gâteaux.

Glacer

Recouvrir la surface d'un mets d'un revêtement brillant. On peut glacer la viande en la passant sous le gril ou la **salamandre** (voir ce mot).

> Retourner régulièrement le gigot pour le glacer.
>
> Alain Chapel, *La cuisine,*
> *c'est beaucoup plus que des recettes.*

On glace les petits oignons en les faisant légèrement caraméliser dans un mélange de beurre et de sucre. Pour glacer les gâteaux, on les recouvre de **glace royale** (voir ci-dessus).

Godiveau

Farce fine à base de viande de veau, utilisée essentiellement pour la préparation des **quenelles** (voir ce mot).

> Mettre le godiveau bien mouillé dans une poche à douille unie.
>
> Ali Bab, *Gastronomie pratique.*

Le mot **godiveau** est peut-être une déformation de *gogues de veau*, la *gogue* étant une sorte de **boudin** (voir **cochon**). On trouve chez Rabelais la forme *godebillaux*.

Gogaille, goguette

On dit de quelqu'un qu'il est **en goguette** ou, plus rarement, **en gogaille** lorsqu'il fait la **noce**, la **foire**, etc. (voir ces mots).

Gogue signifiait autrefois « réjouissance », et l'emploi de ce mot qui est en diverses régions le nom du **boudin** (voir **cochon**), souligne, s'il en était besoin, quel grand jour de fête était celui où l'on tuait le cochon et où l'on mangeait les *gogues*.

L'expression **à gogo** a la même origine et emprunte au mot **gogue** l'idée d'abondance, de réjouissance.

Goinfrer (se)

Manger comme un **goinfre**, c'est-à-dire de façon gloutonne et sale. On ignore l'origine du mot goinfre, mais sa sonorité évoque bien les bruits incongrus faits par celui qui mange... comme un goinfre.

Gougère

Gâteau salé en forme de boule, préparé à partir de pâte à chou au fromage et très apprécié en Bourgogne.

> Marie Corot avait la gravité qui sied à une personne qui avait enfourné des gougères pour un grand peintre.
>
> Jean Renoir, *Auguste Renoir, mon père.*

Le goût des gougères se marie à merveille avec celui du vin, aussi sont-elles souvent servies comme amuse-gueule lors d'une dégustation de vins. Les gougères semblent être originaires de l'Yonne, soit de Flogny dans le Tonnerrois, où elles auraient été connues depuis le XVIIIᵉ siècle, soit de Sens.

Goujonnettes

Filets de goujons frits que l'on utilisait beaucoup jadis pour orner les plats de poisson en sauce. Aujourd'hui, quand on sert des goujonnettes, elles sont plutôt préparées avec des filets de soles... ou de merlans, selon la catégorie du restaurant.

> Ces filets, dits aussi « goujonnettes », servent également de garniture pour de gros poissons braisés et pour la sole à la normande.
>
> *Larousse Gastronomique.*

On prépare parfois un plat entier de goujonnettes que l'on sert dressées *en buisson* (voir ce mot) avec persil et citron.

Gourmand (pois)

Les *pois gourmands* sont ce qu'on appelait naguère plus communément *pois goulus* ou *mange-tout* : on en mange la cosse en même temps que la graine. Il existe aussi des *haricots mange-tout*, ainsi nommés pour la même raison.
La « nouvelle cuisine » met les pois gourmands littéralement à toutes les sauces : on les sert avec les viandes, les poissons, les crustacés et, très parcimonieusement utilisés, en décor sur les assiettes garnies.

Gousse d'ail

Morceau de bœuf pris dans la noix, ainsi appelé à cause de sa forme. Il est vendu comme pièce à bifteck. On appelle aussi ce morceau *portefeuille* en raison de l'aspect feuilleté de la viande.

Graille

Nourriture.

> La graille peut attendre : Zi m'a dit de prendre l'assiette à l'extrême gauche du plateau.
>
> Albertine Sarrazin, *La Cavale.*

Autrefois, on disait plutôt, dans le même sens, *graillon* que *graille*. L'un et l'autre de ces mots sont dérivés de « graisse ». Au XVIIᵉ siècle, dire d'une femme qu'elle était une *Marie-Graillon* revenait à dire que c'était une souillon.

Grailler : manger.

> On va grailler au Fourneau ? propose la Glace.
>
> Auguste le Breton, *Noël chez les cloches.*

Salle à grailler : salle à manger.

Graine

Nourriture. ***Graine*** signifie ici « grain de blé » et souligne l'importance primordiale du pain dans l'alimentation populaire d'autrefois.

Grainer, casser la graine : manger. Ces termes sont les équivalents exacts de ***croûter, casser la croûte*** (voir ***croûte***).

> On est descendus casser la graine au bord de la Loire, un peu à l'écart.
>
> Cavanna, *Les Ritals.*

D'où ***casse-graine :*** petit repas, casse-croûte.

> J'veux de la friture à chaque casse-graine.
>
> Pierre Devaux, *Le livre des darons sacrés.*

Graisse normande

Graisse de rognon fondue et aromatisée avec des légumes et des herbes. On la conserve en petits pots ; chaque ménagère a sa façon de faire, mais il faut toujours que la graisse normande soit bien ***agoutée*** (de goût prononcée) et ***teignouse*** (colorée).

On l'utilise notamment pour préparer la ***soupe normande***, qui était le petit déjeuner des travailleurs agricoles. Cette robuste soupe non passée leur permettait d'affronter les tâches de la journée, surtout en hiver. La soupe normande aurait été imaginée par un curé de Caen, à la fin du XVIIIᵉ siècle, lors d'un hiver particulièrement froid.

Grand-mère

Se dit de préparations, généralement de volaille, avec lardons, oignons, champignons, pommes de terre, évoquant la cuisine d'autrefois, d'où leur nom.

Grand veneur (sauce)

Sauce destinée à accompagner le gibier (on l'appelle aussi **sauce venaison**). Les mots *veneur, venaison*, étaient employés de façon tout à fait habituelle au Moyen Age pour désigner le chasseur et la chasse (du latin *venator* = chasseur et *venatio* = chasse). Le *grand veneur* était le chef de la vénerie d'un souverain.

> On le voit [...] consommant du filet de marcassin sauce grand veneur dans les cantines snobs.
>
> San Antonio, *Du poulet au menu.*

On fait parfois l'ellipse du mot *sauce* en appelant de telles préparations **gibier grand veneur**.

Granité

Variété de **sorbet** (voir ce mot) que l'on travaille plusieurs fois pendant qu'il se prend en glace pour éviter qu'il forme un bloc massif. Le granité présente des sortes de paillettes, voisines des grains qui ont donné son nom à la roche appelée *granit*.

Gras-double

Le **gras-double** qui entre dans la préparation des tripes, mais que l'on mange aussi seul, apprêté de manières diverses, est la membrane de l'estomac du bœuf. Il doit son nom au fait qu'on le considère comme particulièrement gras.

Gratin

Mode de préparation consistant à faire dorer au four un plat recouvert de fromage râpé ou de chapelure. Autrefois, on désignait du nom de **gratin** ou **graton** ce qui attachait au « pot » et qu'il fallait donc gratter pour le recueillir. De l'analogie d'aspect découle l'utilisation actuelle du mot **gratin**.
Le verbe **gratiner** désigne l'opération décrite ci-dessus pour la préparation d'un *gratin*.

> Saupoudrer de beaucoup de fromage râpé. Gratiner.
>
> Th. Gringoire et L. Saulnier,
> *Le Répertoire de la cuisine.*

Gratin dauphinois, gratin savoyard : voir **truffe**.
Gratinée : voir **soupe**.

Gratte-cul

Nom populaire donné dans de très nombreuses régions au cynorrhodon ou fruit de l'églantier, en raison des fines barbes qu'il contient et qui ont une analogie certaine avec le « poil à gratter ».
On en fait une gelée appréciée, mais assez longue à préparer, qui possède des vertus thérapeutiques antidiarrhéiques. On prépare également les gratte-cul à l'eau-de-vie, comme les cerises :

> Le Jacotot se levait, tirait un bocal de fruits à l'eau-de-vie et s'en servait un plein verre.
> — Desquels que tu veux, demandait-il ?
> — Des grattes-culs, répondais-je toujours.
>
> Henri Vincenot, *La Billebaude.*

Grêle

Dans le Morvan, tranche de jambon cru.

> Placez dessus une « grêle » de jambon cru du pays enduite de moutarde.
>
> Gautron du Coudray, *Un quarteron de rimes culinaires.*

Grenouillat

Les jeunes filles de l'Ecole Primaire Supérieure de Bléneau, dans l'Yonne, se livraient vers 1910 à une curieuse occupation : à longueur de journée, elles fabriquaient du *grenouillat*. Pour cela, elles enveloppaient du chocolat cassé en petits morceaux dans du papier d'argent avec des noix, et s'asseyaient dessus... A la douce chaleur du corps, le chocolat fondait, les noix s'y incorporaient en une friandise fort appréciée. Mais il ne fallait à aucun moment cesser de « couver » le grenouillat. Aussi, quand une élève était appelée au tableau alors qu'elle était occupée à faire du grenouillat, elle le passait en vitesse à une compagne qui prenait la relève. Les dernières survivantes de cette génération se souviennent-elles encore du grenouillat, ou bien est-il tout à fait tombé dans l'oubli ? Son nom vient peut-être de l'apparence un peu granuleuse prise par le mélange, propre à évoquer une peau de batracien.

226

Gribiche (sauce)

Sorte de mayonnaise au jaune d'œuf dur et additionnée d'herbes et de câpres. Le nom **gribiche**, d'origine normande, était autrefois employé dans plusieurs régions (il l'est encore en Suisse) avec le sens de « mégère ».

Le narrateur de *A la recherche du temps perdu* raconte qu'on allait demander à Swann la recette de la sauce gribiche, lorsqu'on en avait besoin pour un grand dîner. Il aurait été bien étonnant que Françoise ne sache pas préparer cette sauce, très utilisée en cuisine bourgeoise, notamment comme accompagnement de la tête de veau et des poissons !

Gringue

Pain, en argot de la fin du XIXe siècle. C'est un dérivé de **grignon** = croûton, lui-même venu du bas-latin *crignum* qui désignait un pain médiocre fait de farines mélangées.

En Provence, on appelle **grignons** les tourteaux d'olives pressés dont on faisait autrefois une huile de qualité plus que médiocre.

Grumeau

Petite boule de farine mal délayée qui se forme dans une pâte, une sauce, une crème, et qui donne à ces apprêts une consistance extrêmement déplaisante. Ce mot vient du latin *grumus* = motte de terre.

Gueule chaude

Nom pittoresque donné en Puisaye à une galette cuite au four aussitôt le pain défourné et qui se mange très chaude...

Gueuleton

Terme populaire employé pour désigner un repas qui est généralement aussi bon qu'abondant. Ce mot est évidemment dérivé de *gueule*.

> — Quel gueuleton !
> — Quelle bombe !
>
> Louis Pergaud, *La guerre des boutons.*

Gueuletonner : faire un bon repas.

Gueuse

Par analogie avec une *gueuse* de plomb, les élèves de l'Ecole Navale donnaient ce nom, au début du XXe siècle, à un gâteau particulièrement indigeste qu'on leur servait... On peut rapprocher ce dessert de la **galette de plomb**, gâteau assez rustique et lui aussi fort bourratif (voir **plomb**).

Habiller

Habiller une volaille, ce serait plutôt la déshabiller, puisque cette opération consiste à la plumer, la vider, la flamber... Ensuite, on la **bride** (voir ce mot). En fait, le mot *habiller* vient d'un verbe du XIIIe siècle, *abillier*, qui désignait le travail accompli sur une bille de bois pour la rendre présentable, ce qui correspond tout à fait au sens culinaire du terme. Le *h* initial a été adopté au XVe siècle, par similitude avec *habit*.
On emploie parfois le terme **habiller** pour parler de la présentation des poissons.

Hachis parmentier

Préparation gratinée au four comportant une couche de bœuf cuit haché et une couche de purée de pommes de terre, d'où son nom.

> Gridoux pouvait casser la graine en toute tranquillité. Cette graine était en général une assiette de hachis parmentier fumant.
>
> Raymond Queneau, *Zazie dans le métro.*

Hariaux

Petits gâteaux de Carnaval dans la région de Douai.

Haricot

Sorte de ragoût de mouton.

> Vous croyez qu'on fait un haricot de mouton avec des
> haricots ? Détrompez-vous.
>
> Gautron du Coudray, *Un quarteron de rimes culinaires.*

En effet, le mot *haricot*, dans le sens de « ragoût »,
dérive de l'ancien français *halicoter* = couper en morceaux. Et si, dans certaines régions, comme l'Orléanais, on met des haricots en grains... dans le haricot
de mouton, ce n'est pas la raison de son nom.
Le nom de *haricot* employé pour désigner le légume
bien connu vient, lui, du mot aztèque *ayatolc* signifiant ce qu'on appelait autrefois « fève de haricot »,
autrement dit « haricot ». Ce mot pourrait bien avoir
pris la forme *haricot* par analogie avec celui servant
à désigner le ragoût.

Herbes

Nom donné autrefois aux légumes verts, par opposition avec les *racines* (voir ce mot). Chaque paysanne
avait son *hort d'herbes*, jardin à proprement parler
potager puisque ces légumes verts entraient dans la
composition de nombreuses *soupes* (voir ce mot).

> C'était un marchand d'herbes cuites ; [...] sur la table
> d'étalage, des pâtés d'épinard et de chicorée, dans des
> terrines, s'arrondissaient.
>
> Emile Zola, *Le Ventre de Paris.*

Fines herbes : herbes vertes aromatiques (persil, cibou-
lettes, estragon, etc.) que l'on coupe finement et que
l'on utilise pour relever la saveur des salades et de
divers autres plats, comme omelettes, fromage blanc,
légumes. La meilleure manière de couper les fines herbes sans les écraser consiste à utiliser des ciseaux de
cuisine.

Pour certains maraîchers et cuisiniers, l'expression **fines herbes** désigne seulement la ciboulette.

> Elle vida son réfrigérateur et fit cadeau de ses restes à sa concierge : un demi-quart de beurre, [...] diverses fines herbes et trois yaourts.
>
> Georges Perec, *La Vie mode d'emploi.*.

Historier

Décorer un plat avec des éléments tels que citrons, oranges, tomates, découpés de façons diverses. On emploie aussi le verbe **historier** pour désigner l'opération qui consiste à découper ces éléments. On peut également historier un gâteau en décorant le dessus au sucre glace.

> Mes amies [...] s'étonnaient de me voir manger seulement un gâteau gothiquement historié de sucre.
>
> Marcel Proust, *A la recherche du temps perdu.*

A l'origine, le verbe **historier** s'employait pour désigner le fait de décorer un livre, par exemple, avec des scènes ou des personnages généralement tirés des Écritures. Au Moyen Age, on appelait ces scènes des *histoires*. L'habitude de décorer les plats de façon souvent outrancière a trouvé son comble à l'époque de Carême, au début du XIXᵉ siècle. Aujourd'hui, on tend vers plus de sobriété, mais certaines encyclopédies culinaires enseignent encore comment faire des **minarets** avec des champignons de Paris, des **nœuds** avec des tranches d'orange ou de citron, des **chrysanthèmes** avec des oignons, des **frisettes** avec des carottes, des **rayons de soleil** avec des tranches de céleri...

Hochepot

Pot-au-feu flamand à base de queue de bœuf, d'oreilles et de queue de porc, d'épaule de mouton et de légumes. Il existait jadis un autre **hochepot**, qui était une sorte de ragoût de châtaignes et de viande cuit au bouillon.

Hocher, que l'on retrouve dans l'expression « hocher la tête », vient du verbe francique *hotisson*, secouer (cf. l'allemand *hotzen*). La nécessité de « secouer le pot » s'expliquerait si la cuisson se faisait sans eau et mettait les éléments du pot-au-feu en danger de coller au fond. Aucune recette de hochepot ne confirme cette possibilité : il s'agit bel et bien de viande et de légumes cuits dans un liquide. Le *Robert* donne cependant une définition qui justifierait qu'il faille assez souvent « secouer la marmite » : le hochepot serait un ragoût de bœuf et de volaille cuit sans eau avec marrons et navets. Mais on ne trouve apparemment cette recette chez aucun auteur.

Hollandaise (sauce)

Sauce faite d'une *émulsion* (voir ce mot) de jaunes d'œufs et de beurre, que l'on sert en accompagnement de poissons, d'asperges, etc. Sa préparation, un peu délicate, requiert un « tour de main ».

> Exprimer le jus d'une orange [...], puis faire une hollandaise ; dans les œufs, mettre le zeste râpé.
>
> Henri-Paul Pellaprat, *Traité de la cuisine familiale.*

Cette sauce n'est pas vraiment d'origine hollandaise. Son nom est une allusion à l'excellence des produits laitiers de la Hollande. Prosper Montagné préfère l'appeler *sauce Isigny*.

Hors-d'œuvre

Petits plats froids ou chauds, servis au début d'un repas, et un peu en marge de celui-ci, à la manière des *hors-d'œuvre* d'architecture, qui se présentent en saillie par rapport au bâtiment.

> Il y a [...] une quarantaine de plats carrés contenant des hors-d'œuvre différents.
>
> Charles Blavette, *Ma Provence en cuisine.*

Les hors-d'œuvre sont-ils destinés, comme le dit le *Larousse Gastronomique*, à mettre en appétit ? On peut en douter si l'on sait qu'on les appelait autrefois **abat-faim**.

Ile flottante

Très joli dessert d'autrefois, fort en faveur dans la cuisine bourgeoise, constitué par une masse de blancs d'œufs battus en neige flottant sur un océan de crème anglaise.

> Après avoir examiné la carte, ils commandent un consommé léger, une omelette aux ails verts et une île flottante pour Mademoiselle.
>
> Augustine Gomez-Arcos, *Un oiseau brûlé vif.*

L'île flottante ressemble aux **œufs à la neige** (voir ce mot) mais en diffère du fait que les œufs y constituent une masse unique, alors que, dans les œufs à la neige, ils sont en petits tas à la surface de la crème.

Imbiber

Action d'arroser jusqu'à imprégnation un biscuit ou autre gâteau au moyen d'un sirop préparé à cet effet. On dit aussi **siroper** ou **puncher** (voir ces mots).

> Et y a Bibi qui imbibe le baba.
>
> Chanson créole.

Ce verbe, dérivé du latin *bibere* = boire, est employé en cuisine exactement de la même façon que dans le langage courant.

Impératrice (à l')

Nom qui fut donné à un certain nombre de préparations salées ou sucrées, peut-être en hommage à l'une de nos impératrices : Joséphine, Marie-Louise ou

232

Eugénie. On ne l'emploie plus guère aujourd'hui que pour désigner le *riz à l'impératrice*, qui est un riz au lait additionné de crème anglaise « collée » (c'est-à-dire additionnée de gélatine) et de fruits confits.

> J'aurais à choisir entre ces deux pièces [...], j'étais aussi incapable de décider laquelle aurait ma préférence que si, pour le dessert, on m'avait donné à opter entre du riz à l'impératrice et de la crème au chocolat.
>
> Marcel Proust, *A la recherche du temps perdu*.

Incorporer

C'est là un mot très employé en cuisine : on l'utilise chaque fois qu'on introduit un élément nouveau dans une farce, dans une pâte. Il est essentiel qu'il soit bien *incorporé*, c'est-à-dire qu'il fasse corps avec la masse pour la bonne homogénéité et la cuisson uniforme du plat ainsi préparé.

Infusion

On prépare une infusion en cuisine comme on la prépare pour faire une tisane : en mettant certaines herbes ou aromates dans un liquide bouillant et en laissant reposer assez longtemps pour que l'odeur des éléments aromatiques se communique au liquide.
Les cuisiniers utilisent les infusions pour parfumer une sauce.

> Velouté de volaille à l'infusion suivante : cerfeuil, persil, estragon, ciboulette, pimprenelle.
>
> Th. Gringoire et L. Saulnier, *Le Répertoire de cuisine*.

Ingrédients

Ce mot, qui désigne tous les produits nécessaires à l'exécution d'une recette, dit bien ce qu'il veut dire puisqu'il vient du latin *ingredi* = entrer dans. On lui préfère cependant aujourd'hui, dans les livres et journaux de cuisine, le terme *élément*.

Ivoire (à l')

On appelle *sauce à l'ivoire* la sauce blanche, généralement liée au jaune d'œuf, à la crème et au citron, qui
accompagne la viande et les volailles en blanquette.
Elle doit évidemment son nom à sa couleur. On dit
aussi simplement *poulet à l'ivoire, veau à l'ivoire*.

> On m'a écrit pour savoir comment je faisais ma galan-
> tine et mes carrés de porc sauce ivoire.
>
> Yvonne Verdier, *Façons de dire, façons de faire.*

Jaffe

Nourriture. Ce mot servait à désigner la soupe en argot
de prisonniers.

> Une jaffe et un morceau de brignolet deux fois par
> semaine.
>
> Auguste le Breton, *Du rififi chez les hommes.*

Il est originaire des Pays de l'Ouest et vient du gaéli-
que *gafa* = écume. Il y a là allusion à l'écume qui se
forme en surface du bouillon et que l'on retire, dans
la cuisine soignée.

Jaffer : manger.

> Ce qu'on peut jaffer, chez Pierrot, c'est monstrueux et
> toujours de première.
>
> Albert Simonin, *Le petit Simonin illustré.*

Jalousie

Gâteau à la *frangipane* (voir ce mot) décoré d'un croi-
sillon de pâte qui le fait ressembler au store portant
ce même nom de jalousie.

Jardinière

Légumes découpés finement et habituellement servis
comme garniture d'un plat de viande.

> A la saison des légumes on s'en foutait plein le lam-
> pion... Je les présentais en « jardinière » avec des lar-
> dons variés.
>
> Louis-Ferdinand Céline, *Mort à crédit.*

Ce mot fait évidemment allusion au jardin, personnel ou maraîcher, où ont été cueillis les légumes en question. Dans la jardinière, les légumes sont généralement mélangés ; lorsqu'ils sont présentés en petits bouquets on dit plutôt **bouquetière** (voir ce mot).

Jau, jaud

Nom dérivé du latin *gallus* = coq, sous lequel on désigne le coq dans tout le Centre de la France (voir **barbouille**).

Jaunir

Faire **jaunir**, c'est faire **dorer** (voir ce mot) les éléments d'une préparation culinaire en les mettant à colorer dans du beurre.

> Ma mère, c'était une bonne cuisinière, mais elle n'a jamais voulu me montrer. Jamais elle ne me disait: « Tu vas faire jaunir le lapin. »
>
> Yvonne Verdier, *Façons de dire, façons de faire.*

Le mot *jaunir*, commer *dorer*, souligne bien la couleur que doivent avoir les éléments ainsi traités.

Java

Mot couramment employé dans le langage populaire comme synonyme de *noce, bombe* (voir ces mots).

> Quand Dolorès veut faire « la java », elle me confie Juan.
>
> Françoise Mallet-Joris, *La Maison de papier.*

La java est une danse faubourienne, pas très distinguée mais bien rythmée et rapide, qui était en faveur dans les bals musette et qui doit son nom, sinon réellement son origine, à l'île de Java. Elle s'associe tout naturellement à l'idée d'une noce effrénée.

Jésuite

Nom donné en diverses régions au dindon. On l'appelle aussi, notamment dans les Pays de l'Ouest, *pérot* ou *perrot*, appellation dont on désigne les pères jésuites dans ces mêmes régions. Ce ne sont pas eux, contrairement à ce qu'on dit parfois, qui ont introduit le dindon en France ; car on le trouve cité dans des textes du XIVe siècle, alors que la fondation de la Compagnie de Jésus date de 1540 ; mais ils furent parmi les premiers à en pratiquer l'élevage en grand, particulièrement dans la région de Bourges.

Dans le Centre, on dit aussi très couramment *coq d'Inde* (le mot *dinde* étant une manière d'écrire « d'Inde », c'est-à-dire des Grandes Indes ou d'Amérique), prononcé *co'd'Inde.*

Jésus

Gros saucisson ficelé de Franche-Comté et du Lyonnais, fait dans le boyau culier. De tous les saucissons, c'est le Jésus qui, par sa taille, inspire le plus grand respect, d'où probablement son nom : en Gascogne, le plus gros des boudins, fait dans le même boyau, s'appelle le *boun diou* (bon Dieu), en hommage à sa grande taille ; il se place, dans la hiérarchie des boudins, au-dessus des **tripons** et des **tripes** (voir ce mot). Mais le Jésus, bizarrement ficelé, évoque peut-être l'enfant Jésus de la crèche dans son maillot.

Le nom dérivé **judru** désigne, dans le Morvan, un gros saucisson ficelé ressemblant assez au jésus.

Dans les Ardennes, **Jésus** (ou **Jésus-Christ** ou **Petit Jésus**) est le nom donné à la dernière gaufre, car la pâte, en quantité insuffisante pour une vraie gaufre, s'étale en forme de croix dans le gaufrier. Le Jésus était très recherché par les enfants, sans doute en raison de son originalité, ou à cause d'une consistance plus croustillante due à la minceur de la couche de pâte.

Jockey

Régime jockey : régime alimentaire austère, généralement subi à contrecœur.

> Le régime cellulaire, sans pognon, c'est le régime jockey.
>
> Albertine Sarrazin, *La Cavale.*

Les jockeys, c'est bien connu, mangent peu puisqu'ils doivent respecter un poids réglementaire.

Jouanette

Petite pomme précoce que l'on cueillait en Sologne vers l'époque de la Saint-Jean d'été (le 24 juin), d'où son nom.

Julienne

Légumes coupés en bâtonnets très fins. Utilisée crue, la julienne est une présentation courante de certains hors-d'œuvre (carottes dites râpées, céleri rémoulade, etc.). Cuite au beurre, elle sert de garniture à un potage appelé **potage julienne** ou à des sauces.

> La nourriture [...] était exécrable et sous des noms ronflants — Julienne au vieux xérès, crêpes de crevettes en gelée [...] — consistait en des portions toutes préparées.
>
> Georges Pérec, *La vie mode d'emploi.*

On ignore l'origine de ce mot. Sans doute le potage julienne fut-il inventé un jour par une cuisinière nommé Julienne (ou par un cuisinier nommé Julien), qui n'a pas acquis d'autres titres de gloire.

Jus

Liquide que l'on extrait d'un fruit ou d'un légume en le pressant.

Liquide savoureux qui s'écoule d'une viande ou de légumes pendant la cuisson.

Ce mot, emprunté au latin, est d'un emploi extrêmement courant.

Dans la langue populaire, *jus* est utilisé pour désigner le café. On dit aussi *jus de chaussette*, qui est nettement péjoratif, alors que *jus,* qui est cependant un raccourci de cette expression, ne l'est pas !

Juter se dit d'une viande qui rend du jus. Il est habituel d'arroser un rôti, en cours de cuisson, avec le jus qu'il rend. C'est ce qu'on appelle le *jutage*, en cuisine de restaurateur plutôt qu'en cuisine ménagère.

Ketchup

Condiment très fortement vinaigré et épicé d'origine américaine. Le ketchup à la tomate est le plus employé en France. Il s'allie agréablement avec un certain nombre de préparations non traditionnelles, comme les salades de crabe, les avocats, etc., mais il faut se garder d'en mettre, sous prétexte d'originalité, dans des plats où il détruirait la saveur des autres éléments.

Le mot *ketchup* est une déformation de l'anglais *catch up* employé ici dans le sens de « relever ».

Le ketchup est utilisé depuis au moins un siècle en France (on en trouve des recettes ménagères aux environs de 1890) où il fut d'abord connu sous le nom de catchoupe. Aurore Sand (cf. *La table de George Sand,* de Christiane Sand) l'orthographie *catsup*.

L'importation de condiments tout préparés en provenance des pays anglo-saxons a permis de lui rendre son appellation d'origine.

Kiwi

Ce fruit à la peau velue et à la chair d'un joli vert est de plus en plus répandu ; on peut le manger tel quel en dessert, mais il est également utilisé aussi bien comme garniture de gâteaux que comme élément de divers plats salés.

Originaire de Chine et proche comme goût de la groseille à maquereau, il fut d'abord connu sous le nom de **groseille de Chine**. Mais les autorités américaines, à l'époque du sénateur McCarthy et de la « chasse aux sorcières », le débaptisèrent car elles ne pouvaient admettre l'idée que le nom d'un fruit aussi répandu évoque la Chine communiste. Le nom de **kiwi** lui fut alors donné parce que sa culture est largement pratiquée en Nouvelle-Zélande et que l'aspect de sa peau rappelle le pelage de l'oiseau familier des Néo-Zélandais.

Krekvoui

Aliment mythique de la région de Saint-Aubin, dans le Jura. C'est une allusion à l'histoire d'un fermier qui, tous les jours, demandait à son fils si l'âne avait mangé. Le jeune homme répondait « *I krek'voui* » (je crois que oui) jusqu'au jour où l'âne mourut de faim. D'où l'expression employée pour parler d'un homme plantureux : « Il est certain qu'il ne mange pas de **krekvoui**. »

Dans la région de Cosne-sur-Loire (Nièvre), on emploie le mot voisin **crégouis** : manger des crégouis, c'est manger des **clopinettes** (voir ce mot).

Lait de poule

Boisson reconstituante, préparée en battant un œuf avec du sucre et du lait et dont il était fait un grand usage autrefois.

> Justin vint le chercher pour un lait de poule qu'il fallait faire.
>
> Gustave Flaubert, *Madame Bovary*.

On ne voit pas très bien pourquoi on vient chercher un pharmacien (M. Homais) pour faire un lait de poule étant donné que mères et grands-mères en préparaient à l'envi pour leur famille...

Laitance

Sécrétion des glandes mâles des poissons. Elle est blanche comme le lait, d'une saveur très fine et on l'utilise en garniture de certains plats ; elle participe aussi à la préparation de diverses entrées.

Lorsqu'un poisson se trouve à la période où il contient de la laitance, on dit qu'il est *laité*.

Lampe (s'en mettre, s'en foutre plein la)

Manger très abondamment.

> Ces nègres-là [...] je les ai vus [...] chargés de plus de cent paniers de viande humaine bien saignante pour s'en foutre plein la lampe.
>
> Louis-Ferdinand Céline, *Voyage au bout de la nuit.*

Cette expression fait-elle allusion à la lampe à pétrole qu'il faut remplir pour qu'elle fonctionne ? Il est plus probable que *lampe* signifie ici « gosier », « gorge », par dérivation de *lamper* = boire, lui-même venu de l'onomatopée *laper*. On employait jadis le mot *lampas* pour désigner le gosier : *s'humidifier le lampas* voulait dire « boire ».

Lamproie

Poisson ressemblant un peu à l'anguille et partageant comme elle son existence entre la mer et l'eau douce. On la trouve à l'embouchure des grands fleuves, d'où son importance dans la gastronomie bordelaise et dans celle des Pays de la Loire. Sa réputation ne se limite d'ailleurs pas à ces régions : Henri Ier d'Angleterre est mort d'une indigestion de lamproie !

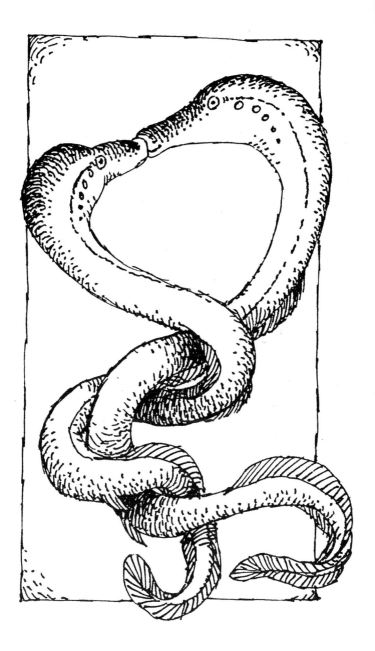

> — Puis-je manger de la lamproie ? demanda-t-il après une pause [...].
> — La lamproie ne vous vaut rien.

Honoré de Balzac, Maître Cornelius.

Ce très bon poisson est également un trésor... sur le plan de la langue ! Il appartient à la famille des *pétromyzontidés* (du grec, littéralement « suce-pierre »), ainsi appelée en raison de l'habitude qu'ont ces poissons, grâce à leur bouche suceuse, de se fixer sur des pierres qui leur servent d'appui, ainsi, d'ailleurs, que sur d'autres poissons du sang et de la chair desquels ils se nourrissent. Dans diverses régions, on les appelle **suce-pierres** ou **suce-cailloux**, et le nom de lamproie a peut-être la même origine, par le bas-latin *lampreta*, issu par métathèse du latin classique *lamprera*, contraction de *lambere petras*, « lécher les pierres ». Cette hypothèse est contestée mais bien séduisante !

On appelle aussi la lamproie **fifre** ou **flûte** en raison de sa forme : elle est cylindrique et longue, et peut atteindre un mètre. Elle reçoit encore le nom de **sept-œils** ou **sept-trous**, car elle a, en guise de branchies, sept curieux orifices ronds de chaque côté de la tête. La larve de la lamproie s'appelle la **chatouille.** Ce mot est un dérivé dialectal du latin *septocula* = à sept yeux. Enfin, la façon de préparer ce poisson avant cuisson est à l'origine du terme culinaire **limoner** (voir ce mot). Limoner, c'est enlever la fine membrane qui recouvre la cervelle, le ris de veau, etc. Ce verbe est employé par analogie avec l'opération qui consiste à retirer la couche de limon recouvrant la lamproie comme une véritable peau.

Langue de bœuf

Nom vulgaire d'un champignon qui pousse sur le tronc de certains arbres et dont la masse charnue et rouge évoque assez la langue de bœuf. A condition de le cueillir encore très jeune, il est comestible. On le mange même cru en salade.

Langue de chat

Petit biscuit long et plat, arrondi aux deux bouts, qui doit son nom à sa forme.

> Il revint, portant un plateau qu'il posa sur le bras du canapé. Trois verres et une assiette pleine de ces biscuits qu'on appelle langues de chat.
>
> Patrick Modiano, *Villa triste*.

On faisait autrefois couramment les langues de chat à la maison, en les cuisant sur des plaques spéciales. Il semble que la biscuiterie industrielle ait, une fois encore, supplanté la préparation ménagère.

Lanières

On ignore l'origine du mot **lanières.** Dans le langage courant, il sert à désigner de longues bandes fines découpées dans du tissu ou du cuir. Par analogie, on l'emploie en cuisine pour parler d'une façon identique de découper notamment les feuilles de salade et certains légumes.

> Un reste de salade de riz parsemé de filets d'anchois, d'œufs durs, de câpres, de poivrons en lanières...
>
> Georges Perec, *La Vie mode d'emploi*.

Larder

Piquer une pièce de viande ou, plus rarement, un poisson, de menus morceaux de lard.

On dit également, dans le même sens, **entrelarder**. Mais une pièce de viande **entrelardée** peut aussi être celle qui présente à l'état naturel de légères infiltrations de graisse au milieu de la chair maigre. A noter que ce mot s'utilise aussi bien en parlant du bœuf que du porc, alors que le terme *lard* désigne uniquement du gras de porc. Le qualificatif **entrelardée** est donc, dans ce cas, une allusion à la ressemblance que présente une telle viande à ce qu'elle serait si on l'avait piquée de lard.

On donne le nom de **lardoire** à une aiguille spéciale que l'on utilise pour larder les pièces de viande.

Lazagnes ou lasagnes

Nouilles plates en forme de rubans qui, venues d'Italie, sont une des spécialités culinaires de la Savoie. On en sert toujours lors des repas de fin de travaux (voir au mot **travaux**).

Lécher (se) les babines

Se régaler, par allusion au geste très naturel qui consiste à se lécher les lèvres pour ne pas perdre une miette d'un très bon aliment ! L'emploi du mot *babine*, emprunté au vocabulaire animal, donne sa sonorité plaisamment familière à cette expression.

Légume

Sauf au sens figuré, dans l'expression *une grosse légume* (voir *Les mots d'origine gourmande*, Belin 1986), le mot *légume* n'est pas spécialement un terme populaire. Il faut cependant noter que, même au sens propre, la langue populaire emploie souvent ce mot au féminin.

> J'ai de tout [...], de la légume, des moutons pour le ragoût.
>
> Pierre Devaux, *Le Livre des darons sacrés.*

Lever

Ce verbe s'emploie pour exprimer l'état d'une pâte qui gonfle. Il s'agit des pâtes préparées avec de la levure, et qu'on appelle *pâtes levées.* Les cuisiniers professionnels et les boulangers disent plus volontiers *pousser* que *lever.*

Lier

Epaissir un potage, une sauce, au moyen d'une *liaison*, autrement dit lui donner homogénéité et épaisseur en ajoutant et amalgamant certains éléments à cet effet.

> Marie Corot [lui] enseignait comment lier une sauce sans mettre de farine.
>
> Jean Renoir, *Auguste Renoir, mon père.*

On peut faire une liaison au moyen :
— d'un *roux* (voir ce mot).
— d'un *beurre manié* (voir *beurre*).
— d'un jaune d'œuf ou d'un mélange de jaune d'œuf et de crème.
— de beurre ou de crème avec lesquels on *monte* (voir ce mot) la sauce.
— de farine ou de fécule délayées à froid et ajoutées au liquide bouillant.

Limoner

Enlever la fine peau de la cervelle, du ris de veau, etc. après les avoir fait tremper et avant la cuisson.

> Après avoir fait dégorger les cervelles à l'eau froide et les avoir limonées, c'est-à-dire débarrassées de la mince membrane nerveuse qui les enveloppe, on les fait dégorger à nouveau.
>
> Prosper Montagné et Prosper Salles,
> *Le Grand Livre de cuisine.*

La même opération est pratiquée sur certains poissons de rivière pour enlever le dépôt boueux ou limon qui les recouvre (voir **lamproie**). Le terme de **limonage** semble avoir été utilisé initialement dans ce sens pour s'étendre par la suite à d'autres domaines culinaires.

Lippée

Ce mot, dérivé de *lippe* = lèvre, désigne tout ce qu'on met en bouche pour le manger.

Une **franche lippée** est un abondant repas ; l'expression signifiait autrefois « repas gratuit », *franc* étant pris dans le même sens que lorsqu'on parle de *zone franche,* de *port franc.*

Lit

Couche de légumes sur laquelle on pose une pièce de viande ou un poisson, soit pour les faire cuire, soit pour les présenter de façon élégante.

> Adèle préparait l'alose sur lit d'oseille, le brochet au beurre blanc.
>
> Jacques Perry, *La Beauté à genoux.*

Loes

Petits gâteaux de Carnaval dans la région de Douai.

Longue

On dit d'une sauce qu'elle est *longue* lorsque la proportion de liquide y est importante. Une telle sauce est, par voie de conséquence, moins épaisse qu'une sauce *courte* (voir ce mot).

Loup

Non donné en Provence au bar, poisson des plus appréciés, qui devrait cette appellation locale à sa réputation de férocité...

> Pendant des années, nous avons essayé d'assister au repas d'un vrai carnivore, loup [...], thon ou dorade.
>
> Jacques-Yves Cousteau et Frédéric Dumas,
> *Le Monde du silence.*

On appelle aussi le bar *louvine* et *lubine* (ces deux mots, qu'emploie Balzac dans *Béatrix*, sont évidemment dérivés de *loup*) et *drenek* en Bretagne.

Luter

Fermer hermétiquement une terrine à l'aide d'un mélange de farine et d'eau appelé *repère*, dont on recouvre la jonction du couvercle et du récipient et qui durcit à la cuisson, empêchant les arômes de s'échapper.

> Fermez bien la terrine et lutez de pâte ferme.
>
> Alexandre Dumas, *Grand Dictionnaire de cuisine.*

On dit, dans le même sens, *souder*, terme emprunté à la technologie comme d'ailleurs *luter* qui, venu du latin *lutum* = boue, est employé, en chimie notamment, pour désigner la même opération que le lutage culinaire. Ce dernier remplace les matériaux non comestibles utilisés en chimie (argile, paraffine, etc.) par de la farine : le lutage n'est pas destiné à être mangé, mais il risque d'entrer en contact avec le contenu de la terrine.

Macaron

Gâteau sec fait de pâte d'amandes et de blanc d'œuf.

> Elle était encore attendrie par les bocaux de gâteaux secs, de macarons et de madeleines.
>
> Emile Zola, *Le Ventre de Paris.*

Le mot vient du vénitien *macarone*, pâte fine. Les macarons furent longtemps fabriqués dans les couvents. Au VIIIᵉ siècle, on les appelait **nombrils de moines.**

Macédoine

Mélange de légumes finement coupés. Il doit son nom à l'état de Macédoine, qui, dans l'Antiquité, réunissait des peuples très disparates.
Lorsque la macédoine est préparée à la mayonnaise ou en gelée, on l'appelle **salade russe** (voir ce mot).

Macérer

Faire macérer des fruits ou des légumes, c'est les faire séjourner dans du vin, du sirop, ou un mélange à base d'alcool ou de sirop pour les parfumer.

> Faire macérer des grains de raisin dans du rhum pendant 24 heures.
>
> Paul Reboux, *Le Nouveau Savoir-manger.*

Le mot vient du latin *macerare* = amollir en humectant, sens très proche du sens culinaire. Mais *macerare* servait aussi à désigner toutes les pratiques ascétiques destinées à épuiser la chair, de même que la macération transforme la nature de la viande.
Mariner (voir ce mot) est presque synonyme de **macérer** mais s'emploie plutôt à propos de viandes ou de gibiers.

Mâchon

Casse-croûte lyonnais. Son nom vient très évidemment du verbe *mâcher* : le parler lyonnais est toujours pittoresque et utilise des mots simples qui font image. Le mâchon se prend dans un des **bouchons** qui pullulent le long des ruelles du vieux Lyon. Certaines sociétés, comme la Société des amis de Guignol, se réunissent pour un mâchon annuel. Son menu comporte charcuteries diverses, quenelles, **paillasson** de pommes de terre (voir **truffes**), **tablier de sapeur** (voir ce mot), **cervelle de canut** (voir ce mot), desserts divers, etc.

Mais le vrai mâchon est quotidien, il marque la pause dans le travail pour l'ouvrier lyonnais, et particulièrement pour celui qui travaille la soie : le canut. Il consiste généralement en « cochonnailles » et cervelle de canut. Ceci dit, toutes les fantaisies sont permises dans cette ville gourmande et la gamme très vaste de spécialités lyonnaises permet de varier le menu du mâchon. Il est, bien sûr, toujours accompagné de pots de Beaujolais.

Madeleine

Petit gâteau très fin et moelleux, en forme de coquille Saint-Jacques.

> L'église de la Madeleine alignait ses colonnes. Il regarda les fines raies de son gâteau et tenta un vague rapprochement. C'était sans doute pour cela que cette chose exquise s'appelait madeleine.
>
> Robert Sabatier, *Trois sucettes à la menthe.*

Evidemment, l'étymologie avancée par le jeune héros de Robert Sabatier est de pure fantaisie... Mais, en réalité, on n'est pas très fixé sur l'origine du mot.

Il semble que la madeleine ait été mise en faveur par Stanislas Leczinski ou par le cuisinier de Talleyrand. Son nom vient-il de celui d'une certaine Madeleine Paumier, cuisinière d'une dame Perrotin de Barmond, de Commercy ? ou de celui d'une paysanne nommée

Madeleine, qui en aurait fait au château de Commercy où Stanislas les aurait appréciées en 1755 ? ou d'une famille de Commercy, les de la Madeleine, qui avait un coquillage dans ses armoiries ? ou de Madeleine de Fargis, de Commercy ? ou d'une jeune et jolie marchande du Premier Empire, la belle Madeleine ? On a l'embarras du choix...

En revanche, la variété de poire qui porte le même nom le doit sans aucun doute au fait qu'elle mûrit à l'époque de la Sainte-Marie-Madeleine, le 22 juillet.

Magnificat

Somptueux potage aux oronges, à la laitue, aux noisettes et à la crème, originaire de Franche-Comté.

Le *Magnificat* est un cantique de reconnaissance et d'allégresse. On ne peut que rendre grâce aux cieux après avoir dégusté le merveilleux potage qui porte ce nom.

Magret

Filet prélevé sur la poitrine d'un canard engraissé pour le foie gras. C'est donc la partie maigre du canard gras. On le traitait autrefois uniquement en confit. Aujourd'hui, il connaît une grande vogue, poêlé ou grillé. Cette vogue est justifiée, car il se prête à de nombreuses préparations, rapides et raffinées.

Maître-queux

Très bon cuisinier.

> Le maître-queux le plus adroit du monde fait une médiocre omelette avec de mauvais œufs.
>
> Claude Terrail, *Ma Tour d'Argent.*

On appelait autrefois les cuisiniers *queux* ou *coqs*, ces deux mots étant dérivés du latin *coquus* = cuisinier. Le terme **coq** est encore utilisé dans la marine. Quant au mot *queux,* on ne l'emploie plus que dans l'expression **maître-queux**.

Malaxer

Mélanger soigneusement les divers éléments d'un apprêt culinaire. Ce mot est emprunté au langage de la pharmacie et vient du verbe latin *malaxare*, lui-même emprunté au grec *malaxai* = amollir.

Mandarine

Cet agrume, nettement plus petit que l'orange et très parfumé, est originaire de Chine, ce qui explique son nom, dérivé de l'espagnol *naranja mandarina* : orange des mandarins.

> L'Italien qui a succédé au petit Brévier [...] vend trois mandarines poussiéreuses à la chaisière.
>
> Alexandre Vialatte, *Les Fruits du Congo.*

Mandibules (jouer à la polka, la valse des)

Manger.

> A peine installé [...] la Glace de sa grande gueule passa commande pour la valse des mandibules.
>
> Auguste le Breton, *Noël chez les cloches.*

Ces expressions pittoresques évoquent très bien l'activité frénétique à laquelle se livrent les machoires d'un affamé qui se met à table ! On dit aussi **jouer des mandibules**, ou encore **faire polker les mandibules, les gencives.**

> Tu peux becter les fruits de tous les arbres pour faire polker tes gencives.
>
> Pierre Devaux, *Le Livre des darons sacrés.*

Mandoline

Petit appareil en métal comportant un bâti et des cordes, ainsi appelé par analogie de conception avec l'instrument de musique du même nom. On l'utilise pour couper en tranches fines et régulières les tomates, les œufs durs, etc.

Mangeaille

Terme péjoratif, comme en témoigne le suffixe *-aille*, utilisé pour désigner la nourriture.

> Nous soupons vite, sur le pouce, pas très intéressés par la mangeaille.
>
> Jean Giono, *Les Grands Chemins.*

Manger

Tout le monde connaît le sens de ce verbe mais on ignore peut-être qu'il vient du latin populaire *manducare* = mâcher comme un animal, jouer des mandibules. Cette origine populaire explique peut-être la défaveur que connaît de façon assez générale le mot **manger** auprès des auteurs et journalistes spécialisés en recettes de cuisine qui lui préfèrent, selon le cas, **consommer, déguster, savourer...**

Manger du bout des dents : manger sans plaisir ou sans appétit.

Manger des briques : n'avoir presque rien à manger (voir **brique**).

Manger comme un chancre : manger énormément. Le chancre est une lésion ulcéreuse qui se répand dans le corps en rongeant les parties avoisinantes. *Chancre* vient du latin *cancer* = crabe, animal qui se nourrit volontiers, comme tous les crustacés, de chair animale ou même humaine. Le cancer, lui aussi, détruit l'organisme en le dévorant.

Manger avec les chevaux de bois : se passer de manger. Les chevaux de bois ne sont pas très exigeants en ce qui concerne la nourriture...

Manger des clopinettes : se nourrir de peu de chose. La *clope* ou mégot, n'est qu'un pis-aller pour le fumeur en manque... Il en est de même des **clopinettes** pour celui qui a faim. On trouve l'expression *manger des clopes* dans le premier quart de notre siècle, notamment chez Aristide Bruant en 1901. L'origine du mot *clope*, que ce soit dans le sens de « mégot » ou de... « clopinette », est incertaine. Peut-être est-ce une déformation de *copeau*, mais rien n'est moins sûr. Louis-Ferdinand Céline, dans *Mort à crédit,* emploie le mot *cropinette,* peut-être par confusion délibérée avec les **crépinettes** (voir ce mot).

C'est fini les cropinettes et les sauces courant d'air.

Même si certains ont cru pouvoir trouver une autre origine à l'expression voisine **manger des clarinettes**, elle n'est probablement qu'une déformation plaisante de **manger des clopinettes**.

Manger par cœur : se passer de manger. Une chose que l'on sait « par cœur » n'a pas de réalité matérielle, elle existe seulement dans notre esprit. La nourriture que l'on mange « par cœur » est sans substance.

Manger un morceau : prendre un casse-croûte. Se dit en général d'un petit repas supplémentaire destiné à combler un « creux » ou d'un repas hâtivement pris, plus par nécessité que par gourmandise.

> Il m'arrive de regretter le temps où [...] je conversais avec les uns et les autres en mangeant un morceau.
>
> Bernard Alexandre, *Le Horsain.*

Manger sur le pouce : manger en vitesse, sans prendre le temps de se mettre à table devant une assiette. Il s'agit en général d'un repas frugal car le morceau qu'on peut mettre sur le pouce n'est pas bien gros...

Manger à s'en faire sauter (ou péter) les (ou la) sous-ventrières : manger avec excès.

> — Ça doit finir de cuire bien mijoté... tu vois ce que je veux dire ? — Moi je le vois très bien [...], té je m'en ferais péter la sous-ventrière.
>
> Charles Blavette, *Ma Provence en cuisine.*

Les sous-ventrières sont les courroies du harnais qui passent sous le ventre du cheval ; elles sont l'équivalent de la ceinture dans l'habillement humain. L'expression ***manger à ventre déboutonné*** a le même sens.

Manger à la table qui recule ou au restaurant de la table qui recule : ne pas manger ou très peu manger. Ces mots très pittoresques sont assez évocateurs du supplice de Tantale...
Dans toutes les expressions citées ci-dessus, on peut évidemment remplacer ***manger*** par ***bouffer*** (voir ce mot).

Mange-tout

Pois ou haricots dont on mange à la fois la cosse et les grains. On dit aussi *pois gourmands* (voir *gourmand*).

> Elle avait pris l'habitude d'aider à l'épluchage des légumes du déjeuner, généralement des mange-tout, avec un bout de viande.
>
> Christiane Rochefort, *Les Petits Enfants du siècle.*

Manqué

Sorte de biscuit, très répandu comme base de gâteaux divers, aussi bien en pâtisserie que dans la cuisine ménagère, et dont l'invention serait due à un chef pâtissier qui, au XIXe siècle, aurait « manqué » un biscuit de Savoie.

Maraîchère

Garniture de légumes frais accompagnant certaines pièces de boucherie. Les variétés de légumes entrant dans ce mélange le distinguent plus ou moins de la *jardinière* ou de la *macédoine* (voir ces mots), mais la différence est minime et les mélanges varient selon les cuisiniers... et les saisons.

Marasme d'oréade

Champignon également appelé *faux mousseron*. Il a la particularité de ne pas pourrir mais de se dessécher en vieillissant. Or, *marasme*, généralement employé aujourd'hui au figuré, a longtemps eu le sens de « langueur », « apathie », et vient du grec *marasmos* (de *marainen* = dessécher).

Oréade peut être une allusion aux nymphes des bois ou Oreades qu'évoque la disposition de ses champignons en cercles appelés « ronds de sorcières ». Cependant, l'oréade est aussi une variété de mousse, ce qui donne à réfléchir puisqu'on sait que la marasme d'oréade est le faux mousseron.

Marbré (gâteau)

Gâteau préparé en versant simultanément dans un même moule deux pâtes identiques mais parfumées (et surtout colorées) différemment, l'une nature, par exemple, et l'autre au chocolat. A la cuisson, les deux sortes de pâte coulent l'une dans l'autre et donnent au gâteau l'apparence du marbre.

Marchand de vin

La **sauce marchand de vin** accompagne les grillades, les rognons, les poissons. Elle réunit un beurre fondu et des échalotes fondues au vin rouge (d'où son nom).

> Tu vas pas te mettre à becqueter une entrecôte marchand de vin après la séance que t'as subie !
>
> San Antonio, *Le Tueur.*

Marender

En Champagne et en Bourgogne, **marender** veut dire manger, et particulièrement prendre un casse-croûte vers les cinq heures, pour couper la journée de travaux aux champs. Souvent la **marende** consistait en **trempusse** (voir **soupe**) et en fromage blanc.
Le mot est à rapprocher de l'italien *merenda* = goûter.
En Corse, la **marandella** est le pique-nique traditionnel du lundi de Pâques.

Marengo (poulet ou veau)

Sauté de poulet ou de veau au vin blanc et aux tomates.

> Même écrasante majorité pour lancer l'anathème sur le pire de nos menus : veau-marengo/riz glacé.
>
> Maurice Genevoix, *Trente mille jours.*

On raconte que le **poulet marengo** fut créé par le cuisinier de Bonaparte au soir de la bataille de Marengo, au moyen des seuls éléments dont il disposait. Pourtant, les préparations dites **marengo** ressemblent tellement à l'*osso bucco*, manière italienne d'accommoder le jarret de veau, qu'on peut se demander si le cuisinier du Premier Consul ne s'est pas tout bonnement inspiré d'une recette locale. Mais, après tout, les mêmes causes produisant les mêmes effets, il est possible que les ressources du terroir aient inspiré au cuisinier une préparation proche d'une recette traditionnelle.

Mariner, marinade

Mariner, c'est faire tremper une viande, pour l'attendrir et la parfumer, dans un liquide aromatisé, généralement à base de vin et appelé **marinade.**

> Tu savais bien que la Tremblote était la reine de la marinade, farceur ! Te v'la au bon moment, [...] régale-toi !
>
> Henri Vincenot, *La Billebaude.*

La saumure dans laquelle on mettait jadis couramment les poissons pour les conserver était appelée *eau marine* en raison de sa forte proportion de sel. Il faut y voir l'origine de l'actuelle **marinade** et du verbe **mariner**.

Marmelade

Mot banal et bien commun pour désigner des fruits cuits au sucre à la manière des confitures, mais jusqu'à écrasement des fruits.

La seule originalité de ce mot réside dans son étymologie ; il viendrait du portugais *marmelada* = confiture de coings, le coing lui-même s'appelant dans cette langue *marmelo,* mot dérivé du latin *melimelum* tiré du grec *melimêlon* = coing (de *meli* = miel et *mêlon* = fruit rond : curieuse étymologie lorsque l'on sait que le coing est à proprement parler immangeable autrement que cuit et additionné de sucre, en raison de son âcreté !) Il semble qu'à l'origine on ne faisait de marmelade que de coings.

Marmiton

Jeune commis de cuisine qui est chargé de mille petites besognes annexes ; c'est lui qui épluche les légumes, lave les fruits, pile les amandes, vide les poissons,
etc. Son nom de **marmiton** évoque évidemment les
marmites qu'il est chargé de surveiller ou d'entretenir.

> Le marmiton d'avant la guerre ne tirait pas sa flemme.
>
> Fanny Deschamps, *Croque-en-bouche.*

Marquise

Sorte de mousse au chocolat à base de beurre, d'œufs
et de sucre additionnés de chocolat fondu. Les mar-
quises sont parfois moulées et nappées de crème
anglaise. Il semblerait que leur nom soit le reflet du
raffinement de ce dessert.

Mascotte

A la fin du XIXe siècle, on appelait ainsi une garniture de pommes de terre et de fonds d'artichauts servie avec une viande. Il semble que le nom de **mascotte**
lui ait été donné en hommage à l'opérette d'Edmond
Audran, *La Mascotte* qui, représentée pour la première
fois en 1880, connut un immense succès. On donne
encore aujourd'hui, et peut-être pour la même raison,
le nom de **mascotte** à un gâteau à la crème au beurre
recouvert de pralin.

Masquer

Couvrir un mets salé d'une sauce, d'une purée, ou un
dessert d'une crème, d'un coulis, etc.

> Masquer les filets de sauce Mornay aux truffes du
> Piémont.

Th. Gringoire et L. Saulnier, *Le Répertoire de la cuisine.*

Cette pratique permet une présentation élégante, par-

fois au détriment de la commodité, comme le souligne Paul Reboux dans le *Nouveau savoir-manger* : « Les morceaux d'ananas [...] seront pêchés à l'aveuglette sous une couche de crème fouettée. » Roland Barthes va plus loin lorsqu'il affirme qu'il y a là une « cuisine du revêtement et de l'alibi, qui s'efforce toujours d'atténuer ou même de travestir la nature première des aliments » (*Mythologies*), soulignant ainsi la volonté de dissimulation reflétée par le mot *masque* (voir aussi **farder**).

Masse

La **masse** est un peu la même chose que l'**appareil** ou la **pâte** (voir ces mots). Du reste, le mot vient du latin *massa* = amas, lui-même emprunté au grec *maza* = pâte, boule de pâte. Le terme est généralement employé lorsque plusieurs préparations différentes entrent dans l'élaboration d'un même gâteau. Ainsi trouve-t-on, dans une recette de **succès**, la phrase suivante, après que les éléments constitutifs de chaque masse aient été énumérés :

> Versez un peu de la *masse 1* dans la *masse 2* et reversez le tout sur la *masse 1*.

Gaston Lenôtre, *Faites votre pâtisserie comme Lenôtre.*

Massepain

Petit gâteau au blanc d'œuf, au sucre et à la poudre d'amandes.

> Il m'offrait un massepain ou une mandarine, nous traversions un salon...
>
> Marcel Proust, *Du côté de chez Swann.*

Le nom de ce gâteau remonte au XVe siècle ; il pourrait venir du nom arabe d'un gâteau voisin, *martaban,* dont les Espagnols auraient fait *mazapan* par analogie de son avec *pane,* pain. Mais en italien, le *marzapane* était une boîte à confiserie ; peut-être le mot s'est-il mis à désigner le contenu au lieu du contenant. En Provence, on appelle *massapan* la boîte en bois dans laquelle on présente les dattes du *gros souper* de Noël.

Mastéguer

Manger.

> Cécile pouvait plus mastéguer que de la purée mousseline.
>
> Pierre Perret, *Le Petit Perret illustré.*

Ce verbe est à l'origine une forme occitane de *mastiquer.*
Mastègue : nourriture.

Matelote

Préparation de poissons, généralement de rivière, avec une sauce au vin.

> L'anguille en effet est fort belle [...] et si Manette a un peu de lard frais, elle fera une excellente matelote.
>
> Claude Tillier, *Mon Oncle Benjamin.*

La matelote était la façon dont les mariniers accommodaient le plus souvent les poissons, d'où son nom. On peut préparer de la même manière la cervelle, les œufs, etc. Il existe une *étuvée de veau à la marinière*, que les femmes de mariniers du Forez préparaient pour leur mari au moment de l'arrêt du soir, qui est très exactement une matelote.

Matignon

Petits légumes coupés menu et fondus au beurre avec ou sans jambon. La matignon sert à apprêter certaines viandes braisées ou à garnir des rôtis.

> Piquer un filet de bœuf. Le masquer de matignon.
>
> *Larousse gastronomique.*

Cet apprêt a vraisemblablement été créé au XVIIIᵉ siècle dans les cuisines de l'hôtel Matignon qui appartenaient alors à Jacques Goyon de Matignon.

Mayonnaise

Sauce froide bien connue qui est une émulsion d'œuf et d'huile. On a donné du mot des origines diverses : prise de Port-Mahon par le duc de Richelieu en 1756, spécialité de la ville de Bayonne ou *bayonnaise* devenue par déformation **mayonnaise, moyeunaise** ou sauce au *moyeu* (jaune) d'œuf. Rien ne semble très sûr en la matière.

> Cette invitation de mossieu le Comte [...] donna le tournis à ma grand-mère qui manqua sa mayonnaise.
>
> Henri Vincenot, *La Billebaude.*

Melba (pêche)

Entremets composé de glace vanille servie avec des demi-pêches pochées, de la purée de framboises ou un nappage à la groseille. La crème Chantilly et les amandes grillées dont on décore parfois les pêches Melba ne font pas partie de la recette d'origine.

Cette recette fut créée par Escoffier au Savoy de Londres, en 1892, en hommage à la cantatrice Nelly Melba. Comme elle chantait *Lohengrin*, ces premières **pêches Melba** furent servies « dans une timbale d'argent enchâssée entre les ailes d'un cygne taillé dans un bloc de glace et recouvert d'un voile de sucre filé »... *(Larousse Gastronomique).*

Mendiants

Les mendiants ou **quatre mendiants** sont des fruits secs assortis dont la couleur évoque les robes des ordres mendiants : les amandes sont blanches comme la robe des dominicains, les figues grises comme celle des franciscains, les noisettes brunes comme celle des carmes et les raisins secs violets comme celle des augustins.

Madame Cibot surprit le docteur à table [...] n'ayant pour dessert qu'un angle aigu de fromage de Brie, entre une assiette peu garnie par les fruits dits les quatre mendiants [....] et une assiette de mauvaises pommes.

Honoré de Balzac, *Le Cousin Pons.*

Menu

Enumération *par le menu* (c'est-à-dire jusqu'aux menus détails), des **mets** (voir ce mot) dont se compose un repas.

Le menu ne subissait pas de changement notable : les écrevisses, les truites, la brouillade de truffes et les grives au genièvre.

Charles Blavette, *Ma Provence en cuisine.*

Autrefois, la liste des plats était affichée dans les cuisines sur l'*écriteau* ainsi qu'à la porte du restaurant. L'habitude de proposer aux clients, à leur table, un menu maniable, date du XIXe siècle. Le *Larousse Gastronomique* rappelle que chaque restaurant avait jadis une carte qui était le répertoire des plats proposés : ils pouvaient être au nombre de mille et plus ! Dans les restaurants, le **menu** (sous-entendu à prix fixe) s'oppose aujourd'hui à la **carte**. En économie ménagère, le mot **menu** désigne les plats que la maîtresse de maison sert à ses convives pour un repas donné.

Meringue

Pâtisserie très légère faite uniquement de blancs d'œufs battus en neige et de sucre, cuite à four extrêmement doux.

... le reste d'une pièce montée — une gigantesque meringue qui était sculptée en forme d'écureuil.

Georges Perec, *La Vie mode d'emploi.*

La chose est bien connue et le nom banal ; mais une incertitude sur son origine nous ramène une fois de plus à Stanislas Leczinsky ; d'après certains, c'est lui qui aurait fait apprécier en France ce gâteau connu en Pologne sous le nom de *marzynka.* A moins que **meringue** ne vienne de *Meiringen,* nom d'une ville proche de Berne, la meringue tenant une grande place dans la pâtisserie suisse.

Meringuer : couvrir un entremets d'une couche de meringue et passer au four.

Merlan

Ce mot ne désigne pas seulement le poisson bien connu, mais également un morceau de bœuf, situé dans la cuisse, ainsi nommé parce que sa forme rappelle précisément celle d'un poisson. Le merlan est très apprécié comme pièce à bifteck.

Mets

Tout aliment apprêté que l'on sert à un repas. Ce mot désigne généralement des aliments plus raffinés que le mot **plat.** Il vient du latin *missum,* supin du verbe *mittere,* employé en latin populaire dans le sens de « mettre » ; dans le cas particulier il s'agit donc de ce que l'on met sur la table. Jusqu'au XVe siècle, on écrivait *mes.*

Meunière

Mode d'apprêt de certains poissons, des cervelles, des **laitances** (voir ce mot), etc., que l'on farine avant de les faire cuire au beurre noisette (voir au mot **beurre**) et de les arroser de jus de citron. L'idée de meunier s'associe naturellement à celle de farine.

Meurette

Sauce au vin rouge dont la Bourgogne et la Franche-Comté se disputent la paternité ; le débat est toujours passionné et il est préférable de ne pas prendre parti dans cette querelle. On prépare en meurette les poissons de rivière (c'est de ce plat que l'on parle lorsqu'on dit simplement **meurette**), les œufs, la cervelle, le veau... Le mot **meurette** viendrait du vieux français *muire* = macérer dans l'eau salée, ce qui ne semble pas avoir grand rapport avec la préparation culinaire en question (voir **saumure**).

Mijoter

Faire cuire longuement un plat en sauce, à très petit feu.

> Couvrir et laisser mijoter trois heures à feu très doux.
>
> A. Sloimovici, *Ethnocuisine de la Bourgogne.*

Au XVIIᵉ siècle, le *mijot* était l'endroit où l'on faisait mûrir les fruits, et le passage au sens actuel date du XVIIIᵉ siècle. C'est l'idée de lenteur qui prévaut dans l'emploi de ce verbe. A noter qu'au sens figuré, on dit indifféremment *mijoter* ou *mûrir* un projet.

Mignon

On appelle **mignon de veau** une pièce délicate, d'où son nom. C'est une petite tranche assez épaisse, découpée dans le filet de veau comme le **tournedos** (voir ce mot) l'est dans le filet de bœuf. Entendre dire d'un cuisinier célèbre qu'il affectionne les mignons prête évidemment à confusion... Mais cela s'explique tout simplement par le goût de la « nouvelle cuisine » pour ce morceau : il est particulièrement tendre, maigre sans être sec, et son goût fin se marie très bien avec les fruits, le vinaigre, le roquefort, etc. ; on sait la faveur que connaissent de nos jours de telles alliances. On appelle aussi ce morceau du diminutif **mignonnette,** ou encore **noisette,** à cause de sa petite taille, **médaillon** en raison de sa forme, **grenadin** par très vague analogie d'aspect avec le fruit connu sous le nom de *grenade* : la cuisine ancienne, comme en témoigne F. Massaliot dans *Le Cuisinier royal et bourgeois* (1705), donnait le nom de **grenade,** en raison de cette analogie, à un **fricandeau,** c'est-à-dire à une tranche de noix de veau piquée de lard.

Filet mignon : morceau taillé dans la pointe du filet, chez le veau, le bœuf et le porc. C'est un muscle à la fois petit et très tendre, ce qui lui a valu son appellation.

> Pourrait suivre un filet mignon et un sorbet au café.
>
> Maurice Rheims, *Le Saint Office.*

Mignonette

Nom parfois donné au **mignon** (voir ce mot) de veau. C'est aussi la désignation du poivre grossièrement moulu destiné aux steaks, parce que sa présentation est plus fine que celle du poivre en grains.

Millefeuille

Gâteau fait de plusieurs épaisseurs de pâte feuilletée et le plus souvent garni de crème pâtissière.

> Il s'agit généralement de pâtisseries : biscuits de Savoie, gâteau mille-feuilles, croque en bouche.
>
> Jean-Paul Aron, *Le Mangeur du XIXe siècle.*

Le mot vient du latin *millefolium,* devenu chez nous, au Moyen Age, *milfoil,* mots qui désignaient une plante et non un gâteau. On pourrait croire qu'il y a quelque exagération à parler de *mille* feuilles. Eh bien, pas du tout, cette appellation est au contraire en deçà de la vérité. Il doit y avoir, si mes calculs sont exacts,

4 374 feuillets. Suivez-moi bien. On commence par préparer une **détrempe,** mélange de farine, de beurre et d'eau que l'on étale au rouleau à pâtisserie. On dépose de petits morceaux de beurre. Cela fait 2 feuillets de pâte : l'un sous le beurre, l'autre dessus. On étale la pâte au rouleau en forme de rectangle et on plie celui-ci en trois, ce qui fait 6 feuillets. On fait pivoter le rectangle d'un quart de tour, on l'étale de nouveau en rectangle, que l'on plie en trois (18 feuillets...). On laisse reposer, on recommence. Quand vous saurez qu'il faut donner quatre « tours », deux maintenant, ce qui fera 54 puis 162 feuillets, puis deux un peu plus tard, vous serez d'accord, je suppose, sur les nombres successifs de 486 et 1 458 feuillets. Ce dernier tour donné, on étale la pâte, on la coupe en trois rectangles que l'on fait cuire au four, puis qu'on superpose (4 374 feuillets, je vous l'avais bien dit) en les fourrant de crème pâtissière.

Millicoton

Nom charentais de la prune et du brugnon, à rapprocher de l'espagnol *melocoton* (pêche), le brugnon étant, comme on sait, une variété de pêche dont la chair rappelle celle de la prune. Le ranch du Général Pinochet s'appelle *El Melocoton.*

Mimosa (œufs)

Hors-d'œuvre composé d'œufs durs fourrés de mayonnaise et décorés de jaunes d'œufs durs finement hachés dont l'aspect rappelle celui du mimosa. Des rondelles de tomates, des feuilles de laitue, etc., peuvent intervenir dans la décoration de ce plat qui, aux avantages d'être facile à préparer et bon marché, ajoute celui de sa présentation colorée et appétissante.

> Elle [...] s'affairait dans sa cuisine, passant dans un tamis le « mimosa » des œufs durs.
>
> Paul Vialar, *Bête de chasse.*

Mirabelle

Petite prune jaune très parfumée.

> Les mirabelles s'égrenaient comme les perles d'or d'un rosaire.
>
> Émile Zola, *Le Ventre de Paris.*

Le nom de la mirabelle vient de l'italien *mirobolano* (du latin *mirobolanus* et du grec *murobolanos* composé de muron = parfum et *balanos* = gland) qui a donné en français **mirobolan** ou **myrobolan,** mot utilisé autrefois pour désigner un fruit que l'on faisait sécher afin de l'utiliser comme médicament.

Mirepoix

Légumes, le plus souvent de diverses variétés, taillés en **brunoise** (voir ce mot) et additionnés de petits dés de lard et de jambon.

> Prenez une casserole dans laquelle vous mettez un bon morceau de beurre et une mirepoix d'oignons.
>
> *Recettes des provinces de France,* sélectionnées par Curnonsky.

Cet apprêt doit son nom au cuisinier du duc de Lévis-Mirepoix qui l'imagina au XVIIe siècle. Il sert de base à certaines sauces ou préparations braisées et est très voisin de la **matignon** (voir ce mot).

Mirliton

Tartelette à la pâte d'amande saupoudrée de sucre glace.

> On vous a apporté des mirlitons, le sucre en poudre faisait une moustache blanche à votre joli bec.
>
> Gustave Flaubert, *Lettre à Amélie Bosquet, 26 octobre 1863.*

Il est difficile de comprendre pourquoi on a donné à ces gâteaux le même nom qu'à la petite flûte bien connue.

Miroton

Tranches de bœuf bouilli lentement réchauffées et mijotées dans une sauce aux oignons et au vinaigre. On dit aussi *mironton.*

> Le flicard, élevé par sa mère concierge dans une solide tradition de bœuf mironton, la rombière [...], Gabriel lui-même [...] s'empressèrent de suggérer à l'enfant ce silence lâche qui permet aux gargotiers de corrompre le goût public.
>
> Raymond Queneau, *Zazie dans le métro.*

L'origine du mot *miroton* est inconnue ; *mironton* en est dérivé sous l'influence du refrain populaire « mironton mirontaine ». Le miroton, « ce mets de portier », pour reprendre l'expression employée par Balzac dans *Le Cousin Pons,* est considéré comme le plat-type des concierges, sans doute parce qu'il peut cuire sans surveillance pendant que la concierge « est dans l'escalier ».

Mitonner

Ce mot s'emploie aujourd'hui comme synonyme de *mijoter* et signifie que l'on fait cuire un plat en sauce lentement et longuement. Mais à l'origine, il s'appliquait à la cuisson de tranches de pain trempées. La *soupe mitonnée* était une panade. Le mot vient d'ailleurs du terme ancien *miton* qui désignait la mie de pain dans l'Ouest de la France.

Mode (à la)

Le terme est assez vague... Il désigne cependant de façon assez précise une manière de braiser le bœuf, avec carottes et petits oignons.

Mojette

En Charente et dans le Poitou, les mojettes sont les haricots en grains. On écrit parfois *mojhettes* et le *j* est toujours prononcé à l'espagnole, de façon gutturale. Même prononciation pour la forme **mongette** qu'on trouve quelquefois. On fait, dans le Poitou, des bonbons au chocolat qui ont la forme de haricots en grains et que l'on appelle **mojettes.** Ce fait illustre l'orgueil que les Pays de l'Ouest semblent attacher à leurs mojettes, comme à une spécialité exclusive, peut-être à cause de la consonnance un peu étrange du mot. Il ne faut pourtant pas oublier que les haricots blancs, utilisés notamment pour la préparation du cassoulet, portent en Languedoc le nom de **monjettos.** Les appellations des mojettes et monjettos semblent très proches de *mongette,* qui signifie *moinette* (du latin vulgaire *monia* = religieuse) et des mots voisins **mongo, manga,** dont nous avons eu l'occasion de parler à propos des **gâteaux anthropomorphiques** (voir **anthropomorphique**), sans qu'il soit possible de saisir le rapport entre la famille des moines et celle des haricots...

Moka

Gâteau extrêmement classique, composé d'un biscuit ou d'une génoise avec garniture de crème au beurre.

> Ce moka, c'est le paradis dans l'œsophage.
>
> Catherine Paysan, *Les Feux de la Chandeleur.*

La crème au beurre n'est pas forcément aromatisée au café, contrairement à ce que le nom de ce gâteau laisserait supposer, puisque *moka* (du nom de la ville arabe de Moka, d'où étaient exportées de grosses quantités de café) fut un temps synonyme de « café ». Elle le fut sans doute à l'origine, au moment de la grande vogue du café en France, au XVIIIe siècle, puis on fit des mokas au chocolat. Aujourd'hui règne la plus grande fantaisie : on trouve même des mokas aux fruits de la Passion.

Monder

Retirer la peau fine qui recouvre les fruits et particulièrement les amandes.

> Prenez 750 grammes de sucre, 300 grammes d'amandes mondées.
>
> Ali Bab, *Gastronomie pratique.*

Monder vient du latin *mundare* = nettoyer. On emploie parfois à tort le verbe **émonder** dans le même sens.

Mont-blanc

Entremets fait de purée de marrons passée à travers une passoire à gros trous pour former un dôme de « vermicelles » et entièrement recouvert de crème Chantilly imitant la neige.

> On aperçoit le Mont-Blanc, par temps clair, du sommet du Beuvray, mais il faut mieux, pour moi, le présenter en réduction sur la table.
>
> Gautron du Coudray, *Un quarteron de rimes culinaires.*

Monter

Procéder à une opération quelle qu'elle soit qui donne du volume à une préparation culinaire. **Monter les œufs en neige** (voir **neige**) parle de soi. On *monte* une sauce en lui incorporant du beurre et de la crème par petites quantités à la fois tout en fouettant.

> Mettre le beurre en petites parcelles et monter en fouettant.
>
> Jean et Pierre Troisgros, *Cuisiniers à Roanne.*

C'est une opération que l'on pratique au dernier moment : elle fait partie de ce qu'on appelle les **finitions.**

Morfaler, morfiler, morfiller, morphiler

Manger.

> Le petit Totor avait beau morphiller comme quatre, il restait pas plus épais qu'une punaise enceinte.
>
> Auguste le Breton, *Langue verte et noirs desseins.*

Ces divers mots sont des variantes de *morfier*, du bas-latin *morphia* signifiant « bouchée » et employé dans l'expression *morphia panis* = bouchée de pain. **Morfaler** a donné *morfal* = gros mangeur.

Morganer

Manger, de l'argot piémontais *morcar* qui a le même sens.

Morgane : nourriture.

Mortifier

Laisser attendre une viande (et plus particulièrement un gibier) quelques jours avant de la consommer pour qu'un début de décomposition la rende plus tendre. C'est une pratique qui n'a plus cours aujourd'hui.

> Choisissez un gigot d'agneau [...] ; lorsqu'il sera suffisamment mortifié, le placer dans une braisière.
>
> Lucien Tendret, *La table au pays de Brillat-Savarin.*

Le verbe *mortifier* est emprunté au langage de la pratique religieuse dans lequel il désigne toutes les opérations tendant à humilier l'âme, à la rendre comme morte, donc à l'amollir. Il est passé d'abord, au XIVe siècle, dans le langage de l'alchimie, puis au XVIe siècle dans celui de la médecine où Ambroise Paré fut le premier à l'employer pour désigner le fait que des chairs se décomposent, avant de prendre le même sens dans la langue culinaire.

Mosaïque

Décor composé d'éléments de couleurs et de formes différentes (haricots verts, rondelles de tomates ou de citrons, etc.) que l'on dispose, par exemple, sur le dessus d'une terrine.

Mossines

En Ile-de-France, bouquets de cerises qu'enfants et jeunes gens faisaient griller sur les feux de la Saint-Jean.

Moucheter

Ce joli mot, complètement tombé en désuétude, désignait autrefois l'action de parsemer le dessus d'un plat en préparation de petits morceaux (mouches) de beurre, encore appelés **noisettes** (voir ce mot).

Mouchetez de beurre le plat et mettez au four.

Toulouse-Lautrec et Maurice Joyant, *L'art de la cuisine.*

Mouclade

Manière charentaise d'accommoder les moules avec une liaison à la crème. On y ajoute parfois une pincée de safran ou de curry : les épices arrivaient jadis dans le port de Fouras. Le nom paraît bien être en rapport avec l'ancien français *mouscle*, qui, issu du latin *musculus,* est finalement devenu *moule.*

273

Mouillante

Terme d'argot employé au XVIIe siècle pour désigner la morue et au XIXe siècle dans le sens de « soupe ». On trempe et la morue et la soupe, la première pour la dessaler, la deuxième pour faire imprégner par un liquide les tranches de pain qui sont traditionnellement à la base de toute soupe (voir **soupe**). Le mot de **mouillante** est à rapprocher de **mouillée** qui, dans le langage des papetiers, désigne le trempage des chiffons préalable à la fabrication du papier.

Mouiller

Le sens de ce verbe très employé en cuisine se comprend aisément : il est de circonstance chaque fois que l'on fait intervenir un liquide dans une préparation : pour **déglacer** (voir ce mot) une poêle ou une cocotte, pour faire cuire une viande dont on dit qu'on la **mouille à hauteur** ou **à niveau**...
L'opération qui consiste à introduire le liquide s'appelle le **mouillage** ou **mouillement**.

Mouillette

Morceau de pain que l'on découpe et que l'on beurre, pour le tremper dans un œuf à la coque.

> La jeune fille examinait son cousin coupant ses mouillettes.
>
> Honoré de Balzac, *Eugénie Grandet*.

Chez le Père Grandet, bien sûr, on ne beurrait pas les mouillettes, ce dont son neveu s'étonnait à juste titre. La mouillette a pour but d'absorber le jaune d'œuf en un mélange fort agréable avec le pain et le beurre. Une mode assez récente veut que l'on serve un assortiment de mouillettes avec les œufs à la coque : asperges (voir **Fontenelle**) mais aussi bâtonnets de carottes crues ou de fromage de Hollande, dont le pouvoir absorbant paraît des plus douteux...

Mousse

Préparation très légère, qui peut être faite à partir d'éléments extrêmement divers. On connaissait surtout, autrefois, les mousses au chocolat dont les recettes sont d'ailleurs nombreuses et variées ; elles comportent toujours des blancs d'œufs battus en neige qui assurent la légèreté de la préparation. Aujourd'hui, on fait des mousses de toutes sortes : sucrées en forçant sur la crème Chantilly et les œufs battus en neige pour alléger des préparations classiques, mais aussi salées.

> Mme Santeuil n'avait nullement cherché à élever M. Santeuil à son idéal, [...] mais à ce que la mousse à la fraise fût faite comme l'aimait son ami Dester.
>
> Marcel Proust, *Jean Santeuil.*

Les purées *mousseline,* c'est-à-dire particulièrement légères, comme le tissu du même nom, s'appellent parfois simplement *mousses*. On prépare aussi des mousses de légumes avec crème et œufs, cuites en moules individuels ; elles constituent un décor agréable autour d'un plat, qu'il soit de viande, de volaille, de poisson. La généralisation des mousses finit par les rendre un peu lassantes ; au restaurant, on est à peu près sûr de s'en voir servir une ou plusieurs ; les recettes à l'usage des ménagères se sont multipliées ; on trouve même des mousses surgelées dans les grandes surfaces.

Mouvante

Bouillie, en argot du XIXe siècle. Ce mot vient du verbe ancien *mouver* = tourner sur le feu, qui a donné *mouvette,* encore employé de nos jours pour désigner une cuillère en bois.

Museau de chat

Expression pittoresque employée en Provence pour désigner de petits artichauts nouveaux dont la forme rappelle effectivement celle du museau d'un chat. En provençal, on dit *mourro de cat*.

> On coupait la queue et le bout des feuilles des artichauts tout nouvelets, de ceux qu'on appelle « *mourro de cat* »
>
> Maguelonne Toussaint-Samat, *Ethnocuisine de Provence*.

Nage (à la)

Se dit d'une cuisson dans un court-bouillon aromatisé où « nagent » les crustacés ou les coquilles Saint-Jacques auxquels on réserve en général ce genre de traitement.

On donne le nom de **nage** au **court-bouillon** dans lequel se fait ce type de cuisson. Il ne diffère pas sensiblement du court-bouillon (voir **bouillon**) classique.

> Cuire 8 minutes ces tout petits homards dans une nage.
>
> Alain Chapel, *La cuisine,*
> *c'est beaucoup plus que des recettes.*

Nageant

Mot d'argot employé au XIXe siècle pour désigner un poisson. On disait aussi *nouant*, du vieux français *nouer* = nager.

Napper

Recouvrir un plat d'une sauce, d'un coulis, destiné à en améliorer l'apparence... et le goût.

> Réduire et monter au beurre. Napper.
>
> Th. Gringoire et L. Saulnier, *Répertoire de la cuisine*.

En pâtisserie, on dit d'une crème cuite à point qu'elle **nappe** la spatule (cuillère en bois), lorsqu'elle forme une légère pellicule à la surface de cette spatule au lieu de couler aussitôt.

> Le mélange ne doit surtout pas bouillir. Lorsqu'il nappe la spatule, posez le fond de la casserole dans un bain-marie d'eau froide.
>
> Gaston Lenôtre, *Faites votre pâtisserie comme Lenôtre*.

Navarin

Ragoût de mouton aux légumes variés.

> La tranche de noix de veau [...], le douteux navarin les attendent.
>
> Colette, *Music-Hall.*

Faut-il croire que le mélange de légumes rappelle par ses couleurs la multiplicité des armées (et peut-être la bigarrure des uniformes) en présence lors de la bataille de Navarin qui, en 1827, opposa d'une part les flottes française, anglaise et russe, d'autre part celle des Turcs et des Egyptiens ? N'y aurait-il pas plutôt dans le mot **navarin** une déformation de *navet*, ce légume constituant autrefois la garniture essentielle de ce plat ? On appelle aussi **navarins** des apprêts de crustacés, de volailles ou de poissons garnis de navets.

Navette

Petit gâteau sec de forme allongée, ce qui explique sans doute son nom, dérivé du latin *navis* = navire.
On mange des navettes à Marseille pour la Saint-Victor, le 21 juillet, et également pour la Chandeleur ; à Albi, on ajoute des fruits confits à la pâte, et on dit qu'elles représentent l'emblème des cathares, qui était la navette des tisserands.

Nectarine

Hybride de pêche et de prune, la nectarine doit son nom à sa saveur délicieuse. La variété voisine, beaucoup plus anciennement connue et portant le nom de **brugnon** (du provençal *brugnoun,* lui-même venu du latin *pruna*), qui a inspiré le langage populaire avec l'expression *dorée comme un brugnon*, et le nom de *Colas Breugnon,* le héros de Romain Rolland, se distingue de la nectarine par le fait que sa chair adhère au noyau. La nectarine, comme le brugnon et la pêche, peut être à chair blanche ou jaune.

Nègre en chemise

Entremets au chocolat nappé de crème Chantilly. On donne parfois, contre toute logique, le même nom à une boule de riz au lait arrosée de chocolat fondu.

Neige

Les blancs d'œufs **battus en neige** sont des blancs battus énergiquement et qui prennent une apparence mousseuse et très blanche rappelant la neige.

Les **œufs à la neige** étaient un entremets très apprécié jadis dans la cuisine bourgeoise et même paysanne ; c'était souvent le dessert des repas de fête. Il est encore en honneur dans certaines familles et dans de nombreux restaurants. Il s'agit de blancs d'œufs battus en neige et pochés à l'eau ou au lait par grosses cuillerées. On les retire dès qu'ils ont bien gonflé pour les poser sur un saladier de crème anglaise. On peut en caraméliser le dessus ou encore le décorer de pralines roses pilées. Jean Richepin a eu beau dire que les œufs à la neige sont du « néant soufflé que l'on mastique », ils sont généralement fort appréciés.

> Une soupe saine, un vrai chapon de Bresse [...] et des œufs à la neige [...]. Mais c'est un tour de force aujourd'hui. Il faut des œufs, du lait, du sucre.
>
> Lucie Aubrac, *Ils partiront dans l'ivresse*.

Nes

Apocope de *nescafé*, désignant tout café en poudre ou lyophilisé (c'est-à-dire instantanément soluble dans l'eau), quelle qu'en soit la marque.

> Je vais boire le nes qui m'est dû, ça oui.
>
> Albertine Sarrazin, *La Cavale*.

Nid (au)

Présentation raffinée de cailles ou autres petits oiseaux au milieu de **pommes paille** (voir **paille**) ou de toute autre bordure évoquant la forme d'un nid. Se dit éga-

lement d'œufs mollets dressés dans des timbales évidées, elles aussi en forme de nid.

> Je leur avais fait, à ces gens, des cailles au nid : c'est des cailles dans une brioche.
>
> Annie Merlin et Alain-Yves Beaujour,
> *Les Mangeurs du Rouergue.*

Nioleur

Spécialiste de la pâtisserie, dans les cuisines de restaurants. Le mot vient de *niole* ou *nieule* (voir au mot **échaudé**), pâtisserie populaire du Moyen Age.

Noce

Faire la noce, c'est boire, manger, s'amuser.
L'origine de l'expression est facile à comprendre quand on sait quelles réjouissances entouraient la cérémonie du mariage, à une époque où les distractions étaient rares.
Autrefois, on disait aussi **nocer** dans le même sens.

> Toute la boutique avait une sacrée envie de nocer.
>
> Émile Zola, *L'Assommoir.*

Noces

Les superstitions, rites et coutumes qui entouraient les noces villageoises sont parmi les plus riches de tout le folklore de communication sociale d'autrefois. Un rôle non négligeable était joué par l'aspect alimentaire de ces traditions.
Dès les préliminaires du mariage, un rituel alimentaire était de rigueur. Ainsi, en Bretagne, le prétendant offrait le **couign** ou **gâteau de la demande**. Si la famille, après avoir accepté, revenait sur sa décision, elle devait à son tour offrir un couign. A travers la France entière existait un véritable langage codé qui permettait au prétendant de savoir s'il était agréé ou refusé, selon le plat

qu'on lui servait. Par exemple, en Auvergne, on offrait une palette de porc aux lentilles au prétendant éconduit. Dans le cas contraire, le plat de rigueur était une omelette, avec le symbolisme de fertilité que supposent les œufs. Malheureusement, aucune terminologie spéciale ne semble désigner ces plats.

Il en est tout autrement des diverses habitudes alimentaires qui marquaient le jour des noces et les jours voisins.

En Sologne, on mettait de côté à l'avance un saucisson spécial, le **salcissot roustissaire**, que l'on faisait rôtir pour le repas de fiançailles, et, la veille du mariage, on offrait aux invités une collation appelée **pâté bitour**.

En Maurienne, la veille du mariage également, la fiancée servait aux invités le **repas des crouzets**, fait de **crouzets** ou **crozets** (voir ce mot) confectionnés par elle.

A leur arrivée à l'église, les jeunes mariés de Luzy, dans la Nièvre, recevaient une **apogne** (voir **brioche**) à manger ensemble.

En Ile-de-France, le curé qui célébrait le mariage se voyait offrir le **vin des noces** ; en Bretagne, c'est juste avant le repas que toute la compagnie se régalait du vin des noces obtenu en mélangeant toutes les bouteilles reçues en cadeau... Le **fricot** qui suivait pouvait d'autant mieux être pantagruélique qu'en général chaque invité payait sa participation.

En Alsace aussi, on demandait souvant aux invités de participer aux frais du repas, appelé **Irgenhochzeiten**.

Et de même en Anjou, où le paiement de cet écot se faisait au cours d'une danse spéciale.

Le repas de noces ou **regingaux** (voir ce mot) de la Bourgogne et du Morvan comportait, comme évidemment dans la France entière, de très nombreux plats, avec des particularités curieuses : par exemple, il commençait fréquemment par de la soupe au vermicelle, considérée jadis comme un luxe. Souvent figuraient au menu de la tête de veau et des rôtis de viande ; peu de légumes, car ils faisaient tristement partie de l'ordinaire quotidien.

Les desserts étaient particulièrement spectaculaires. En Anjou, le gâteau — *fouace* ou *chantereau* — était présenté par un garçon au cours d'une danse ; on appelait ce cérémonial *danser le gâteau*.

Le *catalambroche* du Pays Basque était un gâteau à la broche dont on ornait le trou central avec un bouquet. En Franche-Comté, la mariée distribuait aux invités, à la fin du repas, le contenu d'un panier de pain blanc ou *chantelot*. Dans diverses régions, elle donnait un *chanteau* (croûton) de pain à sa demoiselle d'honneur pour que celle-ci se marie dans l'année.

En Ardennes, on servait deux **gâteaux mollets**, l'un pour le marié, l'autre pour la mariée.

Aux enfants du voisinage qui venaient traîner autour des cuisines et dont on disait qu'ils *fleuraient la noce,* on offrait en Champagne pain et restes de pot-au-feu.

Dans la Nièvre, les restes, appelés **reûillot**, étaient également distribués aux enfants, d'où l'expression populaire **chorcher** (chercher) **le reûillot**, pour dire que quelqu'un cherche à se faire nourrir gratuitement.

Mais c'est au cours de la nuit de noces que les invités prenaient part à l'un des rites les plus curieux du cérémonial des noces. Il consistait à apporter aux mariés une bolée (ce n'est pas le mot exact, car l'ustensile utilisé était le plus souvent... un pot de chambre) d'une **soupe** ou **trempée** roborative. Malgré les allusions égrillardes et même scatologiques, il ne faut pas y voir uniquement une gauloiserie de plus ou moins mauvais goût, car tout un symbolisme de fécondité à base d'éléments aphrodisiaques (épices, chocolat, légumes comme le céleri réputés pour leurs vertus dans ce domaine) était lié à cette présentation. Elle a cours encore à présent dans beaucoup de campagnes, même si les jeunes mariés d'aujourd'hui l'acceptent avec moins de bonne humeur qu'autrefois. Cette trempée était très généralement appelée **rôtie**, car il s'agissait souvent de pain grillé trempé au vin. Elle gardait ce nom même quand sa composition était différente, comme dans le Béarn où la **rosta** était une soupe aux poireaux.

Dans le Périgord, on servait aux mariés un **tourin** (voir **soupe**), voisin de la soupe aux oignons présentée en pareil cas dans toute la Touraine ; le **rebelhou** (c'est-à-dire en langue d'oc, **réveillon**) du Gers comportait tourin et gâteau ; il était servi au cours de la nuit.

Dans le Perche, c'est au petit matin qu'on apportait au jeune couple le **lait de la mariée**, soupe préparée avec du lait quêté dans les fermes ; au petit matin également, on offrait en Picardie le **codiau** ou **caudiau**, vin chaud sucré et aromatisé.

Le lendemain du mariage, il fallait *m'zer les rechtes* (manger les restes) comme on disait dans le Morvan, ceux du moins qui n'avaient pas été distribués ; en Franche-Comté, on en préparait un ragoût, la **maillotte**.

Un repas, parfois pris à l'auberge du village, réunissait souvent, le dimanche suivant les noces, les nouveaux époux et leurs parents. Dans le Périgord, on appelait ça **faire le repic**, dans le Nivernais, **manger la poule,** en raison sans doute d'un mets traditionnellement servi à cette occasion.

Noël et Nouvel An

Dans la France d'autrefois, aussi pauvre fût-elle, rares étaient les régions où l'on ne marquait pas les fêtes de Noël par un repas particulier. Les plats qu'on y servait étaient souvent des plus simples, mais ils marquaient l'occasion : **treuffes dans lè piau** (pommes de terre en robe des champs) ou **galette aux griaudes** (voir **cochon**) dans le Morvan et le Nivernais, **soupe troye** (tournée) au fromage dans la région de Besse-en-Chandesse (Puy-de-Dôme), **crouzets** (voir ce mot) en Savoie, châtaignes du **rebelhou** (réveillon) dans le Quercy, cochonailles et **méchattes** (brioches) pour la « grande bourre » en Lorraine. Quant à la Provence, son « grand souper » ou « gros souper » était un repas plantureux mais maigre, avec, pour finir, les treize desserts de la tradition.

> Nous fîmes le grand souper « des treize desserts » devant un brasier pétillant.
>
> Marcel Pagnol, *Le Château de ma mère.*

Les gâteaux de Noël et du Nouvel An étaient parfois des gâteaux à cornes : **cugneux, quénieux** ou **cuéniats** de Noël en forme de croissant dans les Vosges, **cognots** à trois cornes des Ardennes, **cornabeux** de Lorraine et **cornabœufs** ou **pains aux bœufs** du Berry, **apognes aux bœufs** ou **apognes cornues** du Nivernais, tous en forme de cornes.

En dehors de ces gâteaux à cornes et des gâteaux **anthropomorphiques** (voir p. 00) qui, en certaines régions, marquaient les réjouissances de Noël, citons encore quelques friandises traditionnelles : en Alsace, les **bretzels** géants que parrains et marraines donnaient aux enfants qui les enfilaient à leurs bras ; dans le Bordelais, les **coques de Nadao**, pains torsadés piqués de grains d'anis ; dans l'Ariège, les **torteils,** également à l'anis vert, offerts aux enfants par leurs parrain et marraine ; à Montpellier et en Provence, les **oreillettes** (pâtes frites) ; en Bresse les **espongnes,** et encore les **michattes** ou pains à deux têtes réservés dans l'Aube aux enfants quêteurs, les crêpes du Jour de l'An dans le Poitou, les **croquignoles** de Noël au Québec.

Dans le Santerre, en Picardie, il est probable que l'on cuisait ou que l'on achetait le matin de Noël le petit pain traditionnel du nom de **matinon**.

Les cadeaux que l'on distribuait aux enfants en Normandie consistaient le plus souvent en galettes et pains de sucre ; on y ajoutait de l'eau-de-vie pour les visiteurs et les travailleurs agricoles. On donnait à ces cadeaux le nom d'**haguionnettes**, déformation de *Au gui l'An Neuf,* de même que **guillaneu** (galette fendue du Nouvel An en Touraine) et que les nombreux noms utilisés dans diverses régions pour désigner le Jour de l'An, par exemple *aguilhanneuf* en Bretagne et *aguienleu* en Anjou ; en Gascogne, les *guillonnées* étaient les petis quêteurs du Nouvel An et au Québec la quête s'appelait la *guignolée*. C'est peut-être également *Au gui l'An Neuf* qui s'est déformé en **cugneux, quéniaux, cognats,** etc. (voir ci-dessus).

On retrouve la racine latine *strena* = cadeau de fête (qui a donné le français *étrennes*) avec les **strynen**, gaufrettes traditionnelles du Nouvel An dans les Flandres rurales, en Belgique comme en France, et la **strenna** corse, tourte au fromage blanc du 1er janvier.

Nœuds d'amour

En raison de la forme de rubans qu'on leur donnait parfois, on appelait ainsi, en cuisine bourgeoise, les « pâtes frites » connues, dans la tradition d'autrefois des plats de Carnaval, sous le nom de *fantaisies* (voir *beignets*).

Noisette

Tout petit morceau de beurre de la taille d'une noisette que l'on met sur un plat avant de le faire gratiner au four.

> Mettre au four avec quelques noisettes de beurre en surface.
>
> Henriette Dussourd, *Les Secrets des fermes au cœur de la France.*

On dit aussi, presque dans le même sens, un *copeau* de beurre : la forme de ce petit morceau de beurre est différente de celle de la noisette, comme le mot l'indique clairement, mais la quantité est à peu près équivalente.
Petite pièce de veau individuelle (voir *mignon*).

Beurre noisette : voir *beurre.*

Noix

Morceau de beurre qui est un peu plus gros que la *noisette* (voir ce mot) et qui a le même emploi.

> Posez encore quelques noix de beurre frais sur et dans le poisson.
>
> Famille Vincenot, *Cuisine de Bourgogne.*

C'est aussi le morceau de beurre que l'on met à la dernière minute dans un plat de pâtes, de légumes, etc. Partie du cuisseau de veau particulièrement appréciée dans laquelle on taille les escalopes et certains rôtis, etc. Elle doit son nom à l'analogie de forme que présente avec une noix ce muscle renflé.

Non-pareille

Toute petite dragée ronde. Les **non-pareilles** (on écrit aussi **non pareilles**) sont de couleurs diverses ; on les utilise pour la décoration des gâteaux et entremets.

> De grands plats de crème jaune [...] présentaient, dessinés sur leur surface unie, les chiffres des nouveaux époux en arabesques de non-pareille.
>
> Gustave Flaubert, *Madame Bovary*.

L'adjectif *non-pareil* était employé jadis pour qualifier un objet « à nul autre pareil ». En ce qui concerne les non-pareilles utilisées en pâtisserie, c'est par leur très petite taille qu'elles se distinguent.

En mercerie, on donne pour la même raison le nom de *non-pareille* à un ruban extrêmement étroit.

Norvégienne (omelette)

Le plat lui-même constitue une curiosité plus remarquable que son nom. Le mot *norvégienne* fait en effet simplement allusion au froid, cet entremets étant composé d'un biscuit recouvert d'une glace, qui peut être parfumée diversement, mais toujours enrobée dans des blancs d'œufs battus en neige avant d'être passée quelques minutes au four très chaud. Le dessus se colore mais la glace ne fond pas, en vertu de l'« inconductibilité du blanc d'œuf battu », principe découvert par le physicien américain Benjamin Rumford. Esprit pratique (il inventa un procédé de ramonage des cheminées), époux en secondes noces de la veuve de Lavoisier, Rumford est défini par l'*Enclycopaedia Britannica* (11e édition) comme un homme de science et un philanthrope. Quel gourmet oserait lui refuser ce dernier titre ?

Nougat

C'est le *nucatum* romain (de *nux* = noix) dont Apicius donne la recette. Il semble avoir été introduit en

France au XVIᵉ siècle et fabriqué localement à Montélimar lorsque Olivier de Serres fit implanter les amandiers dans le Vivarais.

Ceux qui prétendent que le mot **nougat** dérive de la phrase enfantine « Tu nous gâtes » feraient mieux de s'adonner à un autre passe-temps que l'étymologie.

Oie (cuisine de l')

Dans le Sud-Ouest, où l'élevage des oies est une des grandes ressources locales, il existait une « cuisine de l'oie », comparable par son importance dans la vie paysanne à la « cuisine du cochon » (voir **cochon**) et qui est loin d'avoir totalement disparu.

Cette cuisine consiste, le jour où l'on festoie en famille ou entre voisins après avoir tué l'oie, en **alicot** (voir ce mot) ou ragoût d'abats, qui sert à faire goûter l'oie aux amis de manière économique, en cous farcis, ou en carcasses que l'on grille sur des sarments. Les morceaux de chair qui y adhèrent encore constituent un mets très apprécié à manger avec les doigts : ce sont les **demoiselles, ousillos** ou **ousserilhes.** Les enfants se délectent des langues, et tout le monde des tripes en daube au sang, appelées **alignades** en Gascogne et **abignades** dans les Landes. Et puis on prépare les foies gras, les confits, bref, on **fait le gras.**

Et, pour ne rien laisser perdre et parce que c'est délicieux, on met en conserve au sel des petits morceaux de peau grasse, les **pétassous** ou **graïs,** qui serviront à donner du parfum aux soupes. De même qu'en Auvergne on apprécie que le lard prenne une légère odeur de rance, de même les vrais connaisseurs périgourdins ne reprocheront jamais ce goût aux **pétassous** vieillissants…

Oreillard

Nom donné au lièvre en raison de ses longues oreilles ; on dit d'ailleurs aussi familièrement **Longues-Oreilles.**

Il avait même [...] osé attendre et étrangler un oreillard que Miraut chassait.

Louis Pergaud, *De Goupil à Margot.*.

Parmi les autres surnoms familiers que le lièvre a reçus des chasseurs, car il a longtemps été l'un des gibiers les plus courants de la France d'hier, citons ceux de **bouquin** (de *bouc,* désignant souvent les animaux mâles), de **capucin**, le lièvre ayant la même couleur d'habit que ce moine vêtu de marron, de **courte-queue,** expression pittoresque facile à comprendre.

Osmazôme

Nom donné par le chimiste Thénard au principe sapide de la viande. On y retrouve le grec *osmê* = odeur. Ce mot fut longtemps employé par les cuisiniers.

[Mr. Homais] parlait arôme, osmazôme, suc et gélatine d'une façon à éblouir.

Gustave Flaubert, *Madame Bovary.*

Oublie

Sorte de **gaufre** (voir ce mot), plate ou roulée, très appréciée au Moyen Age, où des marchands ambulants, appelés *oublyers* ou *oublieux,* les vendaient dans les rues de Paris, parfois par « mains » de cinq. On est tenté de faire dériver le mot **oublie** du latin *oblata,* qui désignait l'hostie non encore consacrée, mais en Grèce, on appelait *obelias* un gâteau cuit entre deux fers, comme la gaufre... et l'oublie.

Paille (pommes)

Pommes de terre frites, fines et longues, qui évoquent des brins de paille. On les sert comme accompagnement de grillades.

Pain

Ce n'est pas dans l'histoire de l'alimentation française que nous chercherons l'origine du pain, puisqu'il est notoire qu'il remonte à l'Antiquité : les tombes pharaoniques, la Bible, sont là pour le rappeler.

De tous temps, le pain a été considéré comme aliment essentiel, et l'idée de pain comporte même une connotation mystique. Il ne s'agit pourtant que d'un mélange en proportions variables de farine, d'eau et d'un agent levant... C'est sans doute l'aspect vivant de cet agent et de la fermentation résultant de son emploi qui confère au pain ce caractère sacré. La place accordée au pain dans le langage métaphorique témoigne de son importance. (Voir *Les mots d'origine gourmande,* Belin 1986).

Le pain, sous sa forme la plus universellement connue, est cuit dans un four spécial. Cependant, dans certaines régions, on faisait cuire des boules de pâte à pain, utilisées ensuite à peu près comme le pain lui-même, dans de l'eau ou du lait pour les **clouches** des Flandres, ou encore dans du bouillon ou de l'eau de cuisson de boudin pour les **miques** du Périgord. On retrouve dans le mot *mique* le latin mica = petite parcelle, qui a donné **miche.** A l'origine, la miche était donc un petit pain, comme la mique du Périgord. C'est aussi de *mica* que vient le mot **mie,** utilisé jusqu'au XVIᵉ siècle pour dire « rien du tout » (voir **brique**).

Évidemment, chaque région avait sa variété de pain particulière, liée à l'emploi des céréales cultivées localement : **pain de méture** ou farine de maïs du Béarn, **flamusse** à croûte brune de Franche-Comté, également à la farine de maïs, **pumpernickel** alsacien à la farine de seigle, dont le nom viendrait, de façon pas très évidente, de *bonum panicum…,* **pains de méteil** des diverses régions (le terme *méteil* désignant toutes sortes de mélanges de farines : blé et sarrasin en Bretagne, blé et seigle dans le Centre, le Midi et en Alsace), **pain miraud** des Côtes-du-Nord.

On trouve une grande variété terminologique, parallèlement à la diversité des pains locaux : **pain brié** normand, dont on brise la pâte (d'où son nom venu du verbe ancien *brier* = broyer) pour y réincorporer de la farine trente minutes après le pétrissage, **faluche** de Flandre qui est un petit pain comportant en son milieu un trou pour mettre beurre et confiture, **pain collier** que l'on trouve dans les Alpes-de-Haute-Provence sous le nom de **coulas,** ainsi qu'en Charente-Maritime, et qui a la forme d'un collier de cheval en raison d'une coupure pratiquée en son centre avant la mise au four, **fouée** de Touraine, ronde et plate, formée à la main, **pain chemin de fer** relativement récent, propre à l'Yonne, à la Côte-d'Or et au Loir-et-Cher, et qui doit son nom à des rayures parallèles qui en marquent le dessus, **fougasse** encore répandue dans tout le Sud de la France avec, par exemple, la **fougasse aux lardons frits** de Sète, **flambarde** du Sud-Ouest cuite après la flambée du bois pour chauffer le four, **coupiette** corse (mot de même racine que *couple*), constituée de deux boules qui se séparent facilement, **gâche** normande dont il s'est parlé plus longuement à propos des **gâteaux** (voir ce mot) car son évolution illustre bien la façon dont s'est fait le passage du pain aux gâteaux à mesure que la condition rurale s'améliorait. On cuisait jadis le pain à intervalles assez longs et, partant, en assez grosses quantités. On en consommait beaucoup, même si on le « ménageait » et si on s'abstenait totalement de le gaspiller. Il servait d'accompagnement à tous les aliments, ce qui permettait d'économiser ceux-ci : « Trois haricots pour une bouchée de pain », disait-on en Franche-Comté, « c'est encore trop de haricots ». Parfois même, le pain remplaçait l'écuelle ou l'assiette : on y posait directement la nourriture. Ce qu'on mangeait ainsi s'appelait éloquemment *compagnage* en Auvergne, *pitance* en Bourgogne. Etymologiquement, la *pitance* était ce qu'on donnait par *pitié* ; le mot a pris ensuite le sens de nourriture quotidienne et indispensable. Dans les Pays de la Loire la garniture des tartines était la *frippe*.

> En Anjou, la frippe, mot de lexique populaire, exprime l'accompagnement du pain, depuis le beurre étendu sur la tartine, frippe vulgaire, jusqu'aux confitures d'alleberge, un fruit tenant de la pêche et de l'abricot, la plus distinguée des frippes.
>
> Honoré de Balzac, *Eugénie Grandet*.

Le pain, en tranches trempées appelées localement *lèches* (Champagne), mais très généralement *soupes,* a donné son nom aux *soupes* (voir ce mot) qui étaient un élément essentiel de la nourriture paysanne en France. On donnait parfois aux enfants pour leur « quatre-heures » des tranches de pain frottées d'ail (*fretisso* du Périgord), mais plus souvent des tartines de confiture ou de raisiné, parfois de crème (Bourgogne), de beurre frais dans les régions riches (Touraine), d'écume de beurre fondu ailleurs : *craîche* de Franche-Comté, qui est parfois épaissie d'un peu de farine comme la *cuiture* ou la *quermeuche* du Doubs.

On donne le nom de *pains*, en cuisine, à de nombreuses préparations moulées et cuites au four : pain de poisson, de légumes. Des œufs ou des blancs d'œufs servent d'élément liant : le pain est souvent cuit au bain-marie pour assurer douceur et régularité. Il peut ou non être accompagné d'une sauce. On emploie parfois, dans le même sens, le mot *gâteau,* comme dans le nom du *gâteau de foies blonds de poularde de Bresse* dont Lucien Tendret a immortalisé la recette.

Pain de Gênes : gâteau en pâte à biscuit additionnée d'amandes, cuit dans un moule rond.

> Les filles vont aller à la pâtisserie [...]. Allez chercher des brioches et du pain de Gênes.
>
> Georges Simenon, *Oncle Charles s'est enfermé.*

Pain perdu : tranches de pain trempées au lait, puis passées dans de l'œuf battu et dorées au beurre dans une poêle. On les garnit généralement de confiture. Ce dessert est apprécié des ménagères car il permet d'utiliser des restes de pain. Il est très proche des *croûtes dorées* (voir ces mots), dessert de Pâques traditionnel en Savoie.

Pain d'épices

Gâteau en pâte assez massive additionnée de diverses épices et parfois de fruits confits. On en connaît de nombreuses variantes, tant pour les bases de fabrication que pour la forme donnée à ce gâteau très populaire qui, rapporté de Flandre, dit-on, en 1452 par Philippe le Bon après qu'il l'eut goûté à Courtrai, est vendu sur toutes les foires de France depuis la fin du XVIIe siècle.

> Il dînerait à l'auberge, boirait du vin [...], il achèterait des pains d'épices, un sifflet.
>
> Louis Pergaud, *La Guerre des boutons.*

On fait des pains d'épices « de forme belge » ou *couques* (en forme de cake), des pains d'épices aux aromates les plus divers, en forme de cœurs, de petits cochons ou de personnages divers. En 1827, quand la première girafe arriva au Jardin des Plantes, les pains d'épices en forme de girafe connurent une grande

vogue. Les **nonnettes** sont des petits pains d'épices ronds recouverts d'un glaçage. Elles étaient, autrefois, fabriquées dans des couvents, d'où leur nom.

Palet

Palet de dames : petit gâteau sec, rond et plat, dont la forme rappelle effectivement celle d'un palet, garni de raisins secs et aromatisé au rhum. On sert volontiers les palets de dames avec le thé, d'où peut-être leur nom, les hommes étant censés préférer des boissons plus fortes.

Palet d'or : bonbon très fin au chocolat, ayant lui aussi la forme approximative d'un palet, et dont le dessus est décoré de paillettes d'or.

Paletot

Dans le Gers, on appelle ainsi de façon pittoresque et éloquente l'ensemble des cuisses, des ailes et des filets qu'on lève sur un canard ou une oie engraissés avant d'en retirer le foie.

Palette

Morceau de porc situé sur l'omoplate et ainsi appelé en raison de sa forme, qui rappelle celle d'une pelle (en latin *pala*) ou d'une raquette de pelote basque (*pala*).

Palmier

Gâteau individuel fait d'une double spirale de pâte feuilletée, évoquant une sorte de palme stylisée.

Pamplemousse

Agrume juteux et acide, assez gros, dont le nom viendrait du néerlandais *pompelmoes* (de *pompel* = gros et *limoes* = citron). On se souvient que, dans l'œuvre de Bernardin de Saint-Pierre, Paul et Virginie habitent, sur leur Ile de France, autrement dit l'Ile Maurice, le quartier des Pamplemousses et que c'est près de l'église des Pamplemousses qu'est enterrée Virginie. En réalité, ce que nous appelons aujourd'hui *pamplemousse* semble plutôt être un *pomelo* (du latin *pomum melo* = pomme melon), le vrai pamplemousse étant au contraire peu juteux. Mais, sur ce point, les négociants en fruits exotiques eux-mêmes ne sont pas toujours d'accord entre eux.

Un *pomelo exotique*, très amer et à membranes intérieures fort dures, a fait récemment une apparition fugitive sur le marché français. Le pamplemousse ou pomelo aurait été découvert en Polynésie par un certain capitaine Shaddock... Il reçut même à l'origine le nom de *shaddock* ; on l'appelait aussi *fruit défendu* (cf. le nom latin d'une des variétés, *citrus Paradisi* = citronnier du Paradis).

Les Anglo-Saxons, eux, appellent *grape-fruit* le fruit en question, qu'ils aiment particulièrement déguster au petit déjeuner. Ce nom vient de ce que, aussi curieux que cela paraisse, le pamplemousse pousse en grappes, au moins pour certaines de ses variétés.

Panacher

Mélanger divers éléments comme sont mélangées les couleurs dans un panache. La cuisine bourgeoise fait encore aujourd'hui un grand usage des haricots *panachés* (haricots verts et blancs) comme garniture des rôtis d'agneau.

Panade

Ce mot ne désigne pas seulement une soupe au pain mitonnée (voir **soupe**) mais aussi une préparation à base de pain, de farine ou de tout autre féculent destinée à épaissir certaines farces, par exemple celles qui entrent dans la composition des **quenelles** (voir ce mot).

> Les farces classiques pour quenelles sont constituées par un élément de base [...] qu'on lie avec des œufs, des panades ou de la crème.
>
> Ali Bab, *Gastronomie pratique*.

Pan bagnat

Littéralement, *pan bagnat* signifie « pain baigné »... évidemment à l'huile d'olive puisqu'il s'agit d'une spécialité niçoise.
Le **pan bagnat** est un petit pain rond (d'assez bonne dimension cependant...) souvent frotté d'ail et toujours imbibé d'huile d'olive, puis garni avec les élémetns habituels de la salade niçoise : oignons, tomates, poivrons, anchois, olives noires, etc. C'est une sorte de sandwich rustique qu'aujourd'hui encore, enfants et adultes mangent à belles dents tout au long des ruelles du vieux Nice.

> Il avait [...] inventé une recette de lentilles [...] servies froides arrosées d'huile d'olive et de safran sur des tranches grillées de ce pain rond utilisé pour les *pan bagnats*.
>
> Georges Perec, *La Vie mode d'emploi...*

Paner

Enrober un aliment d'une couche de **chapelure** (voir ce mot) avant cuisson. L'aliment (souvent une petite pièce de viande) est d'abord enduit soit d'œuf battu (**panure à l'anglaise**), soit d'un mélange d'œuf et de fromage râpé (**panure à la milanaise**), soit simplement de beurre fondu (**panure au beurre**), pour maintenir la chapelure qui est, dans certains cas, remplacée simplement par de la mie de pain rassis écrasée. C'est d'ailleurs du mot *pain* que viennent **pané** et **paner**.

> J'avais envie d'une côtelette panée, mais celle qui vous reste est trop grasse.
>
> Émile Zola, *Le Ventre de Paris*.

Papillote

Garniture en papier blanc découpé dont on entoure le manche d'une côtelette ou le pilon d'une volaille pour les présenter à table.

En papillote : se dit d'un aliment cuit au four dans une feuille de papier sulfurisé.

> Les rougets, té, je les mangerais bien « en papillotes ».
>
> Charles Blavette, *Ma Provence en cuisine*.

Les **papillotes** sont aussi des bonbons enveloppés dans des papiers de couleur à bords frangés.
Dans les deux cas, le papier utilisé évoque la forme du papillon, mot auquel on donnait en ancien français le diminutif de *papillot*.

Pâques

Si la coutume des œufs de Pâques en sucre et en chocolat que les enfants vont chercher dans les jardins où ils sont cachés est assez récente, les œufs, considérés comme le symbole de la vie en gestation, et particulièrement abondants au printemps, ont toujours eu une place importante dans le folklore alimentaire de Pâques. C'était aussi une façon d'en finir avec le Carême à une époque où les œufs n'étaient pas autorisés pendant ces quarante jours. Les œufs que l'on mangeait à Pâques étaient souvent ceux que les enfants et les adolescents évaient quêtés de maison en maison, avec accompagnement de chants (*goigs del ous* du Roussillon) ou non, et parfois en marmonnant des mots étranges qui désignaient les œufs, comme **cacou-cacou** ou **cacaillou-cacaillou** en Auvergne et dans la Creuse.

On appelait les quêtes d'œufs *poquages* ou *pocages* en Picardie, *pâquerets* à Paris et dans le Perche, *pakrès* dans le Maine, *pachrès* dans l'Eure. On retrouve dans tous ces mots le rappel de Pâques, qui n'apparaît pas, en revanche, dans la *gnance* de Sologne. Les petits quêteurs d'œufs étaient appelés *cocoteux* en Auvergne, l'allusion aux œufs l'emportant sur l'idée de Pâques. Les œufs durs ainsi quêtés servaient à certains divertissements entre jeunes gens, comme les *roulées* qui avaient lieu un peu partout (on les appelait *routelées* en Sologne) : on faisait rouler les œufs le long d'une pente ; le moins endommagé à l'arrivée gagnait et son propriétaire emportait les autres œufs. Un autre jeu, souvent appelé *toquette,* consistait à cogner l'un contre l'autre deux œufs durs tenus chacun dans la main d'un enfant (on appelait ce jeu *battache des oeues* en Flandre). On raconte dans la région d'Étampes que les fermières qui donnaient les œufs se plaisaient à mélanger œufs durs et œufs crus ! Bien entendu, après ces jeux, les œufs durs finissaient par être mangés en commun, comme à l'*assemblée des œufs durs* qui avait lieu en Sologne le lundi de Pâques. A Luzy, dans la Nièvre, on ajoutait aux œufs durs une salade de pissenlits.

L'omelette de Pâques était également de tradition. On la mangeait souvent le dimanche matin, pour se *décarêmer,* pafois avant le lever du soleil comme la *ribote d'œufs de Pâques* qui était, dans le Roussillon, une omelette aux lardons. Dans le Roussillon également, on appelait *truyatada* l'omelette servie au repas de Pâques ; dans le Béarn, c'était l'*omelette au millassou* (boudin au pain de maïs) et en Auvergne la *pascade* ou *pachade.* En Haute-Normandie, l'omelette pascale était préparée à l'huile de faîne. Les œufs entraient aussi dans la composition du pâté berrichon aux œufs et de la gelée morvandelle aux œufs durs et au jambon.

L'agneau a une place de choix dans les plats traditionnels de Pâques. C'est une question de bonne utilisation des ressources saisonnières. On sert du gigot un peu partout, de la croustade à l'agneau dans l'Aveyron, des *épigrammes* (voir ce mot) aux pointes d'asperges. Parmi les autres plats traditionnels, on peut citer la *goyère* ou tarte au fromage blanc de Valenciennes et l'échine de porc, appelée *crossémégneye, corosse* ou *juif* à Metz.

La fête de Pâques était marquée un peu partout par des desserts de circonstance. En Bretagne, on faisait cailler du lait avec de la tanaisie (*ar gouat*), à Sarlat on préparait une sorte de crêpe lunaire sucrée, la *cajasse,* en Savoie, des *croûtes dorées* (voir ce mot). On trouve des gâteaux traditionnels de Pâques à travers la France entière : le *coucou d'io* (coque aux œufs) (voir *brioche*), le *milla* ou *millassou* (gâteau de farine de maïs au potiron) à Sarlat, le *campanile* en Corse, les gâteaux de Pâques du Vaucluse appelés *brassadeû* parce qu'ils étaient en forme d'anneaux et qu'on pouvait les enfiler sur les bras, le *feretra* toulousain, offert aux dames par les messieurs en hommage courtois, le lundi de Pâques, avec tout un cérémonial, l'*ageau pascal* alsacien, gâteau moulé en forme d'agneau, la *galette paquaude* vendéenne.

Dans certaines régions, il existait même un menu de Pâques traditionnel. Dans le Roussillon, on servait la *truyatada*, omelette accompagnée de *cansalade* (lard) et de radis roses, un rôti d'agneau et des *bunyettes* (beignets à la fleur d'oranger).

Parer

Enlever les petits morceaux de gras (que l'on appelle *parures*) d'une pièce de viande, les ficelles qui ont servi à maintenir le rôti pendant la cuisson, etc. Il s'agit essentiellement d'une opération destinée à améliorer la présentation d'un mets, d'où son nom.

> Nous faisons confiance au boucher qui nous sert la viande « parée », c'est-à-dire mise en forme et sans lisière de graisse.
>
> Claude Terrail, *Ma Tour d'Argent*.

Parfait

Glace à la crème fraîche, à la fois moelleuse et ferme, bref, la perfection... On l'aromatise avec des parfums divers.

La terminologie culinaire moderne attribue parfois le nom de *parfait* à des préparations salées mal définies, genres de *mousses* (voir ce mot) figurant à la carte de restaurants réputés.

Paris-Brest

Couronne de pâte à choux fourrée de crème pralinée. On dit qu'il fut créé à l'occasion de la première course cycliste Paris-Brest, à la fin du siècle dernier, et que sa forme est censée évoquer une roue de bicyclette.

Partir (faire)

Façon toute simple, mais très employée en cuisine, de dire qu'on met un plat en train... Faire partir une préparation en temps voulu est essentiel pour le bon ordre du service.

Passe

Passe-plat.

> Le guichet du passe marque toujours une frontière.
>
> Fanny Deschamps, *Croque-en-bouche*.

C'est entre la **cuisine** et la **salle** (voir ces mots), dont on sait bien qu'ils sont deux mondes distincts dans les restaurants, que le **passe** marque la frontière.

Passe l'an

Fromage de vache du Languedoc, ainsi appelé parce qu'il faut un affinage d'une année entière pour voir se développer toutes ses qualités.

Pastis

Sorte de brioche en honneur dans le Sud-Ouest ; son nom, évidemment, n'a rien à voir avec celui de la boisson anisée bien connue : il dérive cependant, comme lui, du latin *pasticium* = pâté, mélange.

Le **pastis gascon** se différencie de celui des Landes et du **pastis bourrit** du Béarn par une technique de fabrication très particulière, qui rappelle le feuilletage à l'orientale, puisqu'on superpose des abaisses extrêmement fines de pâte en coulant de la graisse entre elles, dans ce cas particulier, de la graisse d'oie. Comment en utiliserait-on une autre en Gascogne ?...

Patate

Pomme de terre.

> Le soir, c'est la soupe poireaux-pommes de terre. Beaucoup de poireaux, beaucoup de patates, pas beaucoup d'eau.
>
> Cavanna, *Les Ritals.*

Ce terme familier extrêmement employé vient d'un mot arouak de Haïti, *batata*. Il semble s'être introduit dans la langue française populaire vers le milieu du XIXe siècle par l'intermédiaire de l'anglais *potato*. Mais il existait, pour désigner la **patate douce** ou **ipomée**, depuis le XVIe siècle sous la forme *batata* et depuis le XVIIe siècle sous sa forme actuelle.

Patauger des mandibules

Manger, et particulièrement manger sans grande recherche. L'origine de cette expression pittoresque est aisément compréhensible.

> On a beau leur traduire nos livres de cuisine, les yankees, ils continuent à patauger des mandibules.
>
> San Antonio, *Circulez ! Y a rien a voir.*

Pâte

Mélange de farine, d'eau et éventuellement d'autres éléments, qui sont destinés à en améliorer la consistance et le goût.

Les **pâtes alimentaires** sont faites d'une pâte de base (farine et eau) à laquelle on ajoute parfois des œufs. On l'étale au rouleau et on la coupe en lui donnant diverses formes avant de la faire cuire à l'eau bouillante salée. Les meilleures pâtes — les italiennes notamment — sont faites à partir de farine de blé dur, mais les pâtes à la farine de blé tendre reviennent de 30 à 35 % moins cher et la Cour de justice européenne a décidé qu'il était contraire à la libre circulation des marchandises dans la Communauté de vouloir imposer les seules pâtes à la farine de blé dur ! De nos jours, les pâtes sont le plus souvent fabriquées industriellement mais la préparation ménagères des pâtes est une opération qui est à la portée de toutes les cuisinières un peu soigneuses. On appelle **pâtes fraîches** les pâtes ainsi préparées juste avant l'emploi. On trouve également des pâtes fraîches dans le commerce ; il faut les consommer dans la journée pour qu'elles conservent leur consistance extrêmement agréable.

La composition des **pâtes** utilisées en pâtisserie diffère assez sensiblement, dans la plupart des cas, de celle des pâtes dites pâtes alimentaires. Leur mode de cuisson et leur emploi sont totalement différents.

La **pâte brisée** se prépare en mélangeant du bout des doigts de la farine et du beurre et en ajoutant juste assez d'eau pour obtenir une pâte souple et malléable. Le mot *brisée* fait référence au travail de la pâte.

302

La **pâte à choux** est une sorte de pâte levée, à base de beurre, de farine et d'œufs, qui présente la particularité d'être préparée à chaud. C'est le travail même de la pâte qui lui donne la faculté de lever ; en effet, elle ne comporte pas d'additifs (tels que levure quelle qu'elle soit ou blancs d'œufs battus en neige) destinés à l'aider à lever.

La **pâte à crêpes** est une pâte très liquide faite de farine, d'œufs et de lait.

La **pâte à frire**, parfois appelée **pâte à beignets,** est, comme ce dernier nom l'indique, plus spécialement destinée à la préparation des beignets. Elle ressemble à la pâte à crêpes en plus épais ; on lui ajoute généralement de la levure de bière (parfois même simplement un peu de bière) ou des blancs d'œufs battus en neige.

La **pâte feuilletée** ressemble, au départ, à la pâte brisée mais on lui fait subir toute une série d'opérations destinées à la rendre plus légère par l'adjonction de beurre et par des pliages successifs qui lui donnent l'apparence de feuillets superposés, d'où son nom (voir **millefeuilles**). Elle aurait été inventée par Claude Gelée, dit le Lorrain, qui fut cuisinier et pâtissier avant de devenir le grand peintre que l'on sait.

La **pâte sablée** est préparée en travaillant le mélange de beurre et de farine du bout des doigts jusqu'à ce qu'il prenne une consistance sableuse ; on y ajoute des jaunes d'œufs. Elle sert évidemment à préparer les **sablés** (voir ce mot) ainsi que certaines tartes.

Patia

En Auvergne, pommes de terre cuites au lait à la cocotte. Elles collent toujours un peu, formant une croûte dorée, et ont tendance à s'écraser ce qui fait que le plat terminé évoque une sorte de bouillie. Le mot *pâte* est évidemment à l'origine de *patia.*

Paupiette

Fine tranche de veau roulée et farcie de chair à saucisse (voir **alouette sans tête**). On fait aussi des paupiettes de filets de soles, etc. Le mot *paupiette* vient probablement de *paupe,* mot ancien dérivé du latin *pulpa,* chair.

> Le chef les faisait si bien les paupiettes de veau !
>
> Maurice Rheims, *Le Saint Office.*

Pavé

Nom donné à divers fromages de Basse-Normandie (**pavé d'Auge, pavé de Moyaux**) en raison de leur forme.

Dans les restaurants, on appelle **pavé** une pièce de bœuf individuelle qui se distingue par son épaisseur.

Paysanne

Apprêt d'une viande, d'un poisson, avec des petits légumes finement taillés ou des pommes de terre en rondelles évoquant la cuisine rurale d'autrefois.

Pêche

Ce fruit, l'un des meilleurs qu'il nous soit donné de déguster, provient de Perse. On l'appelait en latin *perscum malum* = fruit de Perse, expression d'où est dérivé le mot *pêche.* Une bonne pêche est aussi jolie à voir que savoureuse à déguster. A l'époque de la Renaissance, on l'appelait *téton* ou *tétin de Vénus.* Malheureusement, les exigences du marché finiront par amener les producteurs de pêches à se limiter aux fruits durs, peu juteux et insipides, comme le sont certaines pêches jaunes, faciles à transporter et à conserver, qui gagnent de plus en plus de terrain et qu'un consommateur habilement conditionné finira par réclamer de préférence à toute autre !

Pentecousteaux

Petits gâteaux que, pendant l'Office de Pentecôte, on jetait du haut de la voûte de la Cathédrale Saint-Hilaire à Poitiers. On les appelait aussi **escriblettes**.

Perbole (pain)

Petit pain que les communiants de Lille distribuaient dans les rues le jour de la cérémonie. Ils distribuaient aussi des petits macarons appelés **boutons-de-guêtres** en raison de leur forme. Le mot **perbole** est-il une déformation de *parabole,* ces petits pains étant censés apporter des indulgences à ceux qui les recevaient ? Le rapport entre la parabole et l'indulgence ne semble pas très évident. Alexandre Desrousseaux, l'auteur du célèbre *P'tit Quinquin,* préfère voir dans **perbole** un dérivé du flamand *piper* = poivre, épices. Le pain perbole serait donc simplement un pain d'épices. Quoiqu'il en soit, la chanson pittoresque des petits quêteurs vaut d'être citée :

> « Un p'tit pain parbole,
> Un p'tit bouton d'guête,
> J'irai à l'école !
> Je n'f'rai plus queuette ! »
> (La *queuette* était l'école buissonnière).

Voilà une profession de foi pleine de bonnes intentions...

Persillé

Se dit d'une viande dont la chair est mêlée d'un peu de graisse ou d'un fromage dans la pâte duquel apparaissent des moisissures bleues rappelant, dans l'un et l'autre cas, l'aspect du persil mêlé à un hachis.

Pour cette raison, le nom de **persillé** est donné à certains fromages.

Pétard

Nom donné en argot du XIXe siècle au haricot sec, en vertu bien évidemment de ses propriétés carminatives.

Pétasse

On apelle ainsi la **groseille à maquereau** en Puisaye et dans le Nord du Nivernais, en raison du bruit qu'elle fait en éclatant. Ce fruit, dont la culture semble se perdre, s'accorde à merveille avec le goût des poissons : les maquereau, bien sûr (à tel point que les Anglais préparent une sauce aigre-douce au jus de groseille à maquereau, destinée à accompagner ce poisson), mais aussi les saumons et même, comme dans la région de Clamecy, dans la Nièvre, le meunier ou gros-blanc, encore appelé chevesne. L'hypothèse selon laquelle la groseille à maquereau devrait son nom à une ressemblance vague de peau avec le maquereau ne prend pas en considération les très nombreuses recettes anciennes où cette groseille entre dans la composition d'un plat de poisson et particulièrement de maquereau.

Pet-de-nonne

Petit beignet en pâte de choux. On met cette pâte par cuillerées dans un bain de friture chaud. Les beignets se retournent d'eux-mêmes lorsqu'ils sont colorés d'un côté. Une fois cuits, ils sont tout dorés, et légers... comme du vent, d'où leur nom. Ce sont les **beignets venteux** du Moyen Age ; on les a parfois appelés pudiquement **soupirs de nonnes**.

Le doyen Mouchoux s'empiffrait tous les dimanches soirs de ces pets-de-nonnes sauce framboise.

> Jean d'Ormesson, *Au plaisir de Dieu..*

On dit que les pets-de-nonnes ont été inventés par les religieuses de l'Abbaye de Baume-les-Dames dans le Doubs. Elles étaient bien connues pour leur gourmandise et portèrent la confection de friandises diverses au rang des beaux-arts... comme les religieuses de Château-Chalon, dans le Jura, qui excellaient dans la préparation de crèmes renversées appelées *pains aux œufs* et dont on dit qu'elles firent venir de Hongrie les premiers ceps de Tokay cultivés en France.
En Acadie, on appelle ces beignets *pets-de-sœurs.*

Petit-beurre

Petit gâteau pur beurre de forme carrée et à bords dentelés. Il s'agit d'une marque déposée, celle des petit-beurre Lu, fabriqués à Nantes.

> On voit une petite fille mordre dans le coin de son petit-beurre.
>
> Georges Perec, *La Vie mode d'emploi.*

Petit déj

Petit déjeuner.
Notre époque adore les apocopes. Après avoir fait *cinéma* puis *ciné* à partir de *cinématographe,* la langue « branchée » ramène un grand nombre de mots à leur première ou à leur deux premières syllabes, dans un souci évident d'aller plus vite en les prononçant.
On reçoit dans son *appart,* à neuf heures du *mat* pour *un petit déj...*
On a pu lire ainsi dans un journal parisien : « Les nouveaux petit déj infos de la Une ». Où ça ? Mais voyons, en titre de la rubrique *télé* de *Libé !...* (11 mai 1988).
On dit aussi *petit déjeu :*

Je ne vis personne à la réception [...], ça justifiait bien qu'on aille prendre le petit déjeu ailleurs.

A.D.G., *Bijoux sur le Caillou.*

Petit four

Le mot date du XVIIIe siècle ; les petits fours sont des gâteaux que l'on fait cuire quand les grosses pièces sont retirées du four du pâtissier. Ce terme n'aurait donc rien à voir avec la dimension restreinte des gâteaux en question, mais indiquerait une cuisson à four plus doux (cf. l'expression « à petit feu »).

Je me demande [...] pourquoi les petits fours coûtent si cher. Car enfin, qu'est-ce que c'est : de la farine, du sucre, des œufs...

Georges Simenon, *La Maison des sept jeunes filles.*

Petits Point

C'est ainsi qu'on appelle, dans les très grands restaurants, les cuisiniers qui commencèrent leur carrière à la rude mais salutaire école de Fernand Point, le patron de *La Pyramide* à Vienne.

Tous les petits Point aiment le beurre à la passion.

Fanny Deschamps, *Croque-en-bouche.*

Pétrir

Tout le monde sait ce que signifie le verbe **pétrir** : il désigne l'opération qui consiste à travailler vigoureusement une pâte. Ce mot vient du bas latin *pistrire*, dérivé (comme *pistrinum* qui a donné **pétrin**) de *pistor* = boulanger.

Piafer

Manger sans appétit, comme un oiseau qui picore (sur la réalité de l'**appétit d'oiseau**, voir **becter**).

Ce terme d'origine savoyarde est une onomatopée. Il n'est pas très employé, mais on connaît beaucoup mieux *piaf* = moineau, mot extrêmement répandu dans la langue populaire et qui en est le dérivé.

Piano

Mot très couramment utilisé, dans l'argot professionnel des cuisiniers, pour désigner le fourneau sur lequel opère le... maestro ! C'est son instrument de travail comme le piano est celui du pianiste et, à la façon de ce dernier, il est habile à lui faire produire des merveilles.

> C'est lui qui va chercher le charbon du piano à la cave.
>
> San Antonio, *Votez Bérurier.*

Picanchâgne

Appellation bourbonnaise du pâté aux poires. Le dessus de ce dessert était orné de poires dressées sur la pâte. Elles avaient l'allure générale des jeunes gens qui jouent à faire le *picanchâgne* ou *piquenchâgne,* c'est-à-dire le chêne dressé, autrement dit à marcher sur les mains, ce qu'on appelle ailleurs *faire le poirier.*

Picodon

Nom donné à divers fromages de chèvre du Vivarais, du Dauphiné et du Comtat-Venaissin en raison de leur saveur prononcée et piquante. Le **picadou** du Quercy doit son nom à la même particularité.

Pièce montée

Pâtisserie importante et spectaculaire dressée le plus souvent sur un buffet à l'occasion d'une cérémonie familiale.

> Pour milieu, je vous proposerai une pièce de pâtisserie montée [...]. C'est une tour de Nankin en buisson d'ananas, surmontée d'un Chinois filé en sucre.
>
> Eugène Labiche, *La Poudre aux yeux.*

On a beaucoup vu, autrefois, de pièces montées en nougatine ou en sucre filé. Certaines étaient de véritables ensembles architecturaux utilisant des « matériaux » multiples, comme celle de *Madame Bovary* : gâteau de Savoie, angélique, fruits secs, orange confite, confiture, chocolat... On semble leur préférer aujourd'hui les *croquembouches* (voir ce mot) faits de petits choux caramélisés dressés en pyramide.

Pieds et paquets

Plat marseillais des plus savoureux, encore appelé *pieds-paquets* ou, à tort, *pieds en paquets.*

> Les pieds et paquets sont le triomphe de Marseille. Il était de tradition d'aller les manger à la Pomme, dans la proche banlieue [...], comme en fait foi le refrain :
> *Allons à la Pomme*
> *Manger les paquets*
> *Et nous ferons comme*
> *Les Marseillais.*
>
> René Jouveau, *La Cuisine provençale.*

Ce plat comporte, comme son nom authentique l'indique, des pieds de moutons et des paquets de tripes, également de moutons, additionnées d'herbes. Le tout doit cuire très longuement avec vin blanc, bouillon, huile et aromates divers. L'idéal est que les pieds et paquets cuisent toute la nuit sur la braise. On reconnaît les bons cuisiniers à leur art de fermer les « paquets » par une sorte de boutonnière. Les pieds et paquets ressemblent assez, pour la technique et pour le goût, aux *tripous* (voir ce mot) du sud de l'Auvergne et du Rouergue.

Pied-de-cheval

Huître plate de la Manche, à valves très épaisses, qui doit son nom à sa ressemblance avec le sabot d'un cheval. Elle est très parfumée, mais un peu dure.

On n'en occupe pas moins les marges du repas [...] avec de petites choses qui ont une saveur de patience, la friture de goujons, le persil frit, les bouquets, les huîtres pieds-de-cheval, tous ces goûts un peu iodés...

Alain Chapel, *La cuisine,*
c'est beaucoup plus que des recettes.

Pied-de-mouton

Nom couramment donné à l'*hydne bosselé,* excellent champignon dont la partie inférieure du chapeau est recouverte de sortes d'aiguillons ressemblant à des poils.

Piler

Manger. Ce mot populaire est originaire de Bretagne où on l'employait déjà au XVIIIᵉ siècle. Il est facile à comprendre, l'idée de **piler** évoquant celle de mastication. De **piler** sont dérivées les expressions *face à piler le riz* pour désigner un Chinois et *face à piler de l'ail* pour parler d'un méridional.
La piler : avoir faim.

Je commençais à la piler sérieusement. Peut-être m'avait-on oublié ?

San Antonio, *Le Tueur.*

Cette locution argotique semble bien n'avoir aucun rapport avec le sens précédent de **piler** = manger. *Piler la route du pied* a longtemps signifié « être fatigué » et, par la suite, a pris le sens d'« être dans le dénuement ». A la fin du XIXᵉ siècle, on disait *piler d'organe* pour « mourir de faim », *organe* étant un mot du début du même siècle qui signifiait « faim ». Dans la locution *la piler, la* est une forme explétive populaire comme dans **la sauter** (voir ce mot), **la ramener,** etc. Le mot **pilée,** en revanche, est proche parent de **piler** signifiant « manger » et désigne un bon repas.

311

Pincer

Canneler le bord d'une pâte à tarte en la pinçant littéralement, entre les doigts ou au moyen d'un appareil spécial appelé **pince à tarte**. Pour des raisons mal déterminées, on dit aussi que l'on **pince** des os ou un jus quand on les fait colorer vivement, afin d'utiliser les premiers dans un **fond** (voir ce mot) de sauce ou de servir le second avec une viande. Peut-être faut-il rapprocher ce verbe de **saisir** (voir ce mot) : l'idée de rapidité d'action est présente dans les deux cas.

Piochon

Germe de chou vert assez utilisé dans la cuisine vendéenne ; on l'appelle aussi, dans la même région, **guernon** ou **asperge de cordonnier**.

Piperade

Fondue basque de poivrons et de tomates que l'on sert comme garniture d'une omelette ou d'œufs brouillés, avec accompagnement facultatif de tranches de jambon de Bayonne. **Piperade** vient du basque *piper* = poivre, mot directement emprunté au latin.

Piquer

Introduire de petits morceaux de lard à l'intérieur d'une pièce de viande avant de la faire rôtir ou braiser. Les cuisiniers utilisent à cet effet un petit appareil ingénieux appelé **lardoire**.

> Quenu [...] faisait les lards de poitrine, les lards maigres, les lards à piquer.
>
> Émile Zola, *Le Ventre de Paris*.

Pissaladière

Tarte niçoise aux oignons faite de pâte à pain ou de pâte brisée et garnie de filets d'anchois et d'olives avant cuisson, après avoir été badigeonnée de **pissalat** ou purée d'anchois. La pissaladière est assez proche de la **pizza**, d'origine napolitaine (d'un mot signifiant « piquer, relever »). La pizza peut avoir des garnitures très diverses sur pâte à pain.

Pistou (soupe au)

Soupe provençale aux légumes (haricots verts et blancs, pommes de terre, courgettes, tomates), additionnée de gros vermicelle et versée sur une pommade de basilic et d'ail à l'huile d'olive. Elle doit son nom au *pistou* ou pilon (du latin *pistus,* qui a donné *piston*) qui sert à faire cette pommade, mais la langue populaire, par association d'idées, appelle le basilic lui-même **pistou.**

Pitance

Repas de midi des prisonniers, où les légumes remplaçaient la soupe qu'on leur servait le soir.
Le mot **pitance** vient de *pitié* ; il désignait autrefois la nourriture que l'on donnait par pitié et n'a donc jamais été synonyme d'abondance... La **pitance** était en Bourgogne tout ce que l'on mangeait avec le **pain** (voir ce mot).

Plaisir

Oublie (voir ce mot) roulée que les marchands ambulants vendaient au Moyen Age (et longtemps après) dans les rues des villes. Ils criaient : « Voilà le plaisir, mesdames », d'où le nom populaire de ce gâteau.

Plomb (gâteau ou galette de)

Sorte de galette économique et très massive, d'où son nom.

Plombière(s)

Crème glacée, très généralement garnie de menus morceaux de fruits confits, même si cette habitude ne semble pas très conforme à la recette d'origine.

> Au moment où Contenson rentra dans la salle à manger, le vieux Peyrade [...] gobait la petite cerise de sa plombière.
>
> Honoré de Balzac, *Splendeur et misère des courtisanes.*

On a souvent dit que la *glace plombières* (ou *plombière)* avait été créée dans la ville de Pombières, lors de l'entrevue qui réunit Napoléon III et Cavour dans cette ville d'eau des Vosges, en 1858. Mais la référence à ce dessert dans *Splendeur et misère des courtisanes* (1843—1846) dément cette affirmation. S'il est donc plus que probable que le nom de la ville de Plombières est lié à la création de cette glace, il faut en chercher les circonstances à un autre moment.

Plonge

Action de faire la vaisselle, dans le jargon des cuisiniers.

> Tous ces gens ont un bac de math ou de philo [...]. Et nous, en face, qu'est-ce qu'on a, mes cocos ? Un bac de plonge.
>
> Alain Chapel, cité par Fanny Deschamps
> dans *Croque-en-bouche.*

Pomplon : plongeur, cuistot qui fait aussi la vaisselle.

Pluche

Sommet feuillu d'une plante aromatique que l'on utilise comme condiment ou dont on se sert pour décorer un plat.

> Garnir : pointes d'asperges, mousserons émincés, feuil-
> les d'estragon, pluches de cerfeuil.
>
> Th. Gringoire et L. Saulnier, *Le répertoire de la cuisine.*

Dans le langage populaire, on emploie ***pluche*** pour
« épluchage » : la corvée de pluche est bien connue
de tous les militaires...

> Rien que pour les pluches, ils avaient 50 personnes.
>
> François Reynaert, dans *Libération,* 21 juin 1988.

Plumer

Eplucher, en parlant des asperges. On croyait autrefois qu'il fallait simplement enlever, en surface, une
très mince pellicule d'une légèreté de plume. On préfère maintenant éplucher largement, au moyen d'un
couteau économiseur, pour éliminer tout ce qui est dur
au pourtour de l'asperge.

> L'année où nous mangeâmes tant d'asperges, la fille de
> cuisine habituellement chargée de les « plumer » était
> une pauvre créature maladive.
>
> Marcel Proust, *A la recherche du temps perdu.*

Poche à douille

Poche en tissu à laquelle on adapte des ***douilles*** de différentes dimensions et de différentes formes (unies ou
cannelées), sortes d'embouts métalliques que l'on utilise pour déposer des petites quantités de pâte sur la
plaque à pâtisserie ou pour décorer le dessus des

gâteaux. On ne saurait trop recommander aux ménagères, pour leurs travaux de pâtisserie, la poche à douille des professionnels qui permet un travail beaucoup plus précis et soigné que les diverses seringues en plastique que l'on vend pour le même usage dans les supermarchés ou grands magasins. La vraie poche à douille se trouve chez les spécialistes du matériel de cuisine.

> Décorer la surface de rosaces de crème au beurre avec une poche à douille cannelée.
>
> Gaston Lenôtre, *Faites votre pâtisserie comme Lenôtre.*

Le mot ***douille*** est emprunté, par analogie de forme, au langage des armes, la douille étant la pièce cylindrique en carton qui contient la charge et l'amorce de la cartouche.

Pocher

Faire cuire à très petit feu, de façon à ce que le liquide de cuisson ne fasse que ***frémir*** (voir ce mot) ou ***frissonner***.

> Cinq minutes avant de servir, faire pocher les coquilles Saint-Jacques dans la soupe.
>
> Robert J. Courtine, *Le Grand Jeu de la cuisine.*

Les ***œufs pochés,*** en raison de la cuisson à très petite ébullition, restent enveloppés dans leur blanc comme dans une poche. Telle serait, paraît-il, l'origine de l'emploi de ce terme, même lorsqu'il est appliqué à d'autres aliments.

Pochouse

Préparation de poissons de rivière au vin blanc, originaire de Verdun-sur-le-Doubs, en Saône-et-Loire, où il existe une Confrérie de la Pochouse dont la devise est :

Je sons de Verdun,
Je sons de la gueule
Et je savons manger.

Le mot **pochouse** dérive de *poche* ou sac du pêcheur, ou peut-être même simplement de *pêche*.

Poignée

Ce mot sert parfois à désigner une bonne quantité de beurre que l'on utilise pour la préparation d'un plat. Il ne s'agit vraisemblablement pas là, comme on pourrait le penser à première vue, de beurre que l'on prend à pleine main, mais plutôt d'une quantité équivalente à la grosseur d'un point fermé. On dit aussi un *œuf* de beurre, ce qui représente une quantité un peu moins importante.

> Et hop ! dans la poêle avec une « poignée » de beurre.
>
> Claude Terrail, *Ma Tour d'Argent.*

Point (à)

Un fromage fait *à point* est affiné juste suffisamment pour être consommé au meilleur de sa forme. Une viande cuite *à point* n'est ni trop **saignante** ni **bleue**, mais elle n'est pas non plus trop cuite. La grande différence entre le fromage et la viande est que le fromage n'est bon qu'à point, tandis que certains peuvent préférer la viande plus ou moins cuite : c'est une affaire de goût personnel.

Poirat

Nom donné dans le Berry et le Bourbonnais aux tourtes aux poires, très répandues dans ces régions. Rappelons pour mémoire qu'en principe la **tourte** est recouverte de pâte alors que la **tarte** ne l'est pas.

Poire

La poire semble être celui des fruits dont les variétés ont reçu le plus grand nombre de noms pittoresques et alléchantes. Ces noms font souvent allusion au fondant, au goût agréable et à la beauté du fruit : ***beurré Hardy, Louise-Bonne, Belle Angevine***.

Le ***doyenné,*** poire dont l'appellation date de 1640, doit son nom au *doyenné* qui était la fonction et la demeure du doyen de l'Eglise. Quoiqu'on dise très couramment *la* doyenné en parlant de la poire, ce mot devrait être, même dans ce cas, employé au masculin. Le doyenné est, en somme, une sorte de ***poire de curé***. La plus connue des doyennés est le ***doyenné du comice*** ou ***des comices,*** ce qui atteste sa qualité, puisque ce fruit était présenté et vraisemblablement primé dans les comices agricoles.

La poire ***bon-chrétien*** aurait été introduite en France par saint François de Paule, dit « le bon chrétien ». On voit mal comment ce saint homme austère, venu de Calabre au chevet de Louis XI mourant, a pu introduire cette poire en France. Il est vrai qu'il était connu par ses miracles… On confond aujourd'hui le bon-chrétien avec la ***Williams***. Il doit plutôt s'agir de deux espèces très voisines mais différentes, puisque saint François de Paule mourut en 1508 et que la Williams fut importée en France en 1828, par un certain Leclerc, de Laval.

Souvent les poires, comme le sont couramment les roses, étaient dédiées à une dame que l'on voulait honorer et dont elles prenaient le nom ; c'est le cas

de l'*Alexandrine Douillard,* de la *Duchesse d'Angoulême,* de la *Louise-Bonne d'Avranches* dédiée, dit-on,
quoique originaire de Normandie, à une dame du Poitou.

Il nous faut citer une fois de plus Marcel Proust. Comment trouver en effet, pour rappeler les noms des
diverses poires, texte plus charmant que la page où
l'auteur de *Sodome et Gomorrhe* présente M. de Char-
lus et son ami Morel à la table d'un restaurant de Saint-
Mars-le-Vêtu ?

> M. de Charlus lui disait impérieusement : « Demandez
> au maître d'hôtel s'il y a du bon chrétien — Du bon
> chrétien ? je ne comprends pas. — Vous voyez bien
> que nous sommes au fruit, c'est une poire [...].
> Hé bien, demandez tout simplement une poire qu'on
> recueille justement près d'ici, la « Louise-Bonne
> d'Avranches » [...] — Maître d'hôtel, avez-vous de la
> Doyenné des Comices ? Charlie, vous devriez lire la page
> ravissante qu'a écrite sur cette poire la duchesse Emilie
> de Clermont-Tonnerre. — Non, Monsieur, je n'en ai
> pas. — Avez-vous du Triomphe de Jodoigne ? — Non,
> Monsieur. — De la Virginie-Dallet ? de la Passe-
> Colmar ? Non ? eh bien, puisque vous n'avez rien, nous
> allons partir. La « Duchesse d'Angoulême » n'est pas
> encore mûre.
>
> Marcel Proust, *A la recherche du temps perdu.*

On appelle *poire,* par analogie de forme, un morceau
de bœuf situé dans la cuisse et vendu comme pièce de
bifteck savoureuse et tendre.

Pois

Nom donné aux haricots en grains dans toute la France
d'autefois. Cette appellation subsiste encore au
Québec : la *soupe aux pois,* les *pois aux lards,* font
partie des robustes spécialités locales...

C'était presque toujours des « pois » rouges avec du lard. A Essoyes [dans l'Aube] on ignore le mot haricot et ces « pois » étaient de l'espèce rouge qui pousse dans les vignes.

Jean Renoir, *Auguste Renoir, mon père.*

Poiscaille

Poisson. Le suffixe *-aille* est très caractéristique de la langue populaire ou argotique (cf *boustifaille, mangeaille, marmaille, tripaille, etc.),* avec toujours une nuance péjorative. La formation de *poiscaille* est donc très claire et il semble peu probable qu'il y ait un rapport entre ce terme et le mot d'argot ancien *caillé,* venu d'*écaille* et servant aussi à désigner le poisson.
On dit également *pescale.*

Les ibis roses et les flamants bleus filaient le biberon à des pescales rouges.

Pierre Devaux, *Le Livre des darons sacrés.*

Poivrade

Sauce brune dans laquelle on ajoute des grains de poivre broyés. Elle accompagne très bien le gibier.

Enfin, le quartier rôti avec une opulente sauve poivrade à base de marinade.

Henri Vincenot, *La Billebaude.*

Poivre d'âne

Pebre d'ai ou *d'ail,* expression provençale signifiant *poivre d'âne,* est le nom local de la sarriette sauvage. Elle pousse dans les collines arides mais aussi le long des chemins. Avec sa saveur prononcée, elle relève, à la manière du poivre, la nourriture assez pauvre des ânes. Elle est aussi employée comme aromate.

> Il y avait cinquante poulets de grain, bien bourrés de pèbre d'ail et rôtis aux sarments.
>
> Marcel Pagnol, *Jean de Florette.*

C'est aussi le nom d'un fromage, dont la croûte est couverte de brins de sarriette sèche ; ce fromage est un **banon** (voir **feuille de Dreux**) qui, selon la saison, est fabriqué au lait de vache, de brebis ou de chèvre.

Pomme

Les noms des variétés de pomme sont beaucoup moins pittoresques que ceux des poires.

La **pomme d'api** tire son nom du latin *Appianum malum,* ou pomme d'Appius, cette pomme ayant été rapportée de Grèce à Rome par Claudius Appius.

La **pomme de reinette** doit-elle, comme on l'a dit parfois, son appellation à la peau rugueuse de la **reinette grise** dont les « pustules » peuvent, à la rigueur, évoquer la peau de la grenouille appelée *rainette* ?... A vrai dire, c'est plutôt à une peau de crapaud que l'on pense en voyant cette pomme ; en outre, seule la reinette grise présente ces particularités de peau, certaines autres reinettes ayant la peau parfaitement lisse. Alors, la reinette est peut-être simplement la *reine* des pommes. Dans ce cas, la **reine des reinettes** en est l'impératrice !

Certaines variétés de pommes sont appelées du nom de la localité où elles ont été créées, comme la **Calville**, originaire de *Calleville,* en Normandie. Quant à la **Grand Alexandre**, son nom rend-il hommage à quelque pomiculteur ? On peut se le demander à défaut d'autre explication.

> Les pommes, les poires s'empilaient [...] elles étaient de peaux différentes [...] les pommes d'api au berceau [...] les calvilles en robe blanche [...] les reinettes blondes, piquées de rousseur.
>
> Émile Zola, *Le Ventre de Paris.*

Mais les variétés de pommes qui ont fait les délices de notre enfance tendent de plus en plus à disparaître du marché et à être remplacées par des variétés à culture standardisée et commercialement plus rentables. Ces variétés viennent souvent de l'étranger, leurs noms aussi (**Granny Smith, Starking, Golden**, etc.).

Pomme d'amour : non donné à la tomate dans divers pays (*love apple* en Angleterre, *Liebes Apfel* en Allemagne) et en Provence.

> Il faudrait défoncer [...], faire une clôture [...], et après on pourrait ramasser quatre pommes d'amour.
>
> Marcel Pagnol, *Jean de Florette.*

Ce joli nom vient-il de ce que la tomate (du mexicain *tomatl*) eut la côte d'amour lorsqu'on découvrit ses agréments comme nourriture, au XVIIIe siècle, et non plus seulement comme plante ornementale ainsi qu'on l'avait considérée pendant deux siècles ? Ou alors, comme le suggère Fernand Lequenne dans *Le Livre des salades,* est-ce la pudeur amoureuse qui donne à « ces fruits joufflus » leur belle couleur rouge ? On dit aussi **pomme d'or** (cf. l'italien *pomodoro*).

Pompe

Ce mot, très répandu dans le Centre et le Midi de la France, désignait des pâtisseries assez proches mais cependant différentes. Il pouvait s'agir d'une sorte de brioche, comme la **pompe aux grattons** ou aux **griaudes** du Bourbonnais et du Nivernais (voir **cochon**), ou encore la **pompe à l'huile** provençale, qui faisait partie des treize desserts obligatoires de Noël.

Le même nom servait à désigner une tourte aux fruits, c'est-à-dire une sorte de chausson, ou même simplement une tarte, comme la **pompe aux pommes** auvergnate (que l'on garnissait souvent avec des *trop de pommes*, façon locale d'appeler de vilaines petites pommes qu'on n'aurait pas fait figurer telles quelles sur la table même familiale) et la tarte à la bouillie du Nord de la Limagne, dite aussi **flaca gogne.**

Pont-Neuf (pommes)

Ce sont les pommes de terre frites sous leur forme la plus généralisée de bâtonnets. Ne trouvant pas d'autre origine plausible à leur nom, on peut se demander s'il vient de ce qu'on les sert habituellement avec le tournedos Henri IV. D'Henri IV à sa statue du Pont-Neuf, il n'y a qu'un pas ; c'est celui que franchit le *Larousse Gastronomique* pour avancer cette hypothèse.

Porter

En Bourgogne, dans le Châtillonnais, on emploie transitivement ou intransitivement le verbe *porter* dans le sens de « porter de la nourriture ».

Porter le cochon, c'est porter les « présents » à ceux qui seront absents du repas du cochon (voir **cochon**).

Porter à la noce, c'est porter, la veille d'un mariage, sa participation en nourriture chez la mariée, là où aura lieu le repas.

Potage

Mot employé actuellement pour désigner une soupe un peu plus recherchée que les robustes soupes paysannes d'autrefois et généralement passée. Cependant, dans les temps jadis, était **potage** tout ce qui cuisait *au pot*, dans la cheminée, d'où l'emploi au figuré de l'expression *pour tout potage* (voir *Les mots d'origine gourmande*, Belin 1986).

Pot-au-feu et potée

Ces deux termes servaient, à peu près dans toute la France, à désigner un plat complet où viandes et légumes bouillaient ensemble dans un « pot », d'où leur nom. On les appelait parfois, pour la même raison, **marmites** ou **petites marmites,** et dans tout le Sud-Ouest, **olladas, ouillades, ollades,** termes venus du latin *olla* ; on retrouve *olla* en italien et en provençal ; ce mot est devenu *oulo* en languedocien. Tous désignaient le **pot** (voir **soupe**).

Dans le langage d'aujourd'hui, on admet que le bœuf domine dans le pot-au-feu et le porc salé dans la potée, ce que soulignait d'ailleurs déjà l'appellation de **pot-au-cochon** donnée jadis à la potée ou **poteye** lorraine, en faisant ressortir la différence entre le pot-au-feu (bœuf) et cette potée. Mais, au total, il semble qu'on ne faisait pas grande distinction entre les deux préparations et les mélanges de viandes étaient fréquents.

Le **mourtaïrol** auvergnat et rouergat, encore appelé **mortier** ou **grand pot-au-feu de Pâques**, alliait plates-côtes, poule et jambon.

Le *hochepot* (voir ce mot) flamand réunissait bœuf, porc et mouton, alors que le *bouillon des quatre bêtes* du Béarn comprenait, comme son nom l'indique, quatre viandes différentes.

L'*escudella*, pot-au-feu de Noël du Roussillon, dont le nom évoque quelque sorte de marmite ou écuelle, consistait en viandes, boudin et boulettes appelées *pilotas.*

Le *cul de veau* (quasi) *à la clamecycoise*, enrobé de farce fine de porc, se faisait cuire comme un pot-au-feu.

Le *peteram* des Landes était une potée de tripes de mouton cuite dix heures au vin blanc.

Il y avait même en Sologne un *pot-au-feu du braconnier,* parfois appelé par euphémisme *pot-au-feu du garde,* évidemment à base de gibier.

Dans ces différentes préparations figuraient immanquablement les *légumes du pot.*

On faisait souvent cuire dans la potée une boule de hachis et de farine (*mique* du Sud-Ouest, *farci* du Limousin) que l'on servait avec les autres éléments pour remplacer ou compléter le pain. Dans le Limousin, on appelait *farcidures* des boulettes de viande hachée, herbes, farine et graisse d'oie, généralement cuites avec la potée ; mais on pouvait également les faire frire, de même que les *farcidures aux pommes de terres.*

Potjevfleisch

A plat flamand, nom flamand. Le mot *potjevfleisch* signifie « pot de viande » et désigne une sorte de terrine faite de veau, de porc et de lapin.

Pouding

Gâteau un peu massif, à base de restes de pain, de brioche ou de biscuits trempés. On écrit aussi *pudding*, en adoptant l'orthographe britannique, en quoi on a tort, car le mot **pouding** vient bel et bien du français *boudin*. Le pouding, en effet, devrait se faire bouillir comme le boudin, même si aujourd'hui on le fait plutôt cuire au four.

> Ses gâteaux rassis, il les a pétris dans la flotte, une couche de confiture dessus, ça fait du pudding.
>
> Cavanna, *Les Ritals*.

Poulet

On appelle ainsi, dans certaines régions de Normandie, l'intérieur de la noix qui évoque assez bien, en effet, la forme d'un poulet bridé et prêt à cuire.

Poultock

Poulet.

> Robbie lui a mijoté un petit gueleton maison [...]. Poultockl, petits pois, pudding au riz.
>
> San Antonio, *Le Tueur*.

La formation de ce mot, par adjonction d'un suffixe de fantaisie à un mot courant, est typiquement populaire. Poultock est plutôt employé au figuré pour parler d'un policier ou poulet (voir Les mots d'origine gourmande, Belin, 1986).
On dit aussi, au propre et au figuré, **poulaga**. Dans le patois de la région lyonnaise on appele le poulet *poulailly*.

Pountari

Estomac de porc garni d'une farce comportant du lard et des pruneaux et qui était dans le Cantal un plat de fête. Les gens les plus pauvres faisaient cuire la farce directement dans une cocotte, sans utiliser l'estomac de porc. On appelait également **pountari** un dessert aux pruneaux.

Pounti

Plat très courant dans le Cantal : il s'agit d'un hachis de lard, oignons, ail et cardes que l'on lie avec œufs et farine et que l'on fait cuire à la cocotte.

Pousser, pousse

Se dit, lorsqu'on parle d'une pâte, de l'action d'augmenter de volume en levant. On a l'impression, en effet, que le volume de la pâte est *poussé* par en-dessous.

> Quand la pâte a rempli le bol, la pousse est terminée.
>
> Gaston Lenôtre, *Faites votre pâtisserie comme Lenôtre.*

Le mot est emprunté au vocabulaire du vin : *la pousse* du vin est un phénomène analogue à celui qui fait lever la pâte, mais il s'agit d'une maladie !

Praline

Confiserie aux amandes, assez proche comme composition de la dragée, si ce n'est qu'elle est caramélisée. Elle fut inventée dans les cuisines du Maréchal de Plessis-Pralin, d'où son nom.

Pré-salé

Se dit d'un agneau élevé dans des prairies en bordure de mer, particulièrement dans les polders voisins du Mont-Saint-Michel. La proximité de la mer et des résidus salés subsistant dans le sol communiquent à l'herbe et, par voie de conséquence, à la chair de l'agneau, une saveur caractéristique très recherchée.

> Vous pensez à mes carrés d'agneau pour la semaine prochaine ? — Des agneaux de pré-salé, précise Pépé.
>
> Fanny Deschamps, *Croque-en-bouche.*

Printanière

Garniture de légumes finement coupés rassemblant des variétés plus spécialement « printanières » : petits pois, pommes de terre et carottes nouvelles, feuilles de laitue, etc. On la sert généralement pour accompagner une pièce de viande.

Profiterole

Petit chou garni de crème Chantilly ou de confiture.

> Mais c'est qu'il est excellent, ce lapin chasseur, exquises ces profiteroles.
>
> Maurice Rheims, *Le Saint Office*.

Les profiteroles constituent l'élément essentiel du *croquembouche* (voir ce mot).
Les *profiteroles au chocolat* sont nappées d'une sauce chaude au chocolat.
On fait également des profiteroles salées, petits choux garnis de béchamel, de purée de légumes ou de poissons, etc.
Le mot, employé en cuisine depuis le XVIe siècle, signifie « petit profit », « petite gratification », indiquant que la profiterole est une petite chose... mais bien plaisante cependant !

Puant de Lille, puant macéré

Fromage originaire du Nord qui est affiné par macération de trois mois dans la saumure. Il est caractérisé par une odeur très forte...

> Il restait devant sa table [...] buvant des bols de café au lait dans lesquels, en homme du Nord, il trempait d'énormes tartines de beurre, parfois même de ce fromage appelé justement le « Puant de Lille ».
>
> Robert Sabatier, *Les Fillettes chantantes*.

On l'appelle aussi *gris de Lille*, en raison de sa couleur.

Puits d'amour

Gâteau fait d'une couronne de pâte à choux posée sur une base en pâte feuilletée, dont le centre est rempli de crème pâtissière caramélisée sur le dessus.

> Les serveurs promènent les merveilles du palais de Dame Tartine : tartes sablées aux fruits rouges, [...] choux au praliné, puits d'amour.
>
> Fanny Deschamps, *Croque-en-bouche.*

Le nom de ce gâteau, créé à Paris en 1843, viendrait de celui d'un opéra-comique intitulé *Le Puits d'Amour*, dont on a oublié jusqu'à l'auteur et dont seul le gâteau perpétue le souvenir. Cependant, il est possible que le puits d'amour, sous un autre nom, ait une origine plus ancienne et plus populaire, puisqu'il est connu dans le patois berrichon sous le nom de ***parfond*** (profond).

Puncher

Imbiber un gâteau d'un sirop au sucre et à l'alcool. On procède généralement au moyen d'un pinceau. En principe, ***puncher*** ne devrait s'appliquer qu'à l'action d'imbiber de *punch*, c'est-à-dire d'un sirop au rhum, mais on emploie très généralement ce verbe à la place de ***siroper*** (voir ce mot).

Quasi

Morceau de veau apprécié, constitué par un muscle de la cuisse placé sous le ***gîte*** (voir ce mot) ***à la noix***. Homonyme de l'adverbe signifiant « presque », c'est un mot quelque peu déconcertant. On a songé pour lui à une origine turque, mais Pierre Guiraud, dans son *Dictionnaire des étymologies obscures,* suggère qu'il pourrait venir du provençal ***casi(t)***, participe passé du verbe ***casi(r)*** signifiant « caser ». ***Casi*** serait alors synonyme de « gîté ». L'orthographe *quasi* aurait prévalu sous l'influence de celle de l'adverbe. Cette explication n'est pas très convaincante, il faut pourtant s'en contenter à défaut d'une autre...

Quatre-quarts

Gâteau familial bien connu, ainsi nommé parce qu'il est composé de quatre ingrédients en poids égaux : beurre, farine, sucre et œufs.

> Virginie régala Olivier d'un potage aux pois [...], de coquilles Saint-Jacques [...], d'un gâteau quatre-quarts accompagné de crème anglaise.
>
> Robert Sabatier, *David et Olivier.*

Quenelle

Apprêt culinaire en forme de petite saucisse allongée. La chair servant à préparer la quenelle est une farce fine appelée *godiveau* (voir ce mot), faite à partir de *panade* (voir ce mot), de volaille ou de poisson hachés ; on fait *pocher* (voir ce mot) la quenelle avant de l'utiliser comme garniture d'un plat.

> Les quenelles sont des préparations de substances alimentaires pilées, passées au tamis et liées, puis moulées, de poids, de formes et de dimensions variables selon leur destination.
>
> Ali Bab, *Gastronomie pratique.*

Le mot *quenelle* vient de l'allemand *Knödel* qui désigne toutes sortes de boules de pâte rondes.

Quiche

Tarte salée très en faveur en Lorraine. Son nom vient de l'allemand *Kuchen*, gâteau ; elle est garnie de lard et d'un mélange d'œuf et de crème.

331

Quintessence

Mot un peu tombé en désuétude qui désignait autrefois tous les sucs de cuisson d'une viande, mais aussi un apprêt qui était proche de nos **fonds** (voir ce mot) de sauce.

Racines

Nous a-t-on assez fait nous apitoyer à l'école sur les pauvres paysans d'autrefois qui se nourrissaient de racines ! Certes leur sort était loin d'être enviable, mais **racines** était tout simplement un mot commode pour désigner l'ensemble des légumes qui poussent sous terre : raves, betteraves, carottes, navets, etc.

> Après une queue de saumon frit à la sauce blanche garnie de câpres, il y eut des racines frites, un plat de morue...
>
> Annie Merlin et Alain-Yves Beaujour,
> *Les Mangeurs du Rouergue.*

Raclon, raclot

En Franche-Comté, c'est le reste de pâte qui adhère aux parois du pétrin et dont on fait un gâteau rudimentaire (voir **gâteau**). Dans le Morvan, on appelle **raclot** le dépôt qui attache à l'écuelle de bouillie, comme le **rapon** des gaudes, cette sorte de croûte collée à la marmite et qui était ce que les enfants comtois appréciaient le plus.

Rafraîchir

Evidemment, lorsqu'on met un plat au froid après sa préparation, on le rafraîchit, mais on emploie aussi ce verbe pour désigner l'opération qui consiste à ajouter de l'eau froide (ou tout autre liquide également froid) dans un apprêt culinaire pour le refroidir rapidement.

Ragougnasse

Nourriture médiocre.

> La ragougnasse qu'on vous refile dans les restaus d'autoroute vous ferait gerber un clébard.
>
> Pierre Perret, *Le Petit Perret illustré.*

L'adjonction au mot *ragoût* du suffixe nettement péjoratif *-asse* ne laisse rien augurer de bon d'une ragougnasse...

Ragoût

Viande en sauce cuite avec sa garniture de légumes.

> C'est toi ? s'étonne le père Cardinaud qui tourne le dos et qui mange du ragoût aux petits pois et aux carottes.
>
> Georges Simenon, *Le Fils Cardinaud.*

Le mot **ragoût** vient de *goût* ; c'est un plat propre à éveiller le goût (à rapprocher du mot *ragoûtant*).
La cuisine contemporaine emploie ce terme pour désigner de nombreuses préparations où des éléments

divers sont cuits ensemble : poissons et légumes, fruits de mer, légumes de plusieurs sortes. Les cuissons sont généralement courtes, selon le goût de la nouvelle cuisine, et parce que les éléments de ces ragoûts sont souvent fragiles et ne supporteraient pas une cuisson prolongée. A titre d'exemple, on peut citer le ragoût d'artichauts aux asperges dont Michel Guérard donne la recette dans *La Cuisine gourmande* et qui demande exactement 18 minutes de cuisson.

Raidir

Faire revenir une viande au beurre à feu modéré pour la raffermir (d'où l'emploi du mot **raidir**) sans la colorer.

Ramequin

Ce mot, dérivé du néerlandais *rammeken*, diminutif de *ram* = crème, désigne depuis longtemps divers apprêts de cuisine régionale.

Le **ramequin vaudois** que l'on prépare aussi dans la région du Gex, est une sorte de fondue au fromage (de Comté, bien entendu, mais parfois aussi faite d'un mélange en parties inégales de Comté et de Gex bleu) dont on tartine des tranches de pain avant d'en dorer le dessus à la pelle chaude.

Le **ramequin comtois** est une sorte de panade au fromage, voisine du **cantemerlou** auvergnat (voir **soupe**).

Enfin, toujours en Franche-Comté, le ramequin est aussi une pâtisserie salée extrêmement proche de la **gougère** (voir ce mot) bourguignonne et, comme elle, propre à mettre en valeur la dégustation des vins.

On appelle aujourd'hui **ramequins** toutes sortes de préparations cuites et servies dans les petites terrines individuelles auxquelles on donne le même nom (voir aussi **cassolette**).

Randonner, rotonner

Se dit en Normandie d'un liquide qui « bouillotte ». Ces mots sont empruntés au vocabulaire de la mer dont ils désignent le marmonnement.

Rang

Groupe de commis chargés du service en salle dans un restaurant. Ces employés ont à leur tête le **chef de rang**.

Rassir

Laisser reposer un ou deux jours divers aliments avant leur emploi en cuisine pour leur laisser le temps de prendre leur saveur et leur consistance définitive.

> [Les soles] sont si fraîches que nous devons les laisser rassir un jour.
>
> Alain Chapel, *La cuisine,*
> *c'est beaucoup plus que des recettes.*

En réalité, le verbe qui a donné l'adjectif très employé **rassis** n'est pas **rassir,** comme on le dit tout à fait couramment, mais *rasseoir.* Ce terme remonte au XIIe siècle. On l'emploie le plus habituellement pour parler du pain. Un mets est rassis lorsque, comme une personne qui s'était levée et qui s'est assise à nouveau, il a eu le temps de retrouver son équilibre.

Ratatouille

Plat niçois, si l'on en croit l'appellation de **ratatouille niçoise**, mais en réalité répandu dans l'ensemble de la Provence. La ratatouille est faite de divers légumes méridionaux longuement cuits.

Le mot est apparemment issu d'un croisement entre *ratatiner* (= aplatir, écraser) et *touiller* (du latin *tudiculare* = broyer). Mais, pour faire une bonne ratatouille, il convient de ne pas trop « touiller », sous peine d'obtenir une sorte de purée de légumes qui justifierait l'appellation péjorative de *ratatouille* donnée à des mélanges peu appétissants (voit *Les mots d'origine gourmande,* Belin, 1986). Les cuisinières raffinées font cuire séparément les différents légumes avant de les réunir dans un même plat.

On peut employer ce mot pour désigner un plat abondant et peu recherché.

> C'étaient des ratatouilles énormes ! des véritables goinfreries.
>
> Louis-Ferdinand Céline, *Mort à crédit.*

En Camargue, on appelle **boumiane** (bohémienne) un plat assez proche de la ratatouille où dominent aubergines et courgettes. La **bohémienne**, préparation voisine, appartient à la cuisine classique.

Le **gargouillou** auvergnat est un mélange de légumes variant selon les saisons ; dans la **pipérade** (voir ce mot) béarnaise et basque, les poivrons dominent.

Rata : l'apocope **rata**, avec changement de genre (on dit *un* rata), désigne une nourriture plutôt mauvaise. Le mot **rata** est très employé dans l'armée, avec notamment la célèbre chanson : *C'est pas d'la soupe, c'est du rata...* On connaît la suite ! Le rata est aussi l'ordinaire des prisons, des internats, tous endroits où la cuisine n'a jamais eu la réputation d'être particulièrement bonne.

Raton

Pâtisserie de Carême, à base de fromage blanc, dans la région de Valenciennes.

Ravigote

Nom donné à plusieurs sauces qui ont en commun leur goût relevé ; elles sont additionnées de câpres, d'oignons hachés, etc., ou mouillées au vin blanc et au vinaigre. Ce sont des sauces qui *ravigotent*, de celles dont on dit qu'elles *réveilleraient un mort* par leur force.

Raviole

Petite boulette propre à la cuisine savoyarde, faite de légumes verts (particulièrement de bettes et d'épinards), d'œufs et de fromage.

On désigne sous le même nom de très petits chaussons en pâte à nouilles garnis d'une farce aux herbes que l'on trouve dans la région de Nice et en Corse. Il s'agit là d'un apprêt très proche des **raviolis** italiens. Le voisinage géographique suffit à expliquer la ressemblance. Comme *ravioli*, **raviole** vient probablement du dialectal génois *rabiole* qui désigne des bricoles, des petites choses.

Reblochon

Fromage de vache bien connu, originaire de Savoie. Dans le parler savoyard, *reblocher* veut dire « traire de nouveau » ; le reblochon est fabriqué avec le lait de fin de traite, réputé être le meilleur.

Rectifier

Rectifier l'assaisonnement, c'est remettre au dernier moment, dans le plat qu'on vient de goûter avant de le servir, ce qu'il faut de sel et autres épices pour lui donner son goût définitif. Paul Bocuse recommande de ne jamais trop saler un plat avant la cuisson, d'abord parce que la nourriture peu salée est meilleure pour la santé, ensuite parce qu'il est bien de se ménager une marge permettant de rajouter un peu de sel juste avant le service, de façon à allier au goût du sel cuit celui du sel cru, assez nettement différent.

Redingote

Expression imagée qu'on ne semble plus guère utiliser et qui servait autrefois à désigner la couche de chapelure dont on revêt un plat.

Réduire

Laisser cuire longuement une préparation culinaire à petit feu pour que la masse de liquide diminue, permettant ainsi au mets préparé de gagner en consistance et en goût.

> L'on m'avait chargé de « réduire » la compote faite de pommes et d'abricots.
>
> Claude Terrail, *Ma Tour d'Argent.*

Une **réduction** est souvent utilisée en cuisine comme base de sauce. Ainsi une **réduction de vinaigre** entre dans la préparation de la sauce **béarnaise** (voir ce mot) ou du **beurre blanc** (voir **beurre**). Il s'agit de vinaigre mis à bouillir avec des aromates jusqu'à ce qu'il réduise considérablement de volume.

Régaler les amygdales (se)

Bien manger.

Le martin-pêcheur se régalait tellement les amygdales que le Vénéré Daron [= Dieu le Père] craignit beaucoup pour le gésier de ce charmant volatile.

Pierre Devaux, *Le livre des darons sacrés.*

Une expression populaire prétend un peu vulgairement, d'une bonne nourriture, que « ça fait du bien par où ça passe ». Pourquoi les amygdales ne participeraient-elles pas à la fête ?

Regingot, rejingot ou rejinguiaux

Nom donné au repas de noces en Bourgogne et dans le Morvan. Il comportait souvent une tête de veau, un rôti de bœuf ou de veau, de la volaille et de la « galette à la semoule » (tarte à la semoule).

Et puis tout le monde embrassait tout le monde, et commençait le « regingot », le repas, tant attendu par cette race de furieux mangeurs.

Henri Vincenot, *La Vie quotidienne des paysans bourguignons au temps de Lamartine.*

Par extension, on donne ce nom à tous les repas de fête.

Reine-claude

Prune à peau verte et à chair jaune très parfumée. C'est « la prune de la reine Claude », dédiée à Claude de France, femme de François Ier. L'orthographe du pluriel est controversée ; d'après Littré et l'Académie Française, ce devrait être *reines-claudes,* mais Flaubert écrit des *reines-Claude* et Zola des *reine-claude.*

Les reine-claude étaient pâlies d'une fleur d'innocence.

Émile Zola, *Le Ventre de Paris.*

Relevé

Plat qui, dans le service de table classique, prenait « la relève » du plat qui l'avait précédé sur la table. Cela n'avait donc rien à voir avec le verbe **relever** (voir ci-dessous) ni avec les assaisonnements « de haut goût » qu'affectionnaient les gourmets d'autrefois...

Relever

Assaisonner assez fortement un plat pour lui donner du relief, en faire ressortir la saveur et la rehausser.

Religieuse

Gâteau individuel composé de deux boules de pâte à choux, la plus petite posée sur la plus grosse, toutes deux étant garnies de crème pâtissière (parfum café ou chocolat) ; le gâteau est décoré de minces filets de crème au beurre et glacé au café ou au chocolat, selon le parfum de la crème.

> Il n'y a que l'embarras du choix, on lui montre des tartes, des choux, des babas, des religieuses.
>
> Jean-Pierre Chabrol, *La Gueuse.*

Ce gâteau doit son nom à sa forme, qui évoque tout à fait la silhouette d'une femme en large jupe longue serrée à la taille, et également à sa couleur qui rappelle les robes de bure des nonnes.

Rémoulade

Sauce froide, proche de la mayonnaise, additionnée de cornichons, câpres, fines herbes.
Le mot *rémoulade* pourrait venir du picard *remola* = radis noir, à cause du piquant de cette sauce qui, pourtant, ne comporte pas de radis noir ; peut-être était-ce à l'origine une sauce au raifort, qu'on a continué à appeler ainsi par analogie de goût. Un vieux mot français (XVIIe siècle), *remolade*, désignait un onguent vétérinaire à base, lui aussi, de radis noir ou de raifort. Il semble y avoir eu également une sauce italienne appelée *remolata* : dans ce cas, la rémoulade aurait pénétré en France par la Provence.

Repas

Le nombre de repas absorbés dans la journée a varié au fil des ans, la façon de les nommer aussi.

> On menait une vie ancienne. Le déjeuner s'appelait dîner, comme à la cour de Louis XIV, et le dîner, souper.
>
> Princesse Bibesco, *Catherine-Paris*.

Dans la France d'autrefois, les travailleurs prenaient généralement cinq repas par jour ;

— le *déjeuner* au petit matin ; il était souvent substantiel, destiné à rompre le jeûne : le temps écoulé était long depuis le repas de la veille au soir !

— le *dix-heures*, que les hommes emportaient aux champs ou que, parfois, les enfants, s'ils n'étaient pas en classe, venaient leur apporter. En Auvergne, on employait le verbe *dix-heurer* pour désigner l'action de prendre le casse-croûte ; en Normandie, on parlait du *dizeu*.

— le *dîner*, comme on appelait généralement le repas pris aux alentours de midi. Si d'autres pays francophones (Québec, Belgique) ont gardé cette façon de dire et si, en France, on dit généralement maintenant *déjeuner*, cela ne change pas grand chose en réalité puisque *dîner* et *déjeuner* ont exactement la même signification, *dîner* étant dérivé du latin *disjunare* = rompre le jeûne ;

— le *quatre heures* : ce mot, familier aux travailleurs agricoles d'autrefois, subsiste dans le langage des écoliers, où il remplace souvent le terme équivalent de *goûter*.

> J'ai vomi mon quatre-heures et mon minuit aussi.
>
> Renaud, *Dès que le vent soufflera...*

— *le souper* ou repas du soir. Ce n'était certes pas le seul où l'on mangeait de la soupe, cependant celle-ci constituait peut-être l'essentiel de ce repas particulier.

On emploie encore aujourd'hui le mot **souper** pour désigner un repas que l'on prend tard le soir, après le spectacle par exemple. Anne d'Autriche avait introduit en France l'habitude d'un repas d'origine espagnole appelé **medianoche**, dont le nom indique clairement qu'il se prenait au milieu de la nuit ; il était lié à des prescriptions religieuses, généralement lorsqu'un jour gras succédait à un jour maigre, mais on appelle aussi parfois de ce nom une sorte de souper pris à une heure tardive :

> Elle me fit entrer dans une vaste salle à manger où se trouvait préparé un medianoche confortable.
>
> André Gide, *Isabelle*.

Reposer

Verbe emprunté au langage courant : **laisser reposer** une pâte, une sauce, c'est la faire attendre un moment avant de poursuivre la préparation du plat pour qu'elle reprenne, sinon ses forces et ses esprits, du moins sa consistance idéale.

> Songez d'abord à la pâte, parce que reposée elle est bien meilleure.
>
> Gautron du Coudray, *Un quarteron de rimes culinaires*.

Réserver au chaud

C'est là une expression que les maîtresses de maison rencontrent souvent dans les livres de recettes et qui les embarrasse parfois beaucoup : non pas parce qu'elles ne comprennent pas le sens (l'expression parle d'elle-même) mais parce que, bien souvent, elles ne savent pas comment s'y prendre pour tenir un plat au chaud avant de poursuivre sa préparation ou de le servir. Les moyens ne manquent pas, pourtant : on peut par exemple le poser sur une casserole d'eau maintenue à faible ébullition ou le mettre sur la porte ouverte du four allumé à feu doux.

Restau, restif

Mots extrêmement employés aujourd'hui dans le langage familier pour désigner un restaurant : nous savons le goût de nos contemporains pour l'apocope !

> Claire-Marine voulait bouffer dans un restau chinois, vietnamien, extrêmement oriental en tout cas.
>
> Marie et Joseph, *Square du Congo.*

Revenir (faire)

Faire colorer des aliments dans un corps gras avant de poursuivre la cuisson à feu modéré. On emploie aussi ce verbe pour désigner la cuisson, de bout en bout à feu vif, de certaines viandes (le foie, par exemple).

> Je connaissais toutes les ragougnasses, toutes les manières de faire revenir.
>
> Louis-Ferdinand Céline, *Mort à crédit.*

Le mot date du XVIe siècle ; il signifie vraisemblablement que le produit ainsi traité « revient à soi », c'est-à-dire qu'il retrouve fraîcheur et apparence plaisante. Certains auteurs emploient le substantif **revenu** pour désigner l'action de faire revenir.

> Quand le revenu est convenable, je verse le vin de la marinade.
>
> Charles Blavette, *Ma Provence en cuisine.*

Ribote

Ce vieux mot français, de la même famille que *ribaud* (de *riber* = mener une vie de débauche, lui-même dérivé du vieil allemand *riban* = être en chaleur), évoque une idée de débauche et d'excès.
Il appartient depuis des siècles au vocabulaire de nos provinces, avec la ***ribote d'œufs*** du Roussillon, omelette aux lardons que l'on mangeait le jour de Pâques avant le lever du soleil pour se « décarêmer », et également l'abondante collation de Carnaval de la région

de Marseille, qui comportait saucisses salées, aïoli et cinquante escargots par personne ! Cependant, on appelait du même nom de **ribote** le repas d'enterrement des Pays de l'Ouest, qui était au contraire marqué par une certaine austérité : ni pâtés en croûte, ni dessert, ni café ou liqueurs.

La langue populaire a conservé ce mot pour désigner de grandes réjouissances avec nourritures et boissons en excès. On emploie parfois l'expression *en ribote* dans le sens d'« ivre ».

Rigodon

En Bourgogne, on désigne sous ce nom deux plats assez différents : d'une part un flan salé généralement garni de petits morceaux de jambon, et d'autre part un pouding à la brioche. On le faisait cuire au four du boulanger et, en Basse-Bourgogne où il était particulièrement apprécié, on le servait avec de la compote, de la confiture ou une purée de fruits frais de saison. L'origine du mot est inconnue, comme l'est celle de la danse portant le même nom, dont Jean-Jacques Rousseau attribue sans beaucoup de preuves la paternité à un certain Rigaud. Il semble n'y avoir d'ailleurs aucun rapport entre la danse et le gâteau.

Ripaille

Très bonne chère.

> On fit, en pleine semaine, une de ces ripailles comme
> seuls les chasseurs pris impromptu savent en faire.
>
> Louis Pergaud, *Le Roman de Miraut.*

A l'origine, on employait l'expression **faire ripaille**
pour parler du pillage opéré par les soldats chez l'habitant. Le mot *ripaille* viendrait de l'ancien français *riper* = gratter, lui-même dérivé du néerlandais *rippen*
= racler, ces deux mots évoquant une opération radicale qui ne laisse rien subsister.

On a aussi attribué l'origine du sens du mot **ripaille**
tel qu'on l'emploie couramment à une allusion au château de Ripaille, sur le lac de Genève, où le duc Amédée de Savoie se livrait à des débauches de nourriture.
Mais il semble y avoir antériorité de cette acception
du terme par rapport au séjour du Duc de Savoie à
Ripaille, vers le milieu du XVe siècle.

Ris

On ne connaît plus guère aujourd'hui, en cuisine, que
le ris de veau bien qu'on ait jadis consommé des ris
d'autres animaux. De même le singulier l'emporte nettement sur le pluriel autrefois assez fréquent, « des ris
de veau », peut-être employé parce qu'on estimait ne
pas pouvoir faire un plat consistant avec un seul ris.
Ce mets au goût très fin est constitué par une glande
située à la base du cou et que l'on retrouve chez tous
les jeunes mammifères (elle régresse à l'âge adulte) sous
le nom de **thymus**.

Le nom de **ris**, lui, pose un problème. Pierre Guiraud,
dans son *Dictionnaire des étymologies obscures* retient
que l'on disait au XVIe siècle de la **risée** de veau. Il
rapproche cette expression du nom **risée** = coup de
vent ridant la surface de l'eau, et suppose, non sans
vraisemblance, que **ris**, parallèlement à **risée**, a pu désigner une surface ridée comme celle du thymus.

Rissoler

Faire dorer un produit à feu vif dans un corps gras pour le rendre croustillant.

> Servez dans le plat de cuisson accompagné de petites pommes de terre rissolées.
>
> Caroline Haedens, *Guide Caroline de la cuisine*.

Le mot **rissoler** viendrait, par l'intermédiaire de *rousole* (XIIe siècle) et de *roissole* (XIIIe siècle), du latin populaire *russeola*, lui-même dérivé du latin *russus* = roux. C'est donc l'idée de couleur, et non de consistance, qui prédomine dans le sens de ce terme très couramment employé.

Rizule

Petit pâté frit en pâte feuilletée garnie de poires que l'on faisait en Savoie pour utiliser les faibles ressources en fruits de la région. Ce mot est évidemment une forme locale de **rissole**. On disait aussi **rzul**.

Robe des champs (pommes de terre en)

Jolie manière de dire que les pommes de terre sont cuites dans leur peau, telles qu'elles étaient au sortir du sol. Mais le parler populaire a déformé cette expression en **robe de chambre**.

Rocher

Petit four ou grosse pièce de confiserie à l'aspect irrégulier, accentué par la présence de raisins secs, amandes, etc.

Rogatons

Restes de nourriture.

> D'ordinaire, après sa tournée de l'après-midi [...], elle en était réduite aux rogatons.
>
> Emile Zola, *Le Ventre de Paris*.

Les rogatons, du latin *rogare* = demander, étaient autrefois des reliques ou des indulgences que certains religieux mendiants portaient aux seigneurs pour en tirer quelque argent. Le mot *rogaton* a ensuite servi à désigner divers objets de peu d'importance, tels que des restes de nourriture, que l'on donne (ou que l'on vend : voir au mot **arlequins**) aux plus démunis.

Rognette

Les rognettes de la Saint-Éloi, propres au Nord du département de la Nièvre, sont des petites galettes feuilletées que la confrérie de la Saint-Éloi, présente dans de nombreux villages, fait bénir avant de les déguster en compagnie, arrosées de vin blanc, le 1er décembre qui est le jour de la Saint-Éloi. Cette tradition est restée si solidement implantée et si importante qu'on ne saurait manquer de s'y conformer ; en 1984, une vieille femme de la région de Donzy, sentant sa mort prochaine, rassura ses proches éplorés en assurant qu'elle vivrait bien encore assez pour leur laisser passer la Saint-Éloi en paix. Elle ne mourut effectivement que quelques jours plus tard.

Rognon

Gâteau en forme de rognon, fait de pâte à biscuit et garni de crème pâtissière, généralement au chocolat. Très répandu autrefois, le rognon semble avoir complètement disparu des pâtisseries.
Au sens premier le mot **rognon** désigne, comme chacun le sait, la pièce de boucherie constituée par le rein de divers animaux. Il est issu du latin populaire *renio*, dérivé du nom classique *ren*, qui a donné *rein*.

Rois (gâteau des)

Le gâteau servi traditionnellement pour la fête de l'Epiphanie (célébrée jusqu'à tout récemment le 6 janvier et fixée depuis peu, sans doute pour des raisons de convenance familiale, au premier dimanche suivant le Nouvel An) et contenant la fève qui désignait le « Roi du jour » ou « Roi de la fève » était le plus souvent une galette (Touraine, Orléanais, Normandie, Lorraine) ; cette galette était généralement en pâte feuilletée comme la **galette feuillée** de Picardie.

Cependant, dans la moitié Sud de la France, on servait plus souvent une brioche : **fougasse** ou **fougaço** du Languedoc, **coque** ou brioche de l'Ariège, parfois garnie de fruits confits comme le **royaume** provençal ou de grains d'anis comme le **garfou** du Béarn. On trouvait également des **fouaces** ou **fouées** dans le Perche, mais, de même que les brioches des Rois du Centre, elles se situaient à mi-chemin entre les brioches et les galettes car elles étaient très peu levées. Le gâteau traditionnel de Bresse pour tirer les Rois était une **flamusse** (voir **flan**) à la farine de maïs ou de sarrasin ; en Normandie on servait des **garots,** qui étaient des **échaudés** (voir ce mot). Dans le Périgord, certaines familles ne faisaient pas la brioche traditionnelle, mais mangeaient une grande quantité de beignets appelés **crépeaux** ou **pâtissous.**

La **fève** était effectivement à l'origine ce qu'on appelait *fève* dans la France d'autrefois, c'est-à-dire un haricot sec ; elle a été remplacée par des fèves en faïence, puis par des poupons, en faïence également ; aujourd'hui, on trouve dans les gâteaux des Rois, des petits objets en plastique hétéroclites qui, souvent, n'ont plus rien à voir avec la tradition.

La coutume voulait que l'on découpe le gâteau en parts et que l'on fasse tirer les parts sous un torchon par un jeune enfant. On lui demandait : « Phoebe domine, pour qui cette part ? » L'enfant répondait en désignant l'un des convives et on continuait jusqu'à épuisement des parts. On a beaucoup épilogué sur cette formule prétendûment latine de *phoebe domine*, qui était de tradition dans presque toute la moitié nord de la France ; littéralement, elle est une invocation au

« Seigneur Soleil » ; on y a donc vu une survivance d'un culte solaire.

Un auteur ecclésiastique, qui a consacré une étude aux rites de l'Epiphanie, ne voulant évidemment pas envisager une hypothèse aussi... peu catholique, a prétendu que ce *phoebe* était un raccourci d'« éphèbe » et désignait le jeune homme chargé de distribuer les parts. Il est plus simple et tout à fait vraisemblable de voir dans ce mot une déformation plaisamment latinisée de « fève » et dans *domine* un appel au maître des lieux. Quoi qu'il en soit, l'expression relève de l'emploi magique de formules d'apparence liturgique.

De façon à peu près générale, on réservait la **donnée, part du pauvre** ou **part de Dieu,** encore appelée, selon les régions, **part de la Vierge** (Orléans), **part des absents** (Bretagne) et même **part de Toinette** (Sologne). En fait, elle était souvent donnée aux enfants quêteurs qui, en cette circonstance comme pendant l'Avent ou le Carnaval, allaient de maison en maison ; leur chant de quête commençait dans presque toute la France par : « Bonjour, Dame de céans ». Celui qui avait reçu la fève devait « rendre » la galette le dimanche suivant. De galette rendue en galette rendue, on arrivait parfois jusqu'à Pâques !

Romsteck, rumsteck

Morceau du bœuf pris dans les muscles dorsaux, au voisinage de la croupe. Il est très apprécié car, s'il est un peu moins tendre que le filet, il est plus savoureux. Son nom est un emprunt à l'anglais **rumpsteak,** mot composé de **rump** = croupe et de **steak** = tranche.

Roquebert

Roquefort, par une déformation populaire tout à fait facile à comprendre.

> [Il y avait] un bon morcif de grogonzola, sorte de roquebert pas sale.
>
> Paul Branca, *Élomire la cafteuse.*

Rosbif

Rôti de bœuf, de l'anglais *roast-beef* = bœuf rôti.

> C'est la figure d'un amant amoureux [...] ou celle d'un homme qui n'a jamais aimé que le roatsbeef (*sic*).
>
> George Sand, *Elle et lui.*

On se demande pourquoi la langue culinaire française a éprouvé le besoin d'emprunter à l'anglais des noms de pièces de bœuf (cf. ***bifteck, steak, romsteck***), alors que tant de différences nous séparent des britanniques en ce qui concerne la manière d'accommoder ces morceaux... A propos de bifteck, noter qu'on dit couramment « un bifteck de cheval », ce qui est pour le moins curieux...

Rose à l'arête

La cuisson du poisson « rose à l'arête » est un des dadas de la nouvelle cuisine qui, comme on sait, prône les cuissons courtes. Encore faut-il ne rien exagérer : tout le monde n'apprécie pas les soles sanguinolentes.

> Plus que jamais, les mangeurs du XXe siècle consomment en même temps que leurs grillades ou leurs poissons « roses à l'arête » des symboles.
>
> Alain Chapel, *La cuisine, c'est beaucoup plus que des recettes.*

Rosette

Saucisson du Beaujolais qui devrait son nom à la couleur du boyau dans lequel il est fait.

Rosquille

Gâteau sec à l'anis propre au Béarn et au Roussillon. Il est en forme de huit et glacé au sucre. La ***rosquille*** ou ***rousquille*** appartient depuis des temps très reculés à la tradition de ces régions : d'origine orientale (ce que laisse supposer la présence de l'anis), elle remonterait aux Croisades.

Rôtir

Ce verbe, apparu dans notre langue vers 1160 sous la forme *rostir* viendrait du francique *raustjan*. Il désigne, nul ne l'ignore, l'action de faire cuire une viande (ou, exceptionnellement, quelque autre produit alimentaire) à feu vif sur le gril, à la broche ou dans le four. Une **rôtie** est une tranche de pain grillée. On se demande pourquoi les français ont quasiment abandonné l'emploi de ce mot simple et aisément compréhensible (toujours utilisé de nos jours au Québec) pour le remplacer par l'anglais *toast,* lui-même venu de l'ancien français *toaster* = rôtir...

Rouelle

Grosse tranche de viande en forme de *roue*. On désigne particulièrement de ce nom un rôti de veau coupé de cette manière.

> Nous aimons que la rouelle de veau ait « goût de noisette ».
>
> Colette, *Prisons et paradis.*

Rouesou

Dans la Haute-Vienne, soupe aux œufs que bergers et bergères mangeaient en commun le jour de l'Ascension, appelé *Jour de Raison*.

Rougail

Condiment antillais et réunionnais très fort, fait d'une fondue de légumes, de poissons, de crustacés cuits à l'huile et violemment pimentés. Il se marie particulièrement avec le riz à la créole, la douceur de ce dernier étant relevée par la force du rougail.

Rouille

Sauce provençale toujours fortement relevée au piment et parfois au safran. Elle doit son nom à sa couleur. Autrefois, les pêcheurs la préparaient à base d'oursins pilés ; aujourd'hui, c'est devenu une sorte de mayonnaise très forte. On la sert avec la **bouillabaisse** (voir ce mot), la soupe de poisson et les poissons.

> Après ça, il te reste à mouiller les tranches, à servir avec la rouille et le poisson.
>
> Charles Blavette, *Ma Provence en cuisine.*

Rouiller les dents (ne pas se laisser)

Manger de bon appétit.

> — Tu ne laisses pas rouiller tes dents, répondit Yvonne.
> — Qu'est-ce que tu veux, à mon âge les plaisirs se font rares.
>
> Raymond Queneau, *Pierrot mon ami.*

Roulant

Les **roulants,** au XIXe siècle, c'étaient les pois (secs bien entendu) dans la langue de ceux à qui l'on en servait souvent : collégiens, militaires, prisonniers…

Roussir

Donner la couleur rousse à un élément alimentaire, généralement par cuisson vive dans un corps gras. C'est très exactement, comme l'indique l'étymologie, le synonyme de **rissoler** (voir ce mot).

Roux

Préparation servant à lier un grand nombre de sauces et qui consiste à faire colorer de la farine dans un corps gras avant de mouiller avec un liquide.

> Le docteur avait aussi trouvé le moyen d'empêcher l'âcreté des roux.
>
> Honoré de Balzac, *La Rabouilleuse*..

Selon le temps accordé à cette préparation et la température du feu, la couleur varie et, curieusement, il y a même des roux blancs et des roux blonds...
En Provence, on appelle *roux* le jaune d'œuf, en raison de la couleur vive qui est la sienne lorsque les poules sont nourries en liberté de bonne herbe bien verte.

> Tu mets deux noix de beurre, puis deux roux d'œufs et tu mélanges bien le tout.
>
> Charles Blavette, *Ma Provence en cuisine*.

Royale

Les exégètes diront ce qu'ils voudront de la recette du **lièvre à la royale**. Est-ce, comme le prétend Ali Bab, un mélange savamment dosé de gibier ou de foie gras, ou bien simplement une sorte de civet très longuement mijoté ? Ou encore, faut-il adopter la recette du grand-père Tremblot d'Henri Vincenot, en faisant cuire le lièvre non dépouillé sur la braise (avec accompagnement, il est vrai, de velouté aux truffes) ? Quoi qu'il en soit, le terme *royal* suffit à nous convaincre de l'excellence du plat.

> Il me faut un mironton [ici, un homme] à mon image [...] qui me mijotera [...] du lièvre à la royale.
>
> Pierre Devaux, *Le Livre des darons sacrés*.

La **royale** dont on garnit les consommés est une crème moulée que l'on découpe en petits morceaux après cuisson. Elle donne raffinement et originalité au consommé dans lequel on la sert.

Ruban (faire, faire le)

Se dit d'un mélange de jaunes d'œufs et de sucre qui devient assez consistant, après avoir été longuement travaillé, pour couler de la spatule à la manière d'un ruban.

> Travailler à la spatule jusqu'à ce que la préparation fasse ruban.
>
> *Larousse gastronomique.*

Russe

Les **russes** ou **casseroles russes** sont tout simplement les casseroles que l'on emploie dans les cuisines des restaurants, et plus précisément les casseroles en cuivre. Cette appellation remonte peut-être au Second Empire, période où tout ce qui venait de la Russie, en particulier dans le domaine culinaire, connaissait une grande faveur chez nous (voir par exemple **charlotte russe**).

Sabayon

Crème composée de jaune d'œuf, de sucre et de vin que l'on fait prendre en la fouettant au bain-marie. Le nom du sabayon est la transposition en français de l'italien *zabaione*, dérivé du napolitain *zapillare*, mousser. Jusqu'à tout récemment, le sabayon était uniquement utilisé pour le nappage des gâteaux. L'édition de 1938 du *Larousse Gastronomique* ne connaît pas d'autre sens du mot que celui défini ci-dessus. Depuis, le sabayon a une version salée (jaune d'œuf, aromate et vin), très heureusement adoptée par la nouvelle cuisine. Ne comportant ni farine, ni corps gras, elle est très légère et le choix des aromates lui donne toute son originalité.

Sablé

On appelle ***pâte sablée*** une pâte que l'on prépare en mélangeant du bout des doigts les divers éléments jusqu'à ce que l'ensemble prenne une consistance rappelant celle du sable.

> Il est en train d'enchâsser des groseilles dans l'or d'une pâte sablée friable à l'œil.
>
> Fanny Deschamps, *Croque-en-bouche.*

Le ***sablé*** est un petit gâteau rond en pâte sablée.

Sabre

Nom vulgaire du lépidope, très beau poisson long et mince, à peau brillante, qui évoque tout à fait l'image d'une lame d'acier. On le vend souvent en tronçons ; il est bon, mais sa chair est un peu molle.

Saint-Germain

Ce terme sert à désigner diverses préparations aux pois cassés. Elles n'ont rien à voir avec la région maraîchère de Saint-Germain-en-Laye, mais ont été nommées ainsi en l'honneur du comte de Saint-Germain, ministre sous Louis XV.

Saint-Honoré

Couronne de pâte à choux garnie de petits choux caramélisés et emplie de *crème Chantilly* ou de *crème Chiboust* (crème patissière additionnée de blancs d'œufs en neige).

> Puis les pâtisseries, babas, mont-blanc, Saint-Honoré […] achevèrent le triomphe du moderne Vatel.
>
> Mme de Ségur, *L'Auberge de l'Ange Gardien.*

Peut-être ce gâteau a-t-il été créé en hommage à saint Honoré, patron des pâtissiers ; peut-être aussi doit-il son nom au marché Saint-Honoré où le pâtissier Chiboust, inventeur du saint-honoré et de la crème portant son nom, tenait boutique.

Saint-Jacques (coquille)

Coquillage très apprécié, également appelé *peigne* en raison de sa forme ; son nom scientifique est d'ailleurs *pecten,* mot qui veut dire *peigne* en latin. Il doit son nom de *Saint-Jacques* au fait que sa coquille, très répandue sur les côtes de Galicie, en Espagne, servait de signe de ralliement aux pèlerins venus à Saint-Jacques-de-Compostelle. Le nom de *pèlerine,* qui lui est parfois donné, joue à la fois sur ce lien avec les pèlerins et sur sa forme qui rappelle une pèlerine (mot d'ailleurs lui-même dérivé de *pèlerin*).

> Elle envoya chercher un de ces gâteaux courts et dodus appelés Petites Madeleines qui semblent avoir été moulés dans la valve rainurée d'une coquille de Saint-Jacques

[...], petit coquillage de pâtisserie, si grassement sensuel sous son plissage sévère et dévot.

Marcel Proust, *Du côté de chez Swann.*

La partie comestible de la coquille Saint-Jacques comporte la **noix**, qui est blanche, et le **corail**, rose vif et particulièrement savoureux.

Saint-Pierre

Poisson de roche à chair blanche et délicate. C'est le **zée,** bien connu des cruciverbistes et des joueurs de scrabble. Il doit son nom à une légende :

Le poisson se trouvant pris dans les filets d'un pêcheur nommé Pierre, il se lamenta et pleura sur son sort. Pierre l'écouta, fut sensible à son désespoir. Tellement qu'il le prit délicatement entre deux doigts et le rejeta à la mer. La marque des doigts de Pierre est restée sur le poisson.

Charles Blavette, *Ma Provence en cuisine.*

On devine aisément qui était ce pêcheur nommé Pierre... quoiqu'il n'y ait pas de zées dans le lac de Tibériade ! Il est, paraît-il, exact que le poisson en question grogne quand le pêcheur le tire hors de l'eau.

Sainte-Alliance

Ce terme désigne diverses préparations toujours très fastueuses, avec foie gras et truffes, créées à l'occasion du traité de Paris de 1815, par lequel les puissances de la Sainte-Alliance consacrèrent la défaite de Napoléon.

Elle avait vu, de ses yeux vu, son frère renvoyer un faisan à la Sainte-Alliance parce qu'à la table voisine des Cosaques avaient commandé le même plat. — Maître d'hôtel, nous avons assez de ce gibier !

Philippe Hériat, *Famille Boussardel.*

Saisir

Faire colorer vivement et rapidement un élément d'une préparation culinaire dans un corps gras de façon à ce qu'il durcisse immédiatement en surface.

> Il fallait un peu d'huile pour saisir le saumon.
>
> Pierre Troisgros, *Pierre Troisgros s'amuse.*

L'idée de prise brutale est clairement exprimée par le verbe *saisir*.

Salade

Les *salades* ou *salades vertes,* c'est-à-dire les plantes herbagères généralement accomodées avec une sauce où le *sel* (d'où leur nom) a un rôle important, comportent une grande variété d'espèces dont les appellations sont très diverses, et souvent pittoresques.
L'une des raisons de ce pittoresque est que les salades font fréquemment partie de ce qu'on peut appeler la « cuisine buissonière » et que leur cueillette — comme celle des *simples,* les herbes médicinales — était souvent l'affaire des vieillards. Ceux-ci ont perpétué les noms imagés de la langue populaire d'autrefois.

Les *pissenlits*, combien appréciés au printemps, doivent leur nom à leurs vertus diurétiques. Dans le Lyonnais, on les appelle *dents de lion* (voir ce mot), en raison des découpures de leurs feuille. La *barbe de capucin* est une chicorée sauvage assez amère dont les feuilles fines et découpées évoquent, si l'on veut, une barbe quelque peu désordonnée... Tout le monde connaît aujourd'hui le *mesclun* provençal, mélange d'herbes souvent amères, que l'on vend un peu dans toute la France. Il tire son nom du niçois *mesclumo* = mélange, lui-même dérivé du latin populaire *misculare* = mélanger. La *mâche* (mot d'étymologie obscure, sans rien de commun en tout cas avec le verbe *mâcher*) est appelée *doucette* en de nombreuses régions peut-être parce que son goût contraste avec l'amertume de la plupart des salades sauvages.

Femmes et enfants ramassaient scrupuleusement pissenlits, doucette et cresson de fontaine.

> Henri Vincenot, *La vie quotidienne des paysans*
> *bourguignons au temps de Lamartine.*

On appelle aussi la mâche **raiponce** (ce terme semble
être le nom scientifique d'une espèce voisine), **salade**
de moine, bourcette ou **boursette.** Ce dernier nom,
comme celui d'**oreille de lièvre** également donné à la
mâche, est une allusion à la forme de la plante. Si les
feuilles sont parfois allongées comme les oreilles d'un
lièvre, les espèces sauvages ont généralement la forme
de petites aumônières. C'est également en raison de
la forme des feuilles bien rondes et légèrement recour-
bées sur les bords qu'une variété de mâche cultivée est
appelée **mâche coquille.**

Parmi les salades cultivées, l'une des plus connues est
la **chicorée,** avec ses diverses variétés : **chicorée frisée**,
chicorée scarole, **chicorée endive**. Le mot *chicorée* est
issu du latin *cichorea*, lui-même emprunté au grec *kik-*
horê. En règle générale, si la ménagère parle encore
de **chicorée frisée**, elle dit plutôt aujourd'hui **scarole**
et **endive**, en faisant l'économie du mot **chicorée.** *Sca-*
role vient du bas latin *escariola* = bonne à manger,
tandis qu'**endive** vient d'un mot latin, *intubus*, qui
reste ininterprétable. Une variété de chicorée, la **chi-**
corée à grosses racines, est cultivée pour ses racines
qui, une fois torréfiées et hachées, se consomment à
la place du café ou, plus souvent, en mélange avec lui.

Les **chicorées** se différencient des **laitues** (du latin *lac-*
tuca, nom qui fait référence à la liqueur laiteuse contenue dans les côtes de cette plante). Parmi les laitues,
citons la **batavia** et la **romaine** ; la première n'est sans
doute pas originaire de Batavia : elle est plutôt simplement batave, donc hollandaise, comme le donne à
penser son nom anglais de *Dutch cabbage lettuce* =
laitue pommée hollandaise. La romaine, elle, viendrait
du Comte-Venaissin où elle était cultivée au XIVe siècle dans le jardin des papes, et non pas directement

de Rome. Mais le nom populaire de la romaine est...
chicon ! Allez donc vous y retrouver...

Le domaine des laitues est une mine de noms pittoresques, les créateurs d'espèces nouvelles ou améliorées cherchant tout naturellement à allécher le consommateur. Ainsi certaines laitues ont-elles reçu le nom de *reine de mai, reine des glaces* ou *passion d'hiver* selon la saison où elles poussent.

> Dans son jardin de curé, il cultive amoureusement [...] de la batavia l'été, de la reine des glaces l'hiver.
>
> Fanny Deschamps, *Croque-en-bouche.*

Le nom est parfois simplement le descriptif pittoresque de l'espèce : la *grosse blonde paresseuse* est une laitue de bonne taille, d'un vert doré et un peu tardive...

Salade russe

Sorte de macédoine faite à la mayonnaise « collée » et moulée. Cette présentation a été créée par les cuisiniers français des tsars, et contrairement au mot *macédoine* (voir ce mot), ne doit rien à la multiplicité des races en Russie que pourrait cependant rappeler la grande variété de légumes utilisés.

Salamandre

Voûte supérieure du four sous laquelle on met un plat pour *glacer* (voir ce mot) le dessus. A l'origine ce nom de *salamandre* était une marque déposée désignant un poêle que l'on plaçait à l'intérieur d'une cheminée. Il est une allusion évidente à l'animal du même nom qui était censé résister aux plus hautes températures.

Salammbô

Gâteau individuel en pâte à chou, garni de crème pâtissière et glacé en vert. Il doit son nom, non pas directement au célèbre roman de Gustave Flaubert, mais à l'opéra d'Ernest Reyer portant le même titre (1890).

> Les trois sœurs Raymond mitonnent un salambo caramélisé incomparable.
>
> Régines Deforges, *101, avenue Henri-Martin.*

On remarquera que Régine Deforges orthographie ce mot *salambo*, en désaccord avec l'orthographe adoptée par Flaubert ; mais peut-être certains pâtissiers l'écrivent-ils ainsi : ce n'est, après tout, que la transcription phonétique d'un nom carthaginois.

Salle

Terme utilisé dans le langage de la restauration pour désigner la salle de restaurant, par opposition à la *cuisine* (voir ce mot et également le mot *passe*).

Salpicon

Eléments divers coupés en très petits dés et généralement cuits en une sorte de ragoût. Alexandre Dumas, dans son *Grand dictionnaire de cuisine* donne une recette de *petits pâtés au salpicon* qui sont en fait des bouchées à la reine (voir *bouchée*). Le mot salpicon vient de l'espagnol *picar* = couper, mais on ne voit pas très bien ce que vient faire là le préfixe *sal* = sel.

Salpiconner : couper en salpicon.

Sandwich

Ensemble composé d'un aliment froid placé entre deux tranches de pain beurré.

> Elle a un énorme sandwich au jambon beurre dans les mains. Elle mange avec appétit.
>
> Sébastien Japrisot, *Compartiment tueurs.*

Tout le monde connaît l'origine du mont *sandwich* : Lord Sandwich, joueur invétéré, ne voulait pas quit-

ter la table de jeu même pour se restaurer, ce qui amena son cuisinier à inventer pour lui cet aliment... portatif. Mais, en réalité, le sandwich ne date pas de Lord Sandwich, et l'idée n'en est pas spécifiquement britannique : les travailleurs des champs, chez nous, emportaient souvent leur nourriture de midi sous cette forme et le **pan bagnat** (voir ce mot) niçois n'est autre qu'un sandwich particulièrement succulent. On peut se demander ce que Mme Rabourdin (*Les Employés,* Honoré de Balzac) offrait en guise de sandwiches, avec de la crème, aux invités qu'elle recevait pour le thé...
Sandwich de voyou : inutile de chercher à expliquer ce que signifie ce terme, nous ne pourrions le faire mieux que San Antonio :

> Je suppose que vous connaissez l'sandwich de voyou, m'sieur le président [...] : harengs à l'huile, oignons frais.
>
> San Antonio, *Remouille-moi la compresse.*

Sangler

Entourer de glace un récipient dans lequel se trouve une préparation que l'on veut faire congeler. On enserre le récipient dans la glace comme on enserrerait un objet dans une sangle d'étoffe.

Sanguette

Préparation en honneur dans de nombreuses régions, utilisant le sang de la volaille que l'on vient de tuer. Diversement aromatisé et accompagné d'oignons ou d'échalotes émincés, ce sang était cuit dans une poêle ; parfois, assez curieusement, on le faisait d'abord pocher à l'eau avant de couper la masse obtenue en tranches pour le faire frire. Ce mets très simple, que l'on appelle aussi localement **sanguet, sanquet** ou **sanquette,** a reçu ses lettres de noblesse grâce au grand cuisinier contemporain Alain Chapel, qui dit : « C'est

un mets de roi ». Avant lui, Joseph Delteil avait écrit :
« Les snobs font fi de la sanguette. Pour moi, c'est
l'élixir. »

Sardoche

Sardine.

> Sardoch's dégoulinantes sur du brignol au beurre.
>> Pierre Perret, *Le Petit Perret illustré.*

L'emploi du suffixe *-oche* est courant dans le langage
populaire (cf. *cinoche, valoche, fastoche, etc.)*

Saucer

Verser de la sauce sur un mets.

Sauciflard

Déformation populaire du mot *saucisson*. On emploie aussi dans le même sens le terme *siflard* qui est l'aphérèse de *sauciflard*.

> C'est une énorme saucisse de Francfort, grosse comme deux sifflards au salon de la Boustiffe.
>
> Paul Branca, *Élomire la cafteuse.*

Le nom *saucisson* est évidemment un augmentatif de *saucisse* ; ce dernier terme est issu du latin *salsicia* qui désignait à Rome des morceaux de viande hachée conservés par le sel. *Salsicia* est en effet un dérivé de *salsus* = salé, dont le féminin *salsa,* dans le sens de « préparation salée », a donné « sauce ».

Saucissonner

Pique-niquer.

> Puis j'débouch' les douz'litres à douze
> Et l'on s'met à saucissonner.
>
> Delormel et Garin, *En revenant de la revue
> (chanson créée par Paulus).*

Saumure

Eau fortement salée dans laquelle on conserve certains aliments (poissons, viandes, légumes).

> Essayer la saumure avec une pomme de terre pelée ; si celle-ci reste au niveau, étant recouverte par le liquide et sans toucher le fond, la saumure est à point.
>
> Th. Gringoire et L. Saulnier, *Le Répertoire de la cuisine..*

Le terme *saumure* est assez curieux car, s'il contient de toute évidence l'élément *sau* = sel (du latin *sal*), *muria,* qui viendrait de la racine indo-européenne *meu* signifiant « mouillé, humide », veut lui-même dire

« eau salée » en latin populaire. Cette formation pléonastique dérive probablement du bas-latin *salmuria,* tout aussi pléonastique... On trouve le mot *muire* dans un texte franc-comtois de 1249.

Saupiquet

Ce mot, composé de *sau* = sel, et de *piquer* = relever, est celui d'un très ancien apprêt ; on accommodait notamment le lièvre et le canard avec cette sauce au vin et au vinaigre très relevée. Depuis le XVIᵉ siècle, on prépare, dans le Morvan et le Nivernais, un saupiquet de jambon dont la sauce est à base d'oignons, de vin blanc et de vinaigre. Les variantes locales sont nombreuses, avec en particulier le saupiquet des Amognes, dont la sauce est aromatisée aux herbes.

> Pour arroser le saupiquet, le chef [...] m'avait conseillé un petit champigny. Un vin léger mais généreux !
>
> Bachellerie, *Pas de quoi noyer un chat.*

Saupoudrer

A l'origine, ce verbe signifiait « poudrer de sel », comme la présence de l'élément *sau* (du latin *sal* = sel) l'indique. On l'utilise cependant couramment pour désigner l'action de parsemer un aliment d'une poudre quelle qu'elle soit : sel, sucre, poudre d'amandes ou autre.

> Saupoudrer de paprika. Mettre au four modéré.
>
> Robert J. Courtine, *La Cuisine du monde entier.*

Sauter

Faire dorer des éléments culinaires à découvert dans un corps gras.

> Avec une mouvette, je tourne les morceaux, je les fais sauter à mon feu le plus vif.
>
> Alain Demouzon, *La Petite Sauteuse.*

Lorsqu'on fait sauter des pommes de terre, par exemple, il faut remuer l'ustensile dans lequel elles cuisent, qui s'appelle précisément **sauteuse** de façon à ce qu'elles se déplacent (sautent, donc) sans qu'on ait à les piquer avec une fourchette ce qui risquerait de les réduire en morceaux.

Un **sauté** est une préparation de viande, généralement coupée en morceaux et sautée, comme son nom l'indique, dans un corps gras avant d'être cuite à *court mouillement,* c'est-à-dire avec très peu de liquide.

La sauter, dans le langage populaire, c'est avoir faim. *Faire sauter* signifiant « faire disparaître », on a employé autrefois l'expression *faire sauter des rations* pour signifier que l'on privait de nourriture prisonniers ou militaires. Est-ce de là qu'est venue l'expression populaire très courante **la sauter** ? Le **la** est explétif comme dans l'expression synonyme **la piler** (voir **piler**).

Savarin

Baba (voir ce mot) en forme de couronne, garni en son centre de crème pâtissière, de fruits ou de crème Chantilly. Il a reçu son nom en hommage au célèbre gastronome du Bugey, Brillat-Savarin.

Saveur

C'est ainsi qu'on désigne en Franche-Comté le mélange de légumes et d'aromates qui donne, précisément, sa saveur à un pot-au-feu ou à une potée.
Dans le Béarn, on l'appelle **saboures.**

Singe

Dans le langage populaire, on appelle **singe** la viande de bœuf pressée et salée vendue en boîtes ; c'est le *corned-beef* (bœuf conservé par le sel) bien connu.

L'artilleur Donati mange du singe et des galettes.
Pierre Miquel, à *France Inter,* 4 juin 1987.

Le nom de *singe* a probablement été donné par dérision à cette viande qui, à l'œil et au goût, ne ressemble guère à du bœuf, de même que les enfants se plaisent à prétendre que les conserves de raviolis qu'on leur sert dans les cantines scolaires sont faites avec de la viande de rat ou de chat.

Singer

Poudrer de farine des éléments que l'on vient de faire dorer dans un corps gras avant de poursuivre la cuisson. Il faut laisser la farine prendre couleur elle-même avant d'ajouter un liquide, pour éviter le goût peu plaisant de la farine crue.

> Singez vos champignons, délayez le tout avec d'excellent bouillon.
>
> Alexandre Dumas, *Grand Dictionnaire de Cuisine.*

Autrefois, on colorait les sauces avec du caramel que l'on appelait *jus de singe* parce qu'il *singeait* la « dorure » au corps gras. D'où l'emploi du verbe **singer** dont l'usage s'est conservé après que *jus de singe* fut tombé en désuétude.

Siam

Porc. Il ne s'agit pas, comme dans le cas de **monsieur, noble, mignon,** etc. (voir **cochon**) d'une façon euphémique de nommer le cochon, mais de la survivance locale, notamment dans le Centre et en Franche-Comté, d'un nom ancien désignant une race de porcs originaires du sud-est asiatique et particulièrement du Siam, que l'on appelle maintenant Thaïlande.

> A propos, comment va Caffot ? s'inquiéta ce dernier. Tu ne m'as jamais reparlé de ton goret. — Il va bien, comme un bon Siam qu'il est : pourvu qu'il bouffe, il est content.
>
> Louis Pergaud, *Le Roman de Miraut.*

Siroper

Imbiber un gâteau au moyen d'un sirop généralement additionné d'une eau-de-vie ou d'une liqueur. On dit aussi **puncher** (voir ce mot).

Sole

Le nom de ce poisson très apprécié vient du latin *solea,* semelle, et fait allusion à sa forme.

Sorbet

Glace très légère à base de sirop, parfumée aux jus de fruit, au champagne, à la liqueur, etc.

> Avec ses petites quenottes, elle croquera tout : hommes, cassoulets [...], sorbets aux fruits de la passion.
>
> Maurice Rheims, *Le Saint Office.*

Le sorbet a pour origine le *sherbet* arabe, sirop aux fruits (ou même aux pétales de roses) que l'on offrait avec tout un cérémonial. Il était également vendu dans les rues par des marchands ambulants qui, pour attirer l'attention de la clientèle, heurtaient entre elles les tasses de cuivre dans lesquelles ils servaient le *sherbet.*

Sot-l'y-laisse

Cette expression désigne le petit morceau de chair particulièrement tendre et savoureux, mais assez difficile à trouver, qui se cache au-dessus du croupion des volailles, dans un creux de la carcasse.

Souder

Presser entre les doigts deux épaisseurs de pâte pour qu'elles restent collées l'une à l'autre pendant la cuisson. Le mot, très courant, est emprunté au langage de la technologie. On peut badigeonner les deux épaisseurs avec un peu d'œuf ou même simplement d'eau pour rendre la soudure plus hermétique.

> Recouvrez avec la seconde abaisse de feuilletage [...] en appuyant sur les bords pour que les deux abaisses soient bien soudées.
>
> Gaston Lenôtre, *Faites votre pâtisserie comme Lenôtre.*

Soufflé

Plat d'entrée ou d'entremets très fin, auquel des blancs d'œufs battus en neige donnent une légèreté sans pareille, d'où son nom.

> L'Ambassadeur [...] assure que nulle part on ne mange du bœuf froid et de soufflés comme les vôtres.
>
> Marcel Proust, *A la recherche du temps perdu.*

Soupe

De nos jours, on appelle *soupe* une préparation plus ou moins liquide, presque toujours servie en début de repas, et particulièrement de repas familial ou sans cérémonie, car elle est plus rustique que le *potage* ou le *velouté* (voir ces mots). Cet emploi tout à fait généralisé du terme ne tient pas compte des origines du mot... et de la chose ! En effet, qui dit *soupe* dit impérativement « pain trempé », en vertu d'une étymologie germanique fort claire attestée, par exemple, par l'anglais *to sop* = tremper le pain. C'est à une langue germanique que le bas-latin a emprunté le nom *soppa* pour désigner des tranches de pain trempées dans un liquide — le plus souvent lait, vin ou bouillon — d'où l'expression populaire « trempé comme une soupe » (voir *Les mots d'origine gourmande*, Belin, 1986).

Le Prince de Condé disait à Louis XVI que la Bourgogne était une nation « soupière » ; il aurait pu en dire autant de la France entière. Si, en effet, l'une des bases de l'alimentation rurale en France a longtemps été constituée par des bouillies grossières (voir **bouillie**) l'habitude de tremper le pain est sans doute aussi ancienne que le pain lui-même qui, comme on sait, remonte à la plus lointaine antiquité connue.

Les anciennes trempées traditionnelles faisaient la part belle au pain. Les liquides variaient, le pain demeurait l'essentiel. La langue tenait compte de cette primauté car on trouve dans le nom de ces trempées des mots évoquant le pain ou le traitement qu'on lui faisait subir pour le tremper.

La trempée s'appelait **miot** en Touraine, où le pain était trempé dans du lait ou dans un mélange de vin et de lait et pouvait être additionné de fruits de saison (comme dans la **bijane** ou **soupe de perroquet** au vin rouge ou **chicolle** au vin blanc), **miussat** au pain de **méture** (maïs) dans le Béarn, **miée** en Normandie où il arrivait que le liquide de base soit du cidre, **miet** ou **mijot** au vin dans le Bas-Berry, **miget** au vin sucré dans les pays de l'Ouest, **émiliée** au lait ou au café au lait dans les Ardennes. A l'origine de ces diverses appellations locales, on retrouve le verbe *émier*, c'est-à-dire écraser le pain du bout des doigts en miettes, alors que *frimer* ou *fraiser* consistait à le broyer avec la paume de la main, opération d'où le **fraisou** du Mâconnais tire son nom.

Le parler auvergnat fait dériver les noms locaux de la trempée du verbe *brier* = broyer, avec le **brézou** et les **brèzes**. Pour préparer les trempées, on utilisait parfois, au lieu du lait, du petit lait (**cailles** en Auvergne) ou du lait écrémé (**caudé** en Beauce où la **soupe au caudé** constituait l'ordinaire des valets de ferme).

Les trempées au vin prédominaient dans les régions viticoles, en Bourgogne par exemple avec la **gueugaigne** du Châtillonnais qui était une soupe au vin sucré considérée comme une panacée. Dans cette Bourgogne où l'on n'a jamais craint les boissons fortes, les vieillards se soutenaient à l'aide d'un bol quotidien de **trempusse** dont Henri Vincenot donne la recette dans *La Billebaude* : « Verser un quart de litre de ratafia dans un bol, y tremper de grosses mouillettes de pain frais ou rassis selon les goûts et manger les mouillettes. Comme on voit, cela n'est pas boire puisque l'on se contente de manger le pain et que c'est lui qui a tout bu. »

Quand le pain était préalablement grillé, la trempée prenait le nom de **rôtie** (en Anjou), **routie** ou **rôtée** (Pays de Loire). En Anjou, la version estivale de la rôtie était la **soupe à la pie**, au lait froid.

Parfois, le pain trempé était cuit assez longuement, comme dans la **panée** ou **panade cuite** de Touraine (quand on la préparait avec du pain bénit, elle était censée faire parler les enfants de bonne heure...), la **soupe mitonnée** d'Auvergne et de Bretagne, celle de cette dernière région étant additionnée d'oignons et d'un peu de sucre, la **possouée** normande que l'on donnait aussi bien aux enfants qu'aux poussins, le **briénou** du Mâconnais : on retrouve la racine *brier* signifiant « broyer » dans le nom de cette trempée au lait cuite avec des noix qui était le plat traditionnel des jours de lessive.

Les panades cuites étaient additionnées de fromage dans les régions d'élevage : la **patranque** et le **cantemerlou** auvergnat qui, en cuisant sifflote comme le merle, la soupe **troye** (tournée) au fromage qui était le plat de Noël de la région du Mont-Dore, le **ramequin** de Morez, dans le Jura, sont des exemples de panades au fromage. La célèbre **gratinée** de Paris et de Lyon comporte aujourd'hui encore pain, oignons, bouillon et fromage.

Les bouillons des **potées** et **pot-au-feu** (voir ces mots) servaient aussi de base à des soupes roboratives, de même que les bouillons de poissons ou de légumes : c'était affaire d'habitudes et de régions. Dans ce type de soupes, les viandes et les légumes ont toujours pris le pas en importance sur le pain. On servait souvent le tout ensemble, ou au moins au même repas. En Auvergne, le bouillon du grand pot-au-feu de Pâques entrait dans la préparation du **mourtaïrol**, sorte de panade au safran très longuement mijotée : son nom viendrait de sa consistance épaisse, comparable à celle du mortier, et il servait aussi, par dérivation, pour désigner le pot-au-feu de Pâques lui-même. La garniture de légumes et la viande variaient selon les régions. On y trouvait un peu partout les « légumes du pot » : poireaux, choux, navets, carottes, oignons, etc. Le choix des viandes obéissait à des habitudes locales, le bœuf et le porc y ayant toujours une place importante. Dans le Lyonnais, la **soupe à la jambe de bois** avait, parmi ses riches éléments (poule, perdrix, veau, etc), un grand os de jarret de veau auquel elle devait son nom. On a d'ailleurs tort de parler au passé, car ces grandes et nobles soupes n'ont pas cessé d'être servies sur les tables régionales.

C'est le cas pour la **garbure** béarnaise, qui emprunte son nom à la *garbujada*, « gerbe » de légumes frais entrant dans sa composition en même temps que le lard et le confit d'oie (à rapprocher du *jerbilhon* du Béarn, potage aux légumes), l'*ollada* du Roussillon qui comporte du lard et du boudin, l'**ouillade** de l'Ariège, l'**ouillat** du Béarn, l'**oulade** du Rouergue, toutes soupes cuites dans l'*olla*, ce mot d'origine latine désignant la marmite de terre appelée aussi *oille* ou *oule*.

La **carn d'olle**, ou viande de la marmite, était un plat de Noël du Roussillon. Le **tourain** du Périgord et du Béarn (parfois othographié **tourin, tourrin, tourri, thourin**) est à base de graisse d'oie, d'oignons et parfois de tomates (on voit bien que cette soupe est originaire de la partie méridionale de la France !) ; on peut ajouter un quartier de confit pour préparer un **tourrin bourrut** ou **tourrin d'archevêque.**

> Une bouteille de Margaux reposait dans son panier d'osier [...] près d'[...] une grande soupière d'où s'échappait le fumet délicieux d'un tourrain à l'ail.
> Régine Deforges, *101, avenue Henri-Martin.*

Dans le ***crossemegneye*** lorrain, on fait cuire la première vertèbre de l'échine du porc, appelée ***crosse*** ou ***juif***. Citons encore la ***soupe à la tripe*** picarde préparée avec abats et légumes.

Dans les régions littorales, les poissons remplacent souvent les viandes pour la préparation des soupes : ***cotriade*** bretonne, ***chaudrée*** vendéenne ou charentaise, ***caudrée*** de Berck (trois mots où l'on retrouve la racine *chaudron*), ***ttoro*** du Pays Basque. Si l'***aïgo boulido*** (eau bouillie) provençale est une frugale soupe à l'ail et au pain, l'***aïgo sau*** (eau salée) comporte, en plus, des poissons et des tomates. Restons dans le Midi avec la célèbre ***bouillabaisse*** marseillaise (voir ce mot), généreuse soupe à base de poissons, la ***bourride*** provençale, une soupe de poissons liée à l'***aïoli*** (voir ce mot), le ***revesset,*** soupe toulonnaise aux poissons et à la verdure, la ***soupe à la poutina*** (alevins) qui est une spécialité niçoise, la ***soupe aux favouilles,*** les ***favouilles*** n'étant autre chose que les petits crabes généralement appelés ***étrilles***.

Les soupes aux légumes étaient en faveur au printemps. On mangeait dans le Béarn une soupe appelée ***cousinete,*** du nom local de la mauve qui était un de ses composants avec l'oseille, le persil, la graisse d'oie ou jarret de veau (à ne pas confondre avec le ***cousinat*** auvergnat, soupe au céleri-rave et aux châtaignes). Dans le Dauphiné, la soupe aux légumes était épaissie au gruau d'orge qu'on appelait localement ***lo pekèt***. La ***soupe du jeudi vert*** de Lorraine (*Gründerdonnerstag suppe*) ou ***soupe du Jeudi Saint,*** comportait impérativement neuf herbes (autrement dit neuf légumes verts) différentes, le plus souvent épinards, persil, oseille, cerfeuil, poireaux, choux, chicorée, mâche et ortie. La ***sabronade*** du Périgord, comme d'ailleurs la ***garbure*** (voir ce mot), comportait des haricots blancs parmi ses éléments.

Dans de très nombreuses régions et en particulier, bien entendu, dans les régions viticoles, il était extrêmement courant que chaque convive verse du vin rouge dans son bol de bouillon. Cela s'appelait, dans le Centre et le Sud-Ouest, faire **chabrot, chabrol, chabroton, chabrou** ou **sabrot,** mots où il faut voir, pense-t-on, le nom latin *capreolus* = chevreau, soit parce que ce bouillon se buvait à même l'écuelle, comme boivent les chevreaux, soit parce que les chèvres aiment le vin (voir *Les mots du vin et de l'ivresse*, Belin, 1986). On prétendait que le vin, souvent rajouté seulement quand il ne restait plus beaucoup de bouillon dans le bol, servait à refroidir ce reste, le bouillon, paraît-il, n'étant bon que brûlant ou froid et non pas tiède. Mais on croyait aussi qu'une soupe ainsi arrosée valait tous les médecins. On disait en Périgord :

> *Coï lou chabrou qui raviscolo*
> *Qu'ei lou pu grand deux médecins.*
> *Vous enchaure la garganholo*
> *Et boto la crabo o boucis*

> (C'est le Chabrol qui ravigote
> Qui est le plus grand des médecins.
> Il réchauffe le gosier
> Et met la mort en morceaux.)

> Cité par Zette Guinandeau-Franc
> dans *Les Secrets des fermes en Périgord noir.*

En Bourgogne, où l'on croyait encore plus qu'ailleurs aux vertus thérapeutiques du vin, on appelait cependant une telle soupe **bouillon d'ivrogne...**

Soupe du tiroir : nom donné dans la Mayenne à la soupe des retardataires, que l'on tenait au chaud dans un tiroir de l'âtre conçu à cet effet.

Souris

Petit muscle rond qui prolonge le gigot le long de son manche et qui doit son nom à sa forme rappelant celle d'une souris...

> C'est aussi le riz, le poulet, la viande découpée à l'extrémité du gigot et qui en constitue la souris.

> Kamal Ibrahim, *Alexandrie en perte de Venise.*

Sous-marin

Nom donné au Québec à un gros sandwich dont la forme rappelle celle d'un sous-marin.

Spatule

Sorte de cuillère en bois utilisée pour mélanger des sauces, des crèmes, etc. Il n'y a pas que le cuisinier qui utilise une spatule ; sous des formes assez proches les unes des autres cet instrument est également employé par le pharmacin, le maçon, le menuisier, le sculpteur, le peintre, etc. Le mot **spatule** vient du latin *spatula,* diminutif de *spatha,* terme emprunté au grec, qui a le même sens mais signifie aussi « épée ».

Dans le langage des cuisiniers, on appelle également **spatule** une sorte de couteau à large lame souple et arrondie qui sert à détacher ou retourner des poissons dans un poêle ou encore à lisser le glaçage (voir **glacer**) d'un gâteau. Dans ce dernier sens, on peut aussi employer le mot **palette**, du latin *pala* = pelle, mais la palette est plus généralement à lame rectangulaire ou trapézoïdale.

Stockfish

Morue séchée extrêmement dure. Dans le Midi de la France, où ce poisson est très en faveur, on écrit aussi **stoquefish** et même **stoquefiche.**

> Si tu continues à lire comme ça, tu finiras par devenir maigre comme un stoquefiche.
>
> Marcel Pagnol, *Marius.*

Avec la morue salée et les harengs saurs, c'était un des seuls poissons de mer que l'on mangeait autrefois dans les régions les plus centrales de la France, en raison de la lenteur des communications et des difficultés de conservation du poisson frais. Le mot *stockfish,* formé à partir des deux termes néerlandais — *stoc* = bâton et *visch* = poisson — signifie littéralement « poisson de bâton » : en effet, pour préparer le stockfish, on faisait sécher les morues en les enfilant sur des bâtons. Dans le sud de l'Auvergne et dans le Rouergue, on servait un plat fait à partir de stockfish longuement trempé, d'œufs et d'huile de noix qu'on appelait **stofinado** ou **estofinado**.

Suçarelle

Façon provençale d'accommoder les escargots, avec une sauce aux tomates et aux oignons. Les convives aspirent l'escargot pour le sortir de sa coquille, d'où le nom de **suçarelle** ou, en provençal, *suçarello*.

Sucre d'orge

Bonbon très ancien qui, dans la tradition d'autrefois, était fait de sucre cuit en sirop et additionné d'une décoction d'orge destinée à le colorer.

Le sucre d'orge existe toujours, mais l'orge a disparu de sa préparation et a été remplacée par des colorants plus ou moins naturels.

Suer (faire)

Faire cuire des légumes à feu doux dans un corps gras pour qu'ils rendent tout ou partie de leur eau de végétation.

> Faites suer la tranche de jambon dans une casserole avec un peu de beurre.
>
> Michel Barberousse, *Le gibier à toutes les sauces.*

Suprême

Comme le mot **délice** (voir ce mot), **suprême** sert à désigner toutes sortes de plats raffinés et savoureux.

A l'origine, on appelait **suprêmes** les blancs de volaille et les filets de poissons blancs, ce qui explique l'idée de raffinement attaché à ce mot.

377

Il trouva partout le suprême de volaille, l'aspic et les vins de France.

> Honoré de Balzac, *La maison Nucingen.*

A la suprême : se dit d'un mets accompagné d'une **sauce suprême**, c'est-à-dire d'un velouté à base de consommé de volaille.

> « Volailles à la suprême ! », reprit le maître d'hôtel.
>
> Comtesse de Ségur, *L'Auberge de l'Ange Gardien.*

Surprise

Nom donné parfois par les bouchers à un petit muscle situé en avant de l'omoplate des animaux de boucherie. Il est appelé **surprise** parce qu'on ne s'attend pas à le trouver là. Comme il est très savoureux, c'est une excellente surprise !

Suzette (crêpes)

Crêpes sucrées garnies d'un beurre parfumé à la mandarine et au curaçao, et non à l'orange comme on le croit assez généralement. C'est une hérésie, paraît-il, que de les flamber…

> Le service s'achève dans les crêpes Suzette et la mousse au chocolat.
>
> San Antonio, *Remouille-moi la compresse.*

Les crêpes Suzette semblent avoir été créées à Monte-Carlo, à la fin du siècle dernier, en hommage à une certaine Suzette, qui accompagnait le Prince de Galles, devenu plus tard Edouard VII.

Tablier de sapeur

Nom donné à Lyon à des morceaux de gras-double coupés en rectangles évoquant la forme des tabliers de cuir portés par les sapeurs, et que l'on pane et fait frire avant de les servir avec une sauce tartare.

Et pour le faire revenir, elle lui criait le nom de plats célèbres entre Saône et Rhône : carpe braisée, poulet Célestine, tablier de sapeur, bugnes...

Erik Orsenna, *L'Exposition Coloniale.*

Le nom de **tablier de sapeur** aurait été donné à ce plat traditionnel par le Maréchal de Castellane, ancien sapeur, qui commandait la place militaire de Lyon sous le Second Empire.

Talmouse

On a appelé ainsi, depuis le Moyen Age, une pâtisserie salée au fromage blanc.

On entrait à Saint-Denis où Pierrotin s'arrêta devant la porte de l'aubergiste qui vend les célèbres talmouses.

Honoré de Balzac, *Un début dans la vie.*

Le mot **talmouse** pourrait venir de *talemelier*, appellation ancienne des boulangers, ou dériver, comme *talemelier* lui-même, du bas-néerlandais *taremele* = farine. On a aussi pensé que la talmouse pouvait être une sorte de **casse-museau** (voir ce mot), *taler* voulant dire « casser » et *mouse,* « museau ». Cependant, les talmouses ne semblent jamais avoir été aussi dures que les casse-museaux. C'étaient plutôt des variétés de **brioches** (voir ce mot).

De nos jours, on donne le nom de **talmouses** à des apprêts culinaires divers, en général des feuilletages garnis d'une préparation au fromage ou des tartelettes sucrées à la frangipane.

Tambouille

Cuisine médiocre.

D'après Georges Esnault, dans son *Dictionnaire des argots,* ce mot serait une déformation de *tampone,* nom donné à l'alimentation des soldats vers 1860 et peut-être emprunté par dérision à l'italien *tempone* = bombance. Cependant, on doit remarquer que, dans les Pays de l'Ouest où le mot *bouille* désignait diverses sortes de récipients, le *pot-bouille* ou *pot-en-bouille* était la nourriture que l'on préparait dans l'âtre. *Tambouille* peut être une déformation assez compréhensible de *pot-en-bouille*.

Faire la tambouille dans le sens de faire la cuisine est populaire mais pas forcément péjoratif.

> Robbie [...] bricolait et faisait la tambouille.
>
> San Antonio, *Le Tueur.*

Tapenade

En Provence, pâte faite d'olives noires, d'anchois, de câpres (*tapeno* en provençal, d'où le nom de la préparation) broyés au pilon et additionnés d'huile, d'herbes et d'eau-de-vie. On en tartine du pain qui, à l'origine, était destiné au casse-croûte des travailleurs, mais on ne dédaigne pas, aujourd'hui, de servir des canapés de tapenade, en guise d'amuse-gueule, dans la bonne société.

Taper (se)

Se taper un aliment, une boisson, c'est les manger ou les boire.

> La s'crétaire se tape un crème.
>
> Pierre Perret, *Le Petit Perret illustré.*

Se taper un aliment, c'est se l'enfoncer dans la bouche (dans le gosier, dans l'estomac...). Il faut peut-être voir dans *taper* un dérivé de *tap,* terme technique qui désigne un bouchon. On appelait *tap* le carré de liège que les galériens s'enfonçaient dans la bouche pour qu'on n'entende pas leurs cris. Le sens actuel est plus joyeux !

Se taper la cloche, le fusil : bien manger.

> Il se tapait la cloche [...]. Il demandait pas de mes nouvelles.
>
> Louis-Ferdinand Céline, *Mort à crédit.*

Y a-t-il dans ces expressions, comme certains veulent le croire, une allusion au bruit de la fourchette tapant la cloche, le fusil, autrement dit la tête ? Il est sans doute plus logique d'y voir une dérivation du sens précédent de *se taper* : **se taper la cloche** serait dit pour « se taper dans la cloche ».

Tatin (tarte)

Tarte aux pommes cuite « à l'envers » : les pommes sont caramélisées au beurre et au sucre dans un moule et on pose la pâte par-dessus de façon à parfaitement les recouvrir avant cuisson au four.
On dit volontiers que cette tarte a été inventée par les demoiselles Tatin, filles d'un hôtelier de la Motte-Beuvron. Elles ont certainement contribué à la faire connaître et à lui donner sa notoriété, mais cette tarte existait depuis bien longtemps, sous le nom de *tarte renversée*, dans la tradition culinaire solognote.

Tatouille

Appellation locale du flan à la citrouille, dans le Mâconnais. On dit aussi *chanique*.

La tatouille est à rapprocher du *tartouillat* (voir *clafoutis*) qui, dans la même région, est un flan aux fruits divers et dont le nom dérive sans doute de *tarte.*

Comme la tatouille, le tartouillat se doit de ne pas être *patouillou,* c'est-à-dire pâteux et collant...

Tête de nègre

Nom couramment donné à un gâteau individuel de pâtissier, fait d'une boule de meringue garnie de crème au beurre au chocolat et recouverte de vermicelle de chocolat. Cette appellation, comme celle de *nègre en chemise* (voir ce mot), tend à disparaître en raison des problèmes raciaux d'aujourd'hui.

Thermidor (homard)

Apprêt de homard grillé avec béchamel, fromage râpé et moutarde. Comme pour les *salammbô* (voir ce mot), il s'agirait d'une appellation au deuxième degré, le nom de *thermidor* ne venant pas directement du coup d'État survenu lors du mois révolutionnaire portant ce nom, mais du drame *Thermidor* de Victorien Sardou (1891).

Timbale

Croûte garnie d'une préparation en sauce, généralement salée, mais pouvant être aussi composée de fruits, de glace, etc.

> Des navets au sucre regardaient une timbale de macaronis.
>
> Honoré de Balzac, *Les Petits Bourgeois.*

Que penser de cette timbale de macaronis qui fut très en faveur, il n'y a pas si longtemps ? Une croûte en pâte feuilletée, des macaronis, une béchamel... cela fait beaucoup de farine pour notre goût actuel.

On préfère aujourd'hui le **feuilleté** (voir ce mot) à la **croustade,** la partie en pâte feuilletée étant moins importante. On le garnit avec des préparations plus légères : coquillages avec réduction d'échalotes, crabes aux petits légumes et au vin blanc, etc.

Rappelons que le sens premier de **timbale** est celui d'instrument à percussions, d'après l'arabe *atabal* = tambour. Ce n'est qu'au XVIIIᵉ siècle qu'il a pris, par analogie de forme, le sens de « gobelet ».

Tomber

Ce verbe, encore couramment employé par les cuisiniers, désigne l'action de faire réduire un élément culinaire à feu doux pour le faire **suer** (voir ce mot). On dit **tomber à glace** lorsque la cuisson se prolonge assez longtemps pour amener la formation d'un jus concentré appelé **glace** (voir ce mot). L'origine de l'emploi de ce terme est incertaine.

Tonton

Nom donné dans les Ardennes à un gros pain que l'on mangeait lors de la tonte des moutons.

Tordre

Voir **tortiller**.

Tortiller

Manger, avaler, en argot du XIXᵉ siècle. On emploie ce terme par allusion à une nourriture particulièrement dure ou peu appétissante qu'il faut longtemps tourner dans la bouche avant de l'avaler.

Le mot n'est plus guère utilisé. De nos jours, on dit plutôt **tordre,** qui est surtout employé négativement pour parler d'un aliment si dur qu'on « ne peut pas le tordre ».

Tortore

Nourriture. **Tortore** dérive peut-être de **tortiller** (voir ce mot) ou plus vraisemblablement du provençal *tourtoure* qui a le même sens que **tordre, tortiller.**

Tortorer : manger.

> Il y a déjà trop de mecs qualifiés qui n'arrivent pas à tortorer convenable.
>
> Jean Amila, *Terminus Iéna.*

Tortue (en)

Préparation de la tête de veau avec diverses garnitures (cervelles, lames de truffe, écrevisses, croûtons frits, etc.) et accompagnement de **sauce tortue** au vin blanc et à la tomate, conçue à l'origine pour la tortue, dont on sait que plusieurs espèces sont comestibles.
La tête de veau en tortue, très en faveur jadis, a à peu près complètement disparu des tables bourgeoises ; on la trouve encore parfois au restaurant.

Touiller

Tourner un aliment en voie de préparation, généralement au moyen d'une cuillère en bois.

> Elle touille son bœuf bourguignon. Deux heures et demie faut que ça mijote.
>
> A.D.G., *Le Grand Môme.*

Ce verbe vient du latin *tudiculare* = broyer. Il s'agit donc de l'action de tourner énergiquement.

Tour

Opération qui consiste à plier en trois une **abaisse** (voir ce mot) de pâte feuilletée après l'avoir étalée en rectangle, puis à la faire pivoter d'un quart de tour avant de l'étaler à nouveau en rectangle, etc. **Donner deux tours** à une pâte, c'est faire deux fois ce geste. Une **pâte feuilletée à trois tours** est celle à laquelle on a fait subir trois fois cette opération.

> Après avoir donné ces deux tours consécutifs, laisser reposer la pâte au frais.
>
> H.P. Pellaprat, *La pâtisserie pratique.*

Tourer une pâte : lui donner un ou plusieurs *tours.*

Tourgoule

Dessert normand très répandu, à base de riz au lait, parfois parfumé avec une feuille de laurier. On dit aussi **terrinée**.

Tournedos

Tranche ronde et épaisse taillée dans le filet de bœuf.

> ... Bien qu'il ne fît ensuite que disposer, pour l'étalage, des rognons, des tournedos, des entrecôtes — [il] donnait en réalité beaucoup plus l'impression d'un bel ange qui, au jour du Jugement Dernier, préparera pour Dieu [...] la séparation des bons et des méchants.
>
> Marcel Proust, *A la recherche du temps perdu.*

La légende veut que cette pièce de viande doive son nom à Rossini : celui-ci aurait imaginé cette nouvelle manière de tailler le filet ainsi que la garniture de foie gras du tournedos appelé **tournedos Rossini** ; au garçon du Café Anglais qui se montrait embarrassé à l'idée de mettre ce plat insolite « sous le nez des clients », Rossini aurait suggéré de « passer derrière leur dos ».

Tourner

Donner à des légumes une forme arrondie et régulière qui leur permettra de dorer plus régulièrement tout en assurant une présentation élégante.

> À cette époque, des ouvriers hautement spécialisés pouvaient tourner des carottes.
>
> Alain Chapel,
> *La cuisine, c'est beaucoup plus que des recettes.*

Le mot est emprunté au langage de la menuiserie : on ne tourne pas un pied de meuble autrement qu'on ne tourne un légume, si ce n'est que, dans le premier cas, on utilise un *tour*, alors que dans le second on se sert simplement d'un couteau...

Tranche napolitaine

Crème glacée comportant trois épaisseurs aux parfums différents.

> Je fondis en larmes et ne pus manger ma tranche napolitaine.
>
> Jean Renoir, *Auguste Renoir, mon père.*

Tortoni, glacier napolitain qui connut un grand succès à Paris au début du XIXe siècle, est probablement le créateur de la *tranche napolitaine,* à moins qu'il ne se soit contenté de faire connaître aux Parisiens une spécialité réellement napolitaine.

Travaux (repas de fin de)

Les travaux des champs étaient jadis très durs : tout se faisait à la main et la famille entière y participait ; la règle était de s'aider entre voisins ce qui rendait très longue la période consacrée à ces tâches : quand on avait terminé chez soi, on recommençait chez les autres… Mais ceux qui avaient été à la peine se retrouvaient joyeusement à la fin des travaux pour des repas souvent pantagruéliques. On y servait généralement des « plats d'étiquette », imposés par une longue tradition, et qui donnaient parfois leur nom à la fête elle-même. Ainsi, à Nice, on disait *far li bignets,* en Picardie *manger les gaufres,* en Savoie *gagner les lazagnes* (voir ce mot). *L'oie de la métive* (moisson) était de rigueur en Touraine, de même que l'*Erndgaus* (oie de la moisson) en Alsace ; c'est un oison qu'on mangeait également dans la région de Salbris et en Seine-et-Marne, où l'on appelait la fête de fin de travaux l'*oison d'août.*

Les noms de ces repas de bonne compagnie, qui étaient le plus souvent les mêmes que les noms des fêtes elles-mêmes, étaient innombrables à travers toute la France. Certains auteurs, comme le folkloriste Arnold Van Gennep, ont tenté d'en faire une classification par type de noms, mais la tâche est quasiment impossible car certaines expressions, comme précisément *l'oison d'août,* réunissent deux notions différentes : le plat mangé ce jour-là et la date de la fête. En fonction de cette date, on peut citer en Gascogne l'*aouto* et en Picardie le *repas de l'oû.* Dans le Pays de Caux, en Normandie, on appelle *fidou* (fille d'août) la serveuse engagée spécialement à cette occasion.

Mais, dans une même région et parfois dans les villages très proches, on trouve des noms d'inspiration totalement différente : on dit aussi, en Picardie et dans la région de Lille, la *kériole ;* il s'agissait d'une grande fête avec élection d'une « reine », la *Marie-au-blé.* Le mot *kériole* pourrait être un cri de joie et de délivrance, qui serait une déformation de *kyrie eleison.*

Le mot *passée,* très employé en Ile-de-France et particulièrement dans le Hurepoix, traduit-il la même idée de travail terminé ? On disait dans certains villages *passée d'août,* déformé en *passée doux* et même, assez logiquement, en **passée douce.** A la **passée des haricots,** à Arpajon, était servie une galette avec une fève (nous savons que dans la langue d'autrefois, *fève* signifiait « haricot en grain »). Dans les passées de l'Ile-de-France, on mangeait le **charigot,** ragoût de mouton aux pommes de terre. La **parsoie** ou **parsoye** du Boulonnais est peut-être de la même famille linguistique que les *passées.*

D'autres termes assimilaient la fin des travaux et le banquet correspondant avec le rangement des instrument agricoles : **ramassage des volants** (faucilles) en Haute-Savoie, **remmanchage des faucilles** dans la région d'Amiens.

Le **beurlot** de Sologne et de Touraine se retrouve dans le Perche avec la **berluche,** dont on dit qu'elle était une simple collation (mais, aux abords de la Normandie, on sait ce que peut représenter une collation !), le **brelot** du Berry, le **borlot** du Poitou ; l'origine de ces mots est indéterminée. Il en est de même de la **rebola** du Haut-Vivarais, de la **rouvallo** du Jura, de la **rvola** des

Dombes, de la *rivole* ou *révolle* du Dauphiné. Le *rabolais* de Haute-Savoie, plat de circonstance à partir de pommes de terre râpées, semble appartenir à la même famille.

La gerbe qui était rentrée la dernière a donné son nom à la *gerbe baude* du Périgord, à la *gerbaude* du Centre, à la *djerba-baoudo* d'Auvergne ; cette gerbe marquait joyeusement la fin du travail puisque, en ancien français, *baude,* du germanique *bald* = hardi, signifie « joyeux » (cf. *s'esbaudir*). Dans le Rouergue, cette gerbe était la *garborosso,* apellation parfois déformée en *barbo-rosso.* Survivance ou résurrection d'une habitude ancienne, on peut encore voir dans le Sancerrois, particulièrement à Chavignol, une gerbe ornée de rubans et de fleurs sur le dernier tracteur rapportant les *tines* de raisins. Toute une terminologie faisant étrangement référence à des animaux divers pourrait être rapprochée de la fête de la dernière gerbe. En Côte-d'Or, les fêtes de fin de travaux sont très souvent appelées *tue-chien,* ce qui se dit, dans le Châtillonnais, *faire la cagne.* Ailleurs, on parle de *manger le grapaud* (Berry), de *noyer la souris* (Ile-de-France), de *renarder* (Yonne), de *pendre le chat* (Haute-Saône), de *tuer le coq* (Meurthe-et-Moselle), de *faire le cochelet* (Champagne) sans que, dans ces deux derniers cas, il semble y avoir allusion à un plat traditionnellement servi en ces circonstances. Mais la dernière gerbe recevait parfois le nom d'un animal, et il peut y avoir là un rapport. Peut-être y a-t-il aussi une allusion à la croyance qui voulait qu'on tue un animal et qu'on le mange en commun pour apaiser l'esprit du blé (Morvan).

La *poêlée,* très répandue dans le Centre et le Centre-Est, est parfois le nom adopté dans des villages tout proches de ceux où l'on parle de *tue-chien.* Les variantes locales de ce mot sont nombreuses mais peu différentes les unes des autres : *poilée* en Sologne, *paulée* en Côte-d'Or, *pelée* dans l'Yonne, *poelée* dans le Berry, où le mot désigne le repas marquant la fin des travaux quels qu'ils soient, y compris à Henrichemont, dans le Cher, la fin de cuisson de la poterie. La poêlée évoque évidemment la poêle dans laquelle on pouvait faire cuire les omelettes de circonstance, mais les spécialistes des parlers locaux repoussent cette hypothèse, sans cependant en présenter d'autres à sa place.

Enfin, à travers la France, des mots d'origine indéfinie étaient utilisés localement : **roudada** dans le Cantal, **replanette** ou **replumette** dans le Calvados, **bagadzeira** ou **baradzeira** dans le Puy-de-Dôme, **escoubès** dans le Gers et les Landes, **pampaillé** ou **pampaillou** en Angoumois, **barbatte** en Bretagne, **solenca** dans le Languedoc.

Tremblotte

Appellation populaire très parlante donnée à la gelée dont on entoure certains plats.

Trifton

En Franche-Comté, banquet entre amis où l'on présentait généralement un jambon cuit orné d'un bouquet.

Tripous

Le tripou d'Aurillac, celui de Saint-Flour et celui de Maurs, à travers leurs ressemblances et leurs différences, contribuent largement à la gloire gastronomique du département du Cantal. Mais il y a aussi des tripous dans le Rouergue, et les discussions sont passionnées entre les tenants des différents tripous. Qu'ils soient à base de fraise de veau ou de panse de moutons (de **tripes**, donc, mot dont l'origine est des plus obscures), les tripous contiennent généralement des pieds de mouton, à la manière des **pieds et paquets** marseillais (voir ces mots). Autrefois, le dimanche vers onze heures du matin, les petits cafés proches de la cathédrale de Saint-Flour s'emplissaient d'hommes qui

venaient déguster le tripou pendant que les femmes étaient à la messe. Mais les « tripoutières » disparaissent peu à peu et les tripous industriels, vendus en boîtes, ne peuvent pas rivaliser avec ceux qui cuisaient sept ou huit heures à four doux.
On écrit aussi **tripoux.**

> Avec toute cette publicité que je lui fais, faudra que Dédé me fournisse en tripoux à l'œil jusqu'à la fin de mes jours.
>
> S. R. Lavigne, *Du plomb dans les tripoux.*

Trompette-de-la-mort ou des morts

Nom très couramment donné, en raison de sa forme d'entonnoir et de sa couleur noire, à la *craterelle*, champignon extrêmement répandu dans les bois à l'automne.

> Des trompettes-de-la-mort à la crème, je me les fais regonfler dès maintenant, cet après-midi je changerai l'eau.
>
> Lucette Desvignes, *Le Grain du chanvre.*

A sa forme également, ce champignon doit son autre appellation populaire de **corne d'abondance**. C'est une excellent champignon comestible, qui a l'avantage de ne pouvoir être confondu avec un aucun autre. Il a une chair légèrement douceâtre et se prête très bien à la dessication, ce qui permet aux charcutiers et aux restaurateurs d'en utiliser des petits morceaux pour donner une saveur agréable aux pâtés et terrines. Certains restaurateurs annoncent au menu « terrine aux trompettes » ; d'autres, moins honnêtes, laissent croire qu'il s'agit de truffes.

Trousser

Glisser l'extrémité des pattes d'une volaille à travers une incision pratiquée à cet effet dans la peau. On trousse la poule avant de la **brider** (voir ce mot). A la rigueur, trousser peut dispenser de brider.

> Ça hache et blanchit, trousse, larde et bride.
>
> Fanny Deschamps, *Croque-en-bouche*.

Trousser vient d'un mot français du XIIe siècle, *torser*, signifiant « mettre en paquet » et dérivé du bas-latin *torsare* = tordre.

Truffe

Le mot **truffe** ne désigne pas seulement le joyau gastronomique du Périgord : il a été pendant plusieurs siècles le nom paysan de la pomme de terre.

> Les cochons cavalent partout [...] et s'il y en a un qui va déterrer les « truffes » du voisin, gare à tes fesses !
>
> Cavanna, *Les Ritals*.

Truffe vient du bas-latin *tufera*, lui-même dérivé du latin *tuber* = tubercule. Le mot est employé en France depuis le XIVe siècle, donc bien avant l'introduction de la pomme de terre, preuve que c'est la truffe qui a donné son nom à la pomme de terre et non pas l'inverse. Au XVIe siècle, Clusius, le premier botaniste français à dessiner des planches représentant des pommes de terre, écrivit au bas de l'une d'elles une légende en latin « barbare » — à proprement parler du « latin de cuisine »... — faisant état de *tartoufli* (petites truffes). En fait, il s'inspirait d'une des nombreuses formes romanes issues de *tartufera,* d'après *terrae tufera* = truffe de terre.

A mesure que les pommes de terre se répandirent dans les campagnes, on leur donna le nom de truffes, que l'on connaissait bien, par analogie de forme et parce que, comme les truffes, on les trouvait sous terre. Ainsi elles furent appelées **truffes** ou **treuffes** un peu partout en France, et reçurent localement des noms voisins : **tartoches, tartotches, cartouchlles** en Bourgogne, où l'on retrouve la même dissimilation en *k* que dans l'allemand *Kartoffel* = pomme de terre, **truches** et **tartouffes** dans le Bourbonnais, **tartoustes** à Toulouse, **treffes** dans le Charolais, **truffoles** en Auvergne, etc. Certaines de ces appellations continuent à être employées dans un grand nombre de campagnes. Certain boucher du Nivernais (il ne doit pas être le seul) dit couramment à ses clientes : « Vous ferez cuire ça avec des treuffes... »

La culture de la pomme de terre en France permit d'introduire dans l'alimentation quotidienne de nombreux plats qui rompirent la monotonie des **bouillies** et des **racines** (voir ces mots).

Parmi les façons d'accommoder la pomme de terre à travers les provinces, on peut citer la **cafouillache** du Nord, faite de pommes de terre cuites au four avec oignons et lard, la **bourboulhado** à la morue du Gard, la **bombine**, sorte de purée de l'Ardèche, le **paillasson de pommes de terre** du Lyonnais, qui est une galette de pommes de terre finement coupées et les préparations voisines, **pommes de terre à la casse** également du Lyonnais, **râpée** du Forez et **crique** du Vivarais, ces deux derniers plats étant préparés à partir de pommes de terre râpées.

Le **farçon** savoyard est un gratin de purée et on pourrait consacrer un livre entier à raconter les querelles qui entourent le **gratin savoyard** et le **gratin dauphinois** : il y a ceux qui préparent l'un avec du lait, l'autre avec du bouillon, les tenant du fromage râpé et ses adversaires...

> Louise, je t'en prie, répète-lui qu'on ne met jamais de fromage dans le gratin dauphinois sous peine d'hérésie culinaire.
>
> Charles Exbrayat, *Félicité de la Croix-Rousse.*

Notons encore la **paillatchie** des Ardennes, où des pommes de terre bouillies accompagnent une salade de pissenlits, les **pommes de terre torturées** de la Moselle, cuites à la cocotte sans graisse ni sel ni eau pour le repas du Vendredi Saint, le **barboton** du Lyonnais et le **gargouillou** auvergnat qui sont des ragoûts de légumes à base de pomme de terre, la **truffade**, elle aussi auvergnate, poêlée de pommes de terre additionnées de fromage, l'**aligot** du Cantal, purée à la tomme fraîche, le **trufiat** ou **pâté aux truches** du Bourbonnais, les **treufes dans lè piau** du Morvan (voir **Noël**).

J'en passe certainement beaucoup, et peut-être des meilleures...

La **truffe au chocolat** est un délicieux bonbon, fait de chocolat fondu, de beurre, de crème et de sucre. Le mélange est façonné en forme de petites truffes que l'on roule dans du cacao non sucré.

Tulipe

Présentation élégante de glaces, salades de fruits, etc. On fait cuire au four des disques en pâte à langues de chat ; à peine sortis du four et encore brûlants, on les moule en posant un bol sur chacun et en relevant les bords de la pâte contre la paroi du bol. La pâte durcit en refroidissant et, lorsqu'on retire les bols, on a des sortes de coupes... comestibles, en forme de tulipes, dans lesquelles on met la préparation voulue. L'effet est assez spectaculaire mais, comme disait Françoise, dans *A la recherche du temps perdu,* à propos du soufflé, « c'est un tour de main ».

Turban

Le mot dit bien ce qu'il veut dire. Il désigne une très jolie présentation culinaire, où une préparation (riz, mousses diverses) est moulée en forme de turban dans un moule en couronne. On la démoule sur un plat et on en garnit généralement le centre d'éléments en sauce.

> Des turbans de filets de merlan à la royale, qui donc contesterait la splendeur ?
>
> Jean-Paul Aron, *Le Mangeur du XIXᵉ siècle.*

Vacherin, vachard

Si de très nombreux fromages de chèvre doivent leur nom à la racine *chèvre* (voir **chevrotin**), il n'est guère que deux fromages à rappeler par leur appellation qu'ils sont à base de lait de vache : ce sont le **vacherin**, que l'on trouve en Franche-Comté et en Savoie, et le **vachard** auvergnat.

> Brie ou vacherin après un soufflé, c'est de la crème étalée sur du beurre.
>
> Maurice Rheims, *Le Saint-Office.*

La Suisse, plus pointilleuse en matière d'hygiène alimentaire que de pollution industrielle, vient d'interdire la fabrication du vacherin à partir de lait cru... Le vacherin est aussi un gâteau fait d'une sorte de timbale en meringue, garnie de glace et de crème Chantilly. On y ajoute parfois de la crème de marrons, des framboises, etc. Le nom de ce très joli gâteau viendrait de celui du fromage dont il a la forme et la couleur. Tout aussi prosaïquement, on peut penser que la crème Chantilly qui est largement utilisée dans sa préparation est, comme le fromage, un produit laitier, autrement dit issu de la vache...

Vanner

Battre une sauce jusqu'à ce qu'elle soit refroidie, pour assurer son homogénéité et éviter la formation d'une peau.

> Incorporer le reste du beurre en vannant.
>
> Jean et Pierre Troisgros, *Cuisiniers à Roanne.*

Le geste du cuisiner qui *vanne* la sauce peut être rapproché de celui du paysan qui vanne le blé.

Velouté

Potage particulièrement onctueux et lisse, dont l'apparence appelle une comparaison avec le velours.

> Félicie arrive, portant une soupière fumante :
> — Velouté aux champignons, annonce-t-elle.
>
> San Antonio, *Du poulet au menu.*

Pour les mêmes raisons on appelle ***sauce veloutée*** une sauce blanche à base de fond de veau, de volaille ou de poisson.

> Le foie m'était réservé, et dans la sauce veloutée, je le cherchais déjà des yeux.
>
> Marcel Pagnol, *La Gloire de mon père.*

Vernisser

Ce verbe peut s'employer pour désigner l'opération qui consiste à **dorer** (voir ce mot) le dessus d'une pâte avec du jaune d'œuf. Il rend bien compte de l'aspect que prend la pâte après cuisson.

> Vernissez au pinceau avec un jaune d'œuf.
>
> Toulouse-Lautrec et Maurice Joyant, *L'Art de la Cuisine.*

Vert (au)

Préparation de l'anguille comportant persil, épinard, oseille et herbes diverses, très en faveur dans la région de Lille et en Belgique.

Vert-cuit

Ce terme assez peu employé de nos jours désigne un degré de cuisson comparable à celui qu'on appelle aujourd'hui, pour parler des poissons, cuisson *rose à l'arête* (voir ce mot).

> Bardez-les [les grives] et faites-les rôtir « vert-cuites ».
>
> Michel Barberousse, *Le gibier à toutes les sauces.*

On peut penser qu'un aliment « vert-cuit » n'est pas plus cuit que n'est mûr un fruit vert...

Vestiges, vestos

Mots utilisés par les prisonniers, dans la première moitié du XIXᵉ siècle, pour désigner les quelques légumes secs flottant dans la soupe. Les vestiges ne représentent généralement pas grand-chose... On peut peut-être aussi voir dans ces mots une allusion aux *vesces*, plantes de la famille des papilionacées dont l'espèce *fève* comporte les lentilles, les fèves, les haricots, tous légumes très utilisés jadis pour l'alimentation des plus démunis...

Violet

Nom donné, en raison de sa magnifique couleur violette, à un fruit de mer que l'on mange cru, et qui est un animal marin très primitif, répandu surtout en Méditerranée.

> Ils avaient tous deux passé leur existence à chercher des navires, des éponges, du corail rouge ou des violets, ces fruits de mer étranges que les Marseillais apprécient tant.
>
> Jacques-Yves Cousteau et Frédéric Dumas,
> *Le Monde du Silence.*

Voiler

Ce verbe dit bien ce qu'il veut dire : il désigne l'action de recouvrir un gâteau ou une pièce montée d'un nuage, d'un voile de sucre filé.

Vol-au-vent

Croustade en pâte feuilletée, garnie d'éléments divers, allant des abats aux fruits de mer, liés par une sauce qui est en général une **sauce financière**.

La grandeur et la décadence du vol-au-vent constituent une histoire curieuse. Il fut inventé par Carême à une époque où les **timbales** (voir ce mot) étaient réalisées en lourde pâte à foncer. Il eut l'idée de remplacer celle-ci par de la pâte feuilletée, tellement légère que, selon les termes du célèbre cuisinier, elle « s'envole au vent à la sortie du four ». D'où le nom donné à cette entrée. Carême précise dans ses écrits qu'elle est « jolie et fort bonne », et surtout remarquable par son « extrême délicatesse et légèreté ».

Pendant près d'un siècle et demi le vol-au-vent fut l'entrée triomphale des repas du dimanche dans la bourgeoisie. Il était parfois préparé à la maison ; plus souvent, on l'achetait chez le pâtissier (qui remettait la sauce à part, pour qu'elle ne détrempe pas la pâte) et même parfois, comme dans l'Yonne et la Puisaye nivernaise, chez le restaurateur local.

> Il est désolant de ne plus trouver [...] le jeune pâtissier vêtu de blanc et portant périlleusement sur la tête, dans

une banne d'osier, le vol-au-vent, les petits pâtés domi-
nicaux.

Léon-Paul Fargue,
Dans les rues de Paris au temps des fiacres.

Quand vint la « nouvelle cuisine », il y eut un tollé
général contre le vol-au-vent. On le considéra comme
lourd, indigeste, tout le contraire de ce qu'en avait dit
Carême. A en croire certains cuisiniers modernes, on
ne le trouve plus que dans les noces villageoises et les
gargotes de sous-préfecture.

On l'a remplacé par le *feuilleté* (voir ce mot) ; la différence n'est pas grande ; le feuilleté comporte peut-être
un peu moins de pâte par portion et on s'efforce d'alléger les sauces qui entrent dans sa composition. Mais
le cuisinier Alain Chapel, dans son livre *La cuisine, c'est
beaucoup plus que des recettes*, a l'honnêteté de recon-
naître que les vol-au-vent, « c'est énormément de travail et la cuisine contemporaine les remplace par les
feuilletés ». Heureusement, il existe encore, du moins
en province, d'excellentes pâtisseries qui n'ont pas complètement honni le vol-au-vent de jadis !

Zeste

Membrane qui partage en quatre la chair de la noix.

Peau colorée, plus ou moins épaisse, qui recouvre les
agrumes. Le zeste des oranges, des citrons, etc. est souvent employé en confiserie ou en pâtisserie, soit simplement blanchi, soit confit au sucre.
Ce mot vient peut-être de l'onomatopée *zest* (anciennement *zec*) qui signifie le refus, sans que l'on voit bien
le rapport entre les deux.

Zester : retirer le zeste d'un citron, d'une orange, au
moyen d'un petit couteau pointu.

Zikiro

Dans le Pays Basque, mouton grillé à la broche que
l'on arrose en cours de cuisson avec de l'eau aillée,
vinaigrée et pimentée.

399

Index

B

G

Q

R

S

Bibliographie

B. ALEXANDRE, *Le Horsain,* Paris, 1988.

ALI-BAB, *Gastronomie pratique,* Paris, 1965 (réédition).

P. ANDROUET, *Guide du fromage,* Nancy, 1974.

J. ANGLADE, *La Vie quotidienne dans le Massif Central au XIXe siècle,* Paris, 1976.

P. BARRET ET J.N. GOURGAUD, *Almanach de la mémoire et des coutumes,* Paris, 1980.

J.-F. BAUDIAU, *Le Morvand,* Nevers, 1965.

M. BÉGUIN, *Cuisine en Poitou,* Niort, 1932.

L. BERTHOLLE, *Les Recettes secrètes des meilleurs restaurants de France,* Paris, 1972.

R. BICHET, *Célébration des gaudes, autrefois plat national comtois,* Besançon, 1983.

G. et G. BLOND, *Histoire pittoresque de notre alimentation,* Paris, 1960.

J. BOURIN, *Les Recettes de Mathilde Brunel,* Paris, 1983.

M. CASSAN, *La Fête à Toulouse à l'époque moderne,* Mémoire de doctorat de 3e cycle présenté à l'Université des Lettres et Sciences humaines de Toulouse-Mirail, 1980.

J.-J. CAZAURANG, *Alimentation en Béarn,* Pau, 1980.

Mgr CHABOT, *La Fête des Rois dans tous les pays,* Pithiviers, 1908.

F. CHAPISEAU, *Folklore de la Beauce et du Perche,* Paris, 1968.

M. CHATELAIN-COURTOIS, *Les Mots du vin et de l'ivresse,* Paris, 1984.

M. CHAUNEY, *Une tradition, le pain d'épices,* Le Puy, 1978.

H. CHAUVET, *Traditions populaires du Roussillon,* Perpignan, 1947.

COLLECTIF, *La cuisine pas à pas,* Paris, 1982.

COLLECTIF, *Encyclopédie des Annales,* Paris, sans date.

COLLECTIF, *Encyclopaedia Britannica,* XIe édition, Londres/New York, 1911.

COLLECTIF, *Larousse ménager,* Paris, 1926.

COLLECTIF, *Larousse gastronomique,* Paris, 1938 et 1984.

COLLECTIF, *Larousse du XXe siècle,* 1928.

COLLECTIF, *Le Trésor de la langue française,* Paris, 1971.

COUDRAY (Gautron du), *Un quarteron de rimes culinaires,* Le Coteau, 1985 (réédition).

R.-J. COURTINE, *Balzac à table,* Paris, 1976.

J.-M. CUNY, *La Cuisine lorraine,* Nancy, 1982.

M. DENIS, *La Cuisine rustique, Flandres,* Forcalquier, 1970.

A. DESQUAND, *Boire et manger en Sancerrois au temps de la cuisine à l'âtre,* Bourges, 1977.

A. DESROUSSEAUX, *Mœurs populaires de la Flandre,* Lille, 1889.

A. DUMAS, *Grand Dictionnaire de cuisine,* Paris, 1965.

P. DYVONNE, *Folklore saintongeais,* Bordeaux, 1935.

M. ESCURIGNAN, *Manuel de cuisine basque,* Bayonne, 1982.

G. ESNAULT, *Dictionnaire des argots,* Paris, 1965.

J. FAVRE, *Dictionnaire universel de cuisine,* Paris, 1883.

D. FABRE ET J. LACROIX, *Vie quotidienne des paysans du Languedoc au XIXe siècle,* Paris, 1973.

C. FRAYSSE, *Folklore du Beaugeois,* Beaugé, 1906.

B. GARNAULT, *Glossaire de la région de Cosne, Contribution à l'étude des parlers nivernais,* Sully-sur-Loire, 1984.

C. GÉRARD, *L'ancienne Alsace à table,* Colmar, 1971.

Z. GUÉNANDEAU-FRANC, *Les Secrets des fermes en Périgord Noir,* Nancy, 1980.

M. GONON, *L'Alimentation traditionnelle en Forez,* dans *Archéo-civilisation,* décembre 1967.

J. GONTIER, *Ethnocuisine du Lyonnais,* Dijon, 1981.

P. GUIRAUD, *Dictionnaire des étymologies obscures,* Paris, 1982.

P.-J. HÉLIAS, *Le Cheval d'orgueil,* Paris, 1980.

E. HOUTH, *Folklore en Vexin, pays de France et de Cruye, Hurepoix, Val de Galie, Parisis et Yveline,* Paris, sans date.

J. JACCOTTET, *Les Champignons dans la nature,* Neuchâtel, 1961.

R. JALBY, *Le Folklore du Languedoc,* Paris, 1971.

R. JOUVEAU, *La Cuisine provençale,* Berne, sans date.

L. LAGRIFFE, *Le Livre des épices, des condiments et des aromates,* Vauvenargues, 1968.

L. LARCHEY, *Dictionnaire historique de l'argot,* Paris, 1982.

A. LE BRETON, *Langue verte et noirs desseins,* Paris, 1960.

F. LECHANTEAU, E. DE SAINT-DENIS et M. DÉSIRÉ, « Le Dossier gâche », dans *Parlers et traditions populaires en Normandie,* 1969.

R. LEDOUX-PANIS, *Le bon manger en Berry,* Châteauroux, 1979.

G. LENÔTRE, *Faites votre pâtisserie comme Lenôtre,* Paris, 1976.

F. LEQUENNE, *Le Livre des salades,* Vauvenargues, 1968.

E. LITTRÉ, *Dictionnaire de la langue française,* Paris, édition 1965.

G. MAILLET, « Cuisine champenoise », dans *Gastronomie populaire en Wallonie,* Bruxelles, 1978.

A. MAUROIS, *Chateaubriand,* Paris, 1938.

LA MAZILLE, *La Bonne Cuisine du Périgord,* Paris, 1929.

A. MERLIN ET A.-Y. BEAUJOUR, *Les Mangeurs du Rouergue,* Paris-Gembloux, 1978.

Y. MEYNIER, *La Cuisine rustique, Bretagne, Anjou et Maine*, Forcalquier, 1970.

R. NELLI, *Le Languedoc et le Comté de Foix. Le Roussillon,* Paris, 1958.

J.-B. ONOFRIO, *Essai d'un glossaire des patois lyonnais,* Lyon, 1975 (réédition).

S. PALAY, *Cuisine du Pays (Armagnac, Béarn, Bigorre, Landes, Pays Basque),* Pau, 1962.

P. PERRET, *Le petit Perret illustré par l'exemple,* Paris, 1982.

L. POILÂNE, *Guide de l'amateur de pain,* Paris, 1982.

J. PROVENCHER, *C'était l'hiver,* Montréal, 1986.

P. ROBERT, *Dictionnaire alphabétique et analogique de la langue française,* Paris, 1956.

RESTIF DE LA BRETONNE, *Monsieur Nicolas,* 1794-1797.

C. SAND, *A la table de George Sand,* Paris, 1987.

J. SEGUIN, *Vieux mangers, vieux parlers bas-normands,* Avranches, 1938.

P.-Y. SÉBILLOT, *Le folklore de la Bretagne,* Paris, 1889.

A. SIMONIN, *Le petit Simonin illustré,* Paris, 1957.

A. SLOÏMOVICI, *Ethnocuisine de la Bourgogne,* Cormarin, 1973.

S. TARDIEU, *La Vie domestique dans le Mâconnais rural,* Paris, 1964.

C. TIÉVAIN, *Almanach de la mémoire et des coutumes, Bretagne,* Paris, 1983.

M. TOURRET, *Le Patia, cuisine des Monts d'Auvergne*, Clermont-Ferrand, 1980.

M. TOUSSAINT-SAMAT, *Ethnocuisine de Provence,* Dijon, 1982.

M. TOUSSAINT-SAMAT, *Histoire naturelle et morale de la nourriture,* Paris, 1987.

C. VANEL, *La Bonne Cuisine des montagnes,* Paris, 1981.

A. VAN GENNEP, *Manuel de folklore français contemporain,* Paris, 1943.

C. VENCE, *Encyclopédie Hachette de la cuisine régionale,* Paris, 1979.

Y. VERDIER, *Façons de dire, façons de faire,* Paris, 1985.

N. VIELFAURE et A.-C. BEAUVIALA, *Fêtes, coutumes et gâteaux,* Le Puy, 1978.

H. VINCENOT, *La Billebaude,* Paris, 1978.

H. VINCENOT, *La Vie quotidienne des paysans bourguignons au temps de Lamartine,* Paris, 1976.

E. VIOLET, *Alimentation populaire d'autrefois et d'aujourd'hui en Mâconnais,* Mâcon, 1937.

N. WEBSTER, *New International Dictionary,* Londres, 1928 (réédition).

Table des matières

Imprimé en France par I.M.E. - 25-Baume-les-Dames
Dépôt légal : Mars 1990
N° édition 1271-01 - N° impression 7593